2018年 全国一级建造师执业资格考试 直击考点

U0822930

建设工程法规及相关知识应试辅导

陈鸣飞　林瑞瑞　主编
张晓霞　主审

人民交通出版社股份有限公司
China Communications Press Co.,Ltd.

内 容 提 要

本书为2018年全国一级建造师执业资格考试辅导用书，编写人员基于多年的专业积累和对考试特点的精准把握，依据2018年版一级建造师考试大纲和官方教材，结合历年真题（2013—2017年）的考频统计和新版教材修订情况，精选了《建设工程法规及相关知识》科目中71个高频知识点，涵盖全书八大章节的核心考试内容(涉及100分左右分值)。每个高频考点均配有考点解析、真题再现、应试指引、疑难释义四个模块。

本书可供参加全国一级建造师执业资格考试的考生复习备考使用。

图书在版编目（CIP）数据

建设工程法规及相关知识应试辅导 / 陈鸣飞，林瑞瑞主编. — 北京：人民交通出版社股份有限公司，2018.5

ISBN 978-7-114-14742-5

Ⅰ. ①建… Ⅱ. ①陈… ②林… Ⅲ. ①建筑法—中国—资格考试—自学参考资料 Ⅳ. ① D922.297

中国版本图书馆 CIP 数据核字（2018）第 107826 号

2018年全国一级建造师执业资格考试直击考点

书　　名： 建设工程法规及相关知识应试辅导
著 作 者： 陈鸣飞　林瑞瑞
责任编辑： 谢海龙
责任校对： 赵媛媛
责任印制： 张　凯
出版发行： 人民交通出版社股份有限公司
地　　址：（100011）北京市朝阳区安定门外外馆斜街3号
网　　址： http://www.ccpress.com.cn
销售电话：（010）59757973
总 经 销： 人民交通出版社股份有限公司发行部
经　　销： 各地新华书店
印　　刷： 北京鑫正大印刷有限公司
开　　本： 787×1092　1/16
印　　张： 18
字　　数： 419千
版　　次： 2018年6月　第1版
印　　次： 2018年6月　第1次印刷
书　　号： ISBN 978-7-114-14742-5
定　　价： 56.00元

前 言

我国建筑工程施工和设备安装工程的企业有近30万家，从业人员4600多万人。自建造师执业资格制度建立13年以来，取得建造师执业资格证书的建造师却只有200多万人，其中一级建造师仅有60多万人，远远满足不了社会发展的需求，每年报名参加考试的人数仍在快速增长。据统计，一级建造师更新数据《建设工程法规及相关知识》这门课程单科考试，仅在2015年就已经达到了111万人。

然而，一级建造师考试的通过率一直维持在较低水平。不仅如此，《建设工程法规及相关知识》这门课的考试的难度也在逐年增大，仅靠“死记硬背”的方式进行备考已经很难通过这门考试。为了满足广大考生应试复习需要，帮助考生更好地把握考试重点，本书从157个知识点中提取71个高频核心考点进行重点解读，以期让考生能以最短的时间把握最精准的考试重点和命题方向。

本书在编写过程中，对近5年（2013—2017年）的考试真题进行了详细的分类和统计，将这500道真题分解到全书157个知识点中。然后，以每个知识点在近5年考试中出现的分值占比作为排序归类的量化指标，筛选出71个高频核心知识点。每一个高频核心知识点均包括以下四个模块：

模块一：【考点解析】

对该高频核心知识点进行全面、系统的分析和总结。

模块二：【真题再现】

对该高频核心知识点近5年涉及的历年真题进行全面剖析。

模块三：【应试指引】

为考生指出2018年备考时重点复习的内容和注意事项。

模块四：【疑难释义】

对于教材中未明确或者未涉及的疑难内容和概念进行解读。

本书是基于全国一级建造师执业资格考试用书《建设工程法规及相关知识》(2018年版)和《一级建造师执业资格考试大纲》进行编写，同时对2018年新出台（或修订）的法律法规以及2018年版教材修订和调整的内容均做了说明。限于编者水平有限和时间紧迫，书中难免有疏漏及不当之处，敬请广大读者批评指正。对本书有意见和建议的读者可发邮件：lawstudy2018@163.com。

陈鸣飞

2018年5月

使用说明

1. 编写依据

本书基于全国一级建造师执业资格考试用书《建设工程法规及相关知识》（2018 年版）编写而成，同时辅以国家法律职业资格考试用书的相关内容和最新的法律法规及规范性文件作为补充，确保本书的时效性和应试指导性。

2. 星级说明

本书将近 5 年共计 500 道真题与教材 157 个知识点进行匹配，对每一个知识点在近 5 年考试中出现的分值占比作为排序指标，筛选出 71 个在近 5 年考试中的累计分值占到总分的 76.5%（相当于 99.4 分）的知识点作为高频知识点。进而，再对这 71 个高频知识点按其分值占比分为五个星级组：

五星组：★★★★★

该组的每一个知识点是近 5 年考试中平均分值所占总分的分值比例在 [2%，+ ∞）。

四星组：★★★★

该组的每一个知识点是近 5 年考试中平均分值所占总分的分值比例在 [1.5%，2%）。

三星组：★★★

该组的每一个知识点是近 5 年考试中平均分值所占总分的分值比例在 [1%，1.5%）。

二星组：★★

该组的每一个知识点是近 5 年考试中平均分值所占总分的分值比例在 [0.5%，1%）。

一星组：★

该组的每一个知识点是近 5 年考试中平均分值所占总分的分值比例在（0，0.5%）。

3. 模块设置

每一个高频核心知识点均包括以下四个模块：考点解析、真题再现、应试指引、疑难释义。其中前三个模块与考试紧密联系，考生需要重点关注。最后一个模块是对教材中未明确或者未涉及的疑难内容和概念进行解读，有些甚至带有一定实务性，虽然与考试相关不大，但若能有时间进行学习和了解，相信对考试或今后的工作也会有所帮助。

4. 新（或修订）法律文件的说明

近几年，由于建筑市场进入改革深水区，工程建设领域的法律法规更新（或修订）频率较高。2018 年起，就已经有多部与考试相关的法律文件颁布或者开始征求意见，全国一级建造师《建设工程法规及相关知识》（2018 年版）已作出相应的内容调整，但仍有部分内容还未更新。为了保证本书的时效性和应试指导性，作者对《建设工程法规及相关知识》（2018 年版）的修订内容均做了说明和必要的提醒，考生应对此引起高度重视。需要特别说明的是，虽然 2018 版教材中有部分内容未及时更新，但在 2018 年 9 月的应试时，考生仍应按官方教材内容为准进行作答。

5. 在线题库

为方便考生结合本书，测试复习效果，本书配备了电子题库，含近 5 年的考试真题，免费作答。

在线题库分两种：

（1）自测题库。位于封面右下角，微信扫码后，随机生成若干道题目，答题完成后，系统自动给出复习建议，考生可在学习本书前进行测试（注：测试结果仅供参考，考生需结合自身情况进行复习）。

（2）征服题库。二维码如图所示，微信扫码后，可点击进入“征服题库”模块，500 道真题随机排布，考生可随时随地进入测试，题库会记录做题进度，生成错题集，便于考生巩固记忆，建议考生在学习完本书后进行测试。

征服题库二维码

目　录

1Z301000

建设工程基本法律

本章导学

建设工程基本法律主要介绍与建设工程相关的基本法律知识，也是一级建造师考试的法律基础知识，同时也是全书 8 个章节中难度较大的章节之一。不仅如此，本章也是所有章节中每年涉及分值最高的章节。通过对近 5 年的考试真题分析可知，本章的分值比重逐年攀升，特别是在 2016 年的考试中，分值高达 30 分，占总分比重 23%。2017 年分值虽然略有下降，仍达 28 分之多。2017 年 3 月公布的《民法总则》对本章法人制度、代理制度等相关内容作了调整。同时，《建设工程法规及相关知识》（2018 年版）对本章新增了 1Z301090 建设工程税收制度一节，预计在 2018 年考试中将涉及 2 分左右的分值。考生应对上述 2018 年版教材新增、修订的内容引起重视。本章近 5 年考情分析和章节架构如下所示。

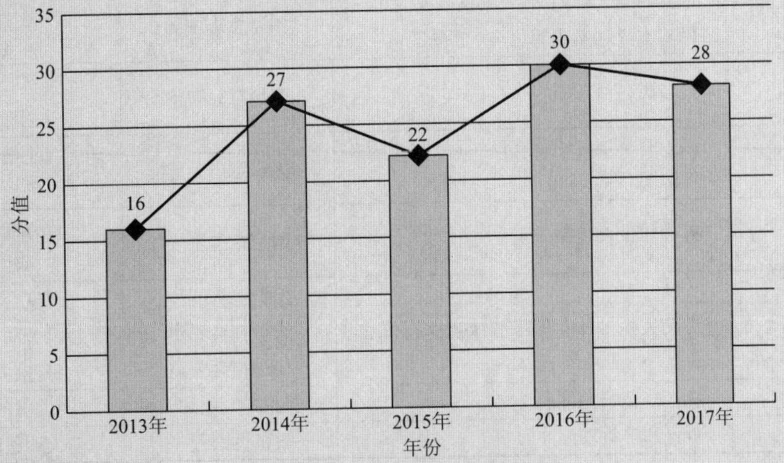

建设工程基本法律近 5 年考情分析

章节架构

	章节架构	近 5 年平均分值
1Z301000 建设工程基本法律	1Z301010　建设工程法律体系	2
	1Z301020　建设工程法人制度	1.8
	1Z301030　建设工程代理制度	2.6
	1Z301040　建设工程物权制度	3
	1Z301050　建设工程债权制度	3.2
	1Z301060　建设工程知识产权制度	3.6
	1Z301070　建设工程担保制度	3.6
	1Z301080　建设工程保险制度	1.8
	1Z301090　建设工程税收制度	2018 年版教材新增内容
	1Z301100　建设工程法律责任制度	3

1Z301010 建设工程法律体系

本节导学

法律部门，又称为部门法，是根据一定的标准和原则，按照法律规范自身的不同性质，调整社会关系的不同领域和不同方法等所划分的同类法律规范的总和。在现行法律规范中，由于调整的社会关系及其调整方法不同，可分为不同的法律部门，凡调整同一类社会关系的法律规范的总和，就构成一个独立的法律部门。由国家现行的各个部门法构成的有机整体，我们称为法律体系，也称法的体系。在我国法律体系中，根据所调整的社会关系性质不同，可以划分为不同的部门法。各法律部门及其特点详见表 1Z301010-1。需要注意的是，2018 年版教材对法律部门知识点进行了删减，因此考生对该部分内容仅作了解即可。

我国法律部门及特点 表 1Z301010-1

法律部门	调整对象	特点	示例
宪法及宪法相关法	社会制度、国家制度、国家政权的组织，公民基本权利义务等内容	国家意志主导	《组织法》 《选举法》
民法与商法	民与民、商与商	强调意思自治	《合同法》 《招标投标法》
经济法	国家协调、干预经济运行过程中发生的经济关系	国家意志主导	《土地管理法》 《审计法》
行政法	官与官、官与民	国家意志主导	《房地产管理法》 《建筑法》
社会法	劳动关系与社会保障与社会福利关系	保护弱势群体 维护社会稳定 促进社会公益	《安全生产法》 《劳动合同法》 《残疾人保障法》
刑法	社会规范与犯罪行为	惩罚犯罪、保护人民	《刑法》
程序法	诉讼和非诉程序	规范诉讼程序	三大诉讼法、仲裁法

建设工程法律具有综合性的特点，虽然主要是经济法的组成部分，但还包括了行政法、民法商法等内容。本节主要知识点有：法律体系的基本框架，法的形式和效力层级，建设法律、行政法规和相关法律的关系。通过对近 5 年真题分析可知：建设法律、行政法规和相关法律的关系这一知识点在近 5 年考试中未曾涉及。因此，本节的学习中，考生应重点掌握法的形式和效力层级知识点，其余知识点可仅做了解。近 5 年考情分析详见表 1Z301010-2。

近 5 年考情分析 表 1Z301010-2

知识点	各年份分值				
	2013 年	2014 年	2015 年	2016 年	2017 年
1Z301011 法律体系的基本框架	1	0	1	0	1
1Z301012 法的形式和效力层级	1	2	1	2	1
1Z301013 建设法律、行政法规和相关法律的关系	0	0	0	0	0

本节主要涉及的法律文件为《立法法》。

高频考点 法的形式和效力层级

高频指数：★★★

考点解析

1. 法的形式

法的形式是指法律创制方式和外部表现形式。它包括四层含义：①法律规范创制机关的性质及级别；②法律规范的外部表现形式；③法律规范的效力等级；④法律规范的地域效力。通过法律规范创制机关的性质及级别或法律规范的外部表现形式这两层含义，可以作为辨别我国法律形式非常实用的方法。

我国法的形式是制定法形式（不包括习惯法、宗教法、判例），具体可分为 7 类：宪法，法律，行政法规，地方性法规、自治条例和单行条例，部门规章，地方政府规章，国际条约。这 7 类具体形式分别对应不同的创制机关。因此，了解我国的国家机构构成及职能，将更好地理解“法律规范创制机关的性质及级别”这层“法的形式”的含义。我国国家机构构成及与制法、修法的相关职能见表 1Z301010-3。

我国国家机构构成一览 表 1Z301010-3

国家机构	权利层级	组成（或下设）机构	与制法、修法的相关职能
全国人民代表大会	最高国家权力机关	宪法和法律委员会、民族委员会、外事委员会、监察和司法委员会等专门委员会	（1）修改宪法； （2）监督宪法的实施； （3）制定和修改刑事、民事、国家机构的和其他的基本法律
全国人民代表大会常务委员会	最高国家权力机关的组成部分	办公厅、法制工作委员会、预算工作委员会、香港特别行政区基本法委员会、澳门特别行政区基本法委员会等工作机构和办事机构	（1）制定和修改除应当由全国人民代表大会制定的法律以外的其他法律； （2）在全国人民代表大会闭会期间，对全国人民代表大会制定的法律进行部分补充和修改，但是不得同该法律的基本原则相抵触
中华人民共和国主席	国家机构的组成部分之一		中华人民共和国主席根据全国人民代表大会的决定和全国人民代表大会常务委员会的决定公布法律
国务院	最高国家权力机关的执行机关（最高国家行政机关）	外交部、国防部、国家发展和改革委员会、教育部、科学技术部、工业和信息化部、公安部、自然资源部、生态环境部、住房和城乡建设部等直属机构	（1）根据宪法和法律，规定行政措施，制定行政法规，发布决定和命令； （2）改变或者撤销各部、各委员会发布的不适当的命令、指示和规章

续上表

<table>
<tr><th>国家机构</th><th colspan="2">权利层级</th><th>组成（或下设）机构</th><th>与制法、修法的相关职能</th></tr>
<tr><td>中央军事委员会</td><td colspan="2">最高军事领导机关</td><td>各总部、军兵种、军区、中国人民武装警察部队</td><td>（1）中央军事委员会根据宪法和法律，制定军事法规；
（2）中央军事委员会各总部、军兵种、军区、中国人民武装警察部队可以根据法律和中央军事委员会的军事法规、决定、命令，在其权限范围内制定军事规章</td></tr>
<tr><td>地方各级人民代表大会</td><td colspan="2">地方国家权力机关，县级以上的地方各级人民代表大会设立常务委员会</td><td>省、直辖市、市、市辖区、县、乡、民族乡、镇设立人民代表大会</td><td>省、直辖市的人民代表大会和它们的常务委员会，在不同宪法、法律、行政法规相抵触的前提下可以制定地方性法规，报全国人民代表大会常务委员会备案</td></tr>
<tr><td>地方各级人民政府</td><td colspan="2">地方各级国家权力机关的执行机关，是地方各级国家行政机关</td><td>省、直辖市、市、市辖区、县、乡、民族乡、镇人民政府</td><td>省、自治区、直辖市和设区的市、自治州的人民政府，可以根据法律、行政法规和本省、自治区、直辖市的地方性法规制定规章</td></tr>
<tr><td rowspan="2">民族自治地方的自治机关</td><td>人民代表大会</td><td>民族自治地方的自治权力机关</td><td>自治区、自治州、自治县的人民代表大会</td><td>依照当地民族的政治、经济和文化的特点，制定自治条例和单行条例</td></tr>
<tr><td>人民政府</td><td>民族自治地方的自治权力机关的执行机关</td><td>自治区、自治州、自治县的人民政府</td><td>自治区、自治州的人民政府可以根据法律、行政法规和自治区的地方性法规制定规章</td></tr>
<tr><td>人民法院</td><td colspan="2">国家的审判机关</td><td>最高人民法院、地方各级人民法院和军事法院等专门人民法院</td><td>最高人民法院根据法律赋予的职权，对审判工作中具体应用法律所作的具有普遍司法效力的解释</td></tr>
<tr><td>人民检察院</td><td colspan="2">国家的检察机关</td><td>最高人民检察院、地方各级人民检察院和军事检察院等专门人民检察院</td><td>最高人民检察院根据法律赋予的职权，对检察工作中具体应用法律所作的具有普遍司法效力的解释</td></tr>
</table>

从表 1Z301010-3 中可以看出：不同的国家机构具备不同层级的制定、修订法律、法规及规章的效力，这就是法的形式的创制方式所包含的第一层含义：法律规范创制机关的性质及级别。通过该层含义，我国法的形式见表 1Z301010-4。

我国法的形式 表 1Z301010-4

法的形式	制定机关	知识点
宪法	全国人民代表大会	（1）最高效力的根本法； （2）建设法律的最高形式
法律	全国人民大会及常务委员会	熟悉《立法法》中只能制定法律的事项
行政法规	国务院	国务院根据宪法和法律制定行政法规

续上表

法的形式	制定机关	知识点
地方性法规、自治条例和单行条例	省、自治区、直辖市的人民代表大会及其常务委员会	（1）省、自治区、直辖市的人民代表大会制定的地方性法规由大会主席团发布公告予以公布； （2）省、自治区、直辖市的人民代表大会常务委员会制定的地方性法规由常务委员会发布公告予以公布
	设区的市的人民代表大会及其常务委员会	设区的市的人民代表大会及其常务委员会可以对城乡建设与管理、环境保护、历史文化保护等方面的事项制定地方性法规，需报省、自治区的人民代表大会常务委员会批准后施行
部门规章	国务院各部、委员会、中国人民银行、审计署和具有行政管理职能的直属机构	住房和城乡建设部发布的《房屋建筑和市政基础设施工程质量监督管理规定》《房屋建筑和市政基础设施工程竣工验收备案管理办法》等
地方规章	省、自治区、直辖市和设区的市的人民政府，可以根据法律、行政法规和本省、自治区、直辖市的地方性法规制定地方规章	地方政府规章可以就下列事项做出规定： （1）为执行法律、行政法规、地方性法规的规定需要制定规章的事项； （2）属于本行政区域的具体行政管理事项
国际条约	我国与外国缔结、参加、签订、加入、承认的双边、多边的条约、协定和其他具有条约性质的文件	如我国加入WTO后、WTO中与工程建设有关的协定

法的形式这一知识点在考试中主要以辨别具体形式的方式出现，通过上述分析，结合法的形式所包含法律创制方式和外部表现形式的含义，总结见表1Z301010-5。

法的形式表现的特征 表1Z301010-5

法的形式	辨析特征一	辨析特征二	辨析特征三
	制定机关	名称	文号
宪法	全国人民代表大会	中华人民共和国宪法	主席令第×号
法律	全国人民代表大会及其常务委员会	中华人民共和国××法	主席令第×号
行政法规	国务院	××条例	国务院令第×号
地方性法规、自治条例和单行条例	省、自治区、直辖市的人民代表大会及其常务委员会	××省××条例 ××自治区××条例 ××市（直辖市）××条例	××省第××届人民代表大会常务委员会公告第×号
	设区的市的地方性法规须报省、自治区的人民代表大会常务委员会批准后施行	××市（设区的市）××条例	—
部门规章	国务院各部、委员会、中国人民银行、审计署和具有行政管理职能的直属机构	××规定、××办法、××实施细则	××部令第××号
地方规章	省、自治区、直辖市和较大市的人民政府，可以根据法律、行政法规和本省、自治区、直辖市的地方性法规，规定地方规章	××市（或省）××规定、××市（或省）××办法、××市（或省）××实施细则	×政办发〔201×〕×号

续上表

法的形式	辨析特征一	辨析特征二	辨析特征三
	制定机关	名称	文号
国际条约	我国与外国缔结、参加、签订、加入、承认的双边、多边的条约、协定和其他具有条约性质的文件	×× 公约、×× 条约、×× 协定、×× 联合宣言等	—

2. 法的效力层级

法的效力层级是指法律体系中的各种法的形式，由于制定的主体、程序、时间、适用范围等不同，具有不同的效力，形成法的效力等级体系。通过法效力层级的比较，可解决法的冲突问题。法的冲突问题具体表现为纵向冲突、横向冲突 、新旧冲突 、特别冲突四种。

（1）纵向冲突

不同位阶法律规范之间的冲突称为纵向冲突。如法律、行政法规、地方性法规、地方规章之间发生的冲突。纵向冲突的解决原则：按照法律位阶高低来解决。图 1Z301010-1 中序号 1~5 所表示的法律位阶效力层级依次递减。

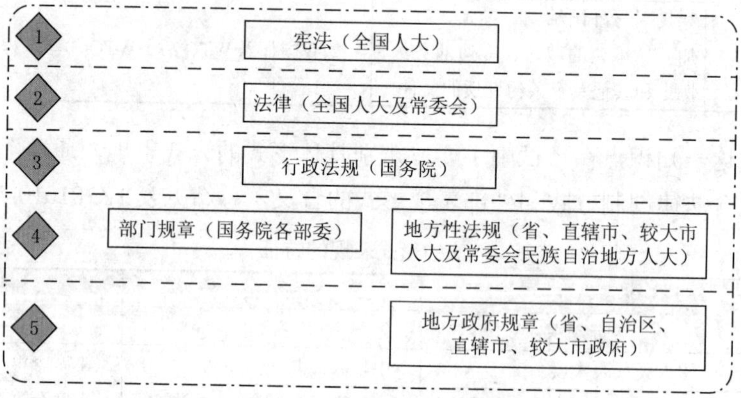

图 1Z301010-1　法律位阶效力层级

（2）横向冲突

同一位阶法律规范之间的冲突又称为横向冲突，如处于同一效力层级的法律之间、行政法规之间、地方性法规之间、部门规章之间的规范冲突。横向冲突的解决方法如图 1Z301010-2 所示。

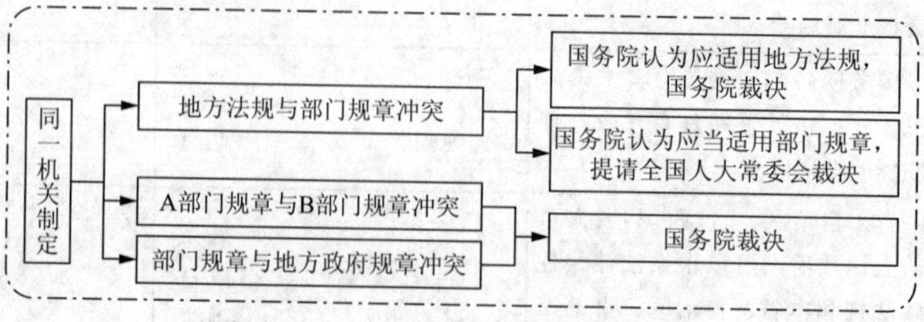

图 1Z301010-2　横向冲突的解决方法

（3）新旧冲突和特别冲突

新旧冲突是同一机关制定的，但不同时期发布的法律规范之间的冲突；而特别冲突则是同一机关制度的，特别规定与一般规定不一致时所产生的冲突。新旧冲突和特别冲突的解决方法如图 1Z301010-3 所示。

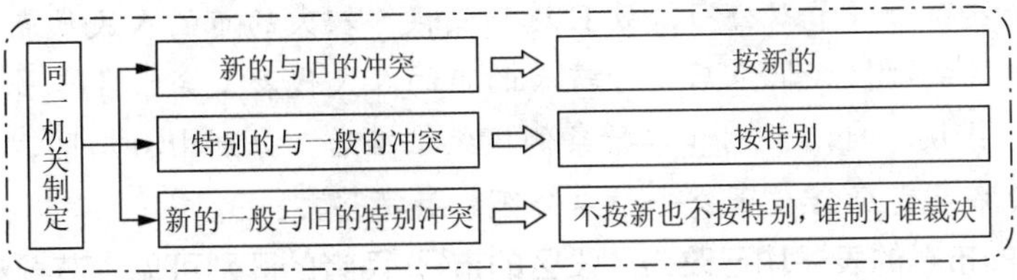

图 1Z301010-3　新旧冲突和特别冲突的解决方法

通过对上述几种冲突的描述，可以将法的冲突和冲突示例归总为图 1Z301010-4。

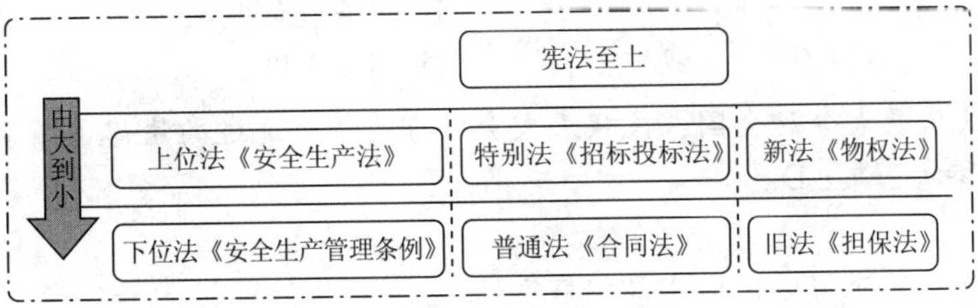

图 1Z301010-4　法的冲突示例

真题再现

（2013 年真题）《工程建设项目招标范围和规模标准规定》所属法的形式是（　　）。

A. 法律　　B. 行政法规

C. 部门规章　　D. 地方性法规

解析 对于法的形式的辨别最快速的方式是外部表现形式，即名称。一般法律的名称是中华人民共和国 ×× 法；行政法规的名称一般是 ×× 条例；部门规章的名称一般是 ×× 规定、×× 办法、×× 实施细则；地方性法规则是 ×× 省 ×× 条例、×× 自治区 ×× 条例、×× 市（直辖市或设区的市）×× 条例。通过上述分析，就很容易判断。

参考答案：C。

（2014 年真题）关于地方性法规、自治条例、单行条例制定的说法，正确的是（　　）。

A. 省、自治区、直辖市的人民代表大会制定的地方性法规由其常务委员会发布公告予以公布

B. 省、自治区、直辖市的人民代表大会常务委员会制定的地方性法规由人大主席团批准后予以公告

C. 较大的市的人民代表大会及其常务委员会制定的地方性法规由其常务委员会直接公布

D. 自治条例和单行条例报经批准后，分别由自治区、自治州、自治县的人大常委会予以公布

解析 省、自治区、直辖市的人民代表大会制定的地方性法规由大会主席团发布公告予以公布，故A选项错误。省、自治区、直辖市的人民代表大会常务委员会制定的地方性法规由常务委员会发布公告予以公布，故B选项错误。较大的市的人民代表大会及其常务委员会制定的地方性法规报经批准后，由较大的市的人民代表大会常务委员会发布公告予以公布，故C选项错误。自治条例和单行条例报经批准后，分别由自治区、自治州、自治县的人民代表大会常务委员会发布公告予以公布。**参考答案：D。**

备注：原"较大的市"的表述均已改为"设区的市"，两者的区别可见本节疑难释义部分。

（2014年真题）签署并公布由全国人大和全国人大常委会通过的法律的是（　　）。

A. 人大主席团　　B. 国务院总理

C. 最高人民法院院长　　D. 国家主席

解析 全国人民代表大会和全国人民代表大会常务委员会通过的法律由国家主席签署主席令予以公布。**参考答案：D。**

（2015年真题）下列法规中，属于部门规章的是（　　）。

A.《建设工程质量管理条例》

B.《招标公告发布暂行办法》

C.《北京市建筑市场管理条例》

D.《重庆市建设工程造价管理规定》

解析 对于法的形式的辨别最快速的方式是外部表现形式，即名称。一般情况下，行政法规的名称一般是××条例；部门规章的名称一般是××规定、××办法、××实施细则；地方性法规是××省××条例、××自治区××条例、××市（直辖市或设区的市）××条例。地方规章是××市（或省）××规定、××市（或省）××办法、××市（或省）××实施细则。通过上述分析就很容易判断出：A选项为行政法规；B选项为部门规章；C选项为地方性法规。D选项为地方规章。**参考答案：B。**

（2016年真题）关于地方性法规批准和备案的说法，正确的是（　　）。

A. 设区的市的地方性法规应当报省级人大常委会备案

B. 自治州的单行条例报送备案时，应当说明作出变通的情况

C. 省级人大常委会的地方性法规应报全国人大常委会批准

D. 自治县的单行条例由自治州人大常委会报送全国人大常委会和国务院备案

解析 设区的市的地方性法规须报省、自治区的人民代表大会常务委员会批准后实施，故A选项错误。自治条例、单行条例报送备案时，应当说明对法律、行政法规、地方性法规作出变通的情况，故B选项正确。省、自治区、直辖市的人民代表大会及其常务委员会制定的地方性法规，报全国人民代表大会常务委员会和国务院备案，故C选项

错误。自治州、自治县的人民代表大会制定的自治条例和单行条例，由省、自治区、直辖市的人民代表大会常务委员会报全国人民代表大会常务委员会和国务院备案，故D选项错误。**参考答案：B。**

（2016年真题）根据《立法法》，下列事项中必须由法律规定的是（　　）。

A. 税率的确定　　B. 环境保护

C. 历史文化保护　　D. 增加施工许可证的申请条件

解析 根据《立法法》规定下列事项只能制定法律：①国家主权的事项；②各级人民代表大会、人民政府、人民法院和人民检察院的产生、组织和职权；③民族区域自治制度、特别行政区制度、基层群众自治制度；④犯罪和刑罚；⑤对公民政治权利的剥夺、限制人身自由的强制措施和处罚；⑥对非国有财产的征收；⑦民事基本制度；⑧基本经济制度以及财政、税收、海关、金融和外贸的基本制度；⑨诉讼和仲裁制度；⑩必须由全国人民代表大会及其常务委员会制定法律的其他事项。这里需要注意的是D选项，增加施工许可证的申请条件可以为法律和行政法规。**参考答案：A。**

（2017年真题）关于上位法与下位法法律效力的说法，正确的是（　　）。

A.《招标投标法实施条例》高于《招标公告发布暂行办法》

B.《建设工程质量管理条例》高于《建筑法》

C.《建筑业企业资质管理规定》高于《外商投资建筑业企业管理规定》

D.《建设工程勘察设计管理条例》高于《城市房地产开发经营管理条例》

解析 本题考的是法的效力层级这个知识点。法的效力层级遵照5个原则：①宪法至上；②上位法优于下位法；③特别法优于一般法；④新法优于旧法；⑤特殊情况处理。本题考查的是上位法优于下位法的情况。因此考生主要是辨别哪个是上位法，最终又回到了辨别法律、行政法规、部门规章这一知识点上。从上述2014年真题的解析中已经提到：辨别的最快速和方便的方法就是看外部表现形式，即名称。通过分析发现：A选项中，《招标投标法实施条例》属于行政法规，《招标公告发布暂行办法》属于部门规章，行政法规对于部门规章而言属于上位法，故A选项正确。**参考答案：A。**

应试指引

法的形式主要考查考生对各类具体法形式的区分和辨别。制定机关、名称和文号是区分和辨别具体法形式的有效方法，其中通过名称来辨别是最快速也是历年常考的一种方式。法的效力层级主要考查的就是法的冲突解决。可以总结如下：①宪法至上；②上位法优于下位法；③特别法优于一般法；④新法优于旧法。值得注意的是：对于特别法优于一般法，新法优于旧法原则，只针对同一机关制定的法律规范；对于上位法优于下位法的原则可以概括为：宪法 > 法律 > 行政法规 > 地方法规和部门规章；地方性法规 > 本级和下级地方政府的规章。同一效力层级之间的横向冲突（即为特殊情况处理）则可根据考点解析中的相关图例内容加以学习和理解。

疑难释义

释义一：“较大的市”是一个法律概念，是为了解决地级市立法权而于1982年创设。非省会地级市一旦获得“较大的市”地位，就拥有了地方立法权。

国务院分4次共批准了19个较大的市：唐山市、吉林市、大同市、包头市、大连市、鞍山市、抚顺市、齐齐哈尔市、无锡市、淮南市、青岛市、洛阳市、重庆市（1997年直辖后不再是“较大的市”）、宁波市、邯郸市、本溪市、淄博市、苏州市、徐州市。

《立法法》在2015年3月修正，删除原条款“本法所称较大的市是指省、自治区的人民政府所在地的市，经济特区所在的市和经国务院批准的较大的市”。“较大的市”专指经国务院据《地方组织法》规定在1984年到1993年间已经批准的较大的市。

而《地方各级人民代表大会和地方各级人民政府组织法》在2015年8月的修正，将原条款中的“省、自治区的人民政府所在地的市和经国务院批准的较大的市”修改为“设区的市”。

全国人民代表大会常务委员会关于修改《中华人民共和国地方各级人民代表大会和地方各级人民政府组织法》的决定（主席令第三十三号）将第七条第二款、第四十三条第二款、第六十条第一款中的“省、自治区的人民政府所在地的市和经国务院批准的较大的市”修改为“设区的市”。

释义二：在《民法总则》公布、生效之前，我们说的基本法是指《民法通则》《合同法》《物权法》《侵权责任法》等相对于《民法通则》就是特别法。特别法与基本法不一致时，特别法优先。而《合同法》对于《民法通则》的部分规定是有所改变的，所以，当《合同法》的规定和《民法通则》的规定不一致时，应该优先适用《合同法》的规定。而《民法总则》是民法典的总则编，在《民法总则》生效后，《合同法》《物权法》《侵权责任法》等将是民法典的分则编，它们都是民法典上的制度。此时，不宜认为《合同法》等法律是特别法，这些法律是民法典的组成部分。在《民法总则》生效以后裁判案件，如果《合同法》与《民法总则》规定不一致，应当适用《民法总则》。那什么是特别法呢？《保险法》《证券法》《商标法》等商事法就属于特别法。

1Z301020　建设工程法人制度

本节导学

法人是社会组织在法律上的人格化，是法律意义上的“人”，而不是实实在在的生命体，这是其与自然人最大的不同点。2017年3月公布的《民法总则》规定：“法人是具有民事权利能力与民事行为能力，依法独立享有民事权利和承担民事义务的组织。”法人应当具备的条件见表1Z301020-1。本节主要涉及的法律文件为《民法总则》（第三章　法人）。

法人应当具备的条件　　表 1Z301020-1

具体条件	释　义
依法成立	法人不能自然产生，它的产生必须经过法定的程序；法人的设立目的和方式必须符合法律的规定
应当有自己的名称、组织机构、住所、财产或者经费	法人的名称是法人相互区别的标志和进行活动时的代号；法人的组织机构是对内管理法人事务、对外代表法人进行民事活动的机构；法人的场所则是法人进行业务活动的所在地；法人的财产或经费则是法人进行民事活动的必要物质基础
能够独立承担民事责任	法人必须能够以自己的财产或经费承担在民事活动中的债务，在民事活动中给其他主体造成损失时能够承担赔偿责任。法人以其全部财产独立承担民事责任
有法定代表人	依照法律或者法人章程的规定，代表法人从事民事活动的负责人为法人的法定代表人；法定代表人以法人名义从事的民事活动，其后果由法人承受

值得注意的是，由于2017年3月公布的《民法总则》对《民法通则》在法人章节规定上的调整，因此2018年版教材对此内容作了调整（表1Z301020-2、表1Z301020-3），考生应重点关注变化的相关内容。

法人应当具备条件的变化　　表 1Z301020-2

2017年版教材（依据《民法通则》相关规定）	2018年版教材（依据《民法总则》相关规定）
法人应当具备下列条件： （一）依法成立； （二）有必要的财产或经费； （三）有自己的名称、组织机构和场所； （四）能够独立承担民事责任	法人应具备下列条件： （一）依法成立； （二）应当有自己的名称、组织机构、住所、财产或者经费； （三）能够独立承担民事责任； （四）有法定代表人

法人的分类变化　　表 1Z301020-3

名　称	分　类	内容包括
《民法通则》	企业法人	①公司；②非公司制企业法人
	非企业法人	①行政法人；②事业法人；③社团法人
《民法总则》	营利法人	①有限责任公司；②股份有限公司；③其他企业法人
	非营利法人	①事业单位；②社团团体；③基金会；④社会服务机构
	特别法人	①机关法人；②农村集体经济组织法人；③城镇农村的合作经济组织法人；④基层群众性自治组织法人

本节近5年考情分析详见表1Z301020-4，由历年真题分析可知，企业法人与项目经理部的法律关系这一知识点是考生需要重点掌握的。

近5年考情分析　　表 1Z301020-4

知识点	各年份分值				
	2013年	2014年	2015年	2016年	2017年
1Z301021　法人应具备的条件	1	0	0	1	1
1Z301022　法人在建设工程中的地位和作用	0	1	1	0	0
1Z301023　企业法人与项目经理部的法律关系	0	1	2	1	0

高频考点　企业法人与项目经理部的法律关系

高频指数：★★

考点解析

施工企业为了完成某项建设工程施工任务而设立的项目经理部，虽然也是一种组织，但其不具备法人资格，而是施工企业根据建设工程施工项目而组建的非常设的下属机构。从表1Z301020-1中可以看出，项目经理部虽然具有法人的部分成立条件（如具有相应的组织机构和场所），但其既不是依法成立，也不具有民事主体资格，因此无法独立承担民事责任，同时，在诉讼中也不得作为原告或者被告。所以，项目经理部行为的法律后果将由企业法人承担。例如，项目经理部没有按照合同约定完成施工任务，则应由施工企业承担违约责任；项目经理签字的材料款，如果不按时支付，材料供应商应当以施工企业为被告提起诉讼。

真题再现

（2014年真题）关于项目经理的说法，正确的是（　　）。

A. 项目经理的权利来自于企业法人的授权

B. 施工项目可以没有项目经理

C. 项目经理具有相对独立的法人资格

D. 由项目经理签字的材料款项未及时支付，材料供应商应以项目经理为被告进行起诉

解析 在每个施工项目上必须有一个经企业法人授权的项目经理，故B选项错误。项目经理部不具备独立的法人资格，无法独立承担民事责任，故C选项错误。项目经理部行为的法律后果将由企业法人承担，故D选项错误。**参考答案：A。**

（2015年真题）关于项目经理部及其行为法律后果的说法，正确的有（　　）。

A. 不具备法人资格

B. 是施工企业为完成某项工程建设任务而设立的组织

C. 其行为的法律后果由项目经理承担

D. 其行为的法律后果由项目经理部承担

E. 其行为的法律后果由企业法人承担

解析 项目经理部虽然也是一种组织，但其不具备法人资格，而是施工企业根据建设工程施工项目而组建的非常设的下属机构。故A、B选项正确。由于项目经理部不具有法人资格，也即表明其无法独立承担法律后果，故项目经理部的行为法律后果应由企业法人承担，故E选项正确。**参考答案：A、B、E。**

（2016年真题）某施工企业的项目经理李某在工程施工过程中订立材料采购合同，承担该

合同付款责任的是（　　）。

A. 李某　　B. 施工企业

C. 李某所属施工企业项目经理部　　D. 施工企业法定代表人

解析 由于项目经理部不具备独立的法人资格，无法独立承担民事责任。所以，项目经理部行为的法律后果将由企业法人承担。例如，项目经理部没有按照合同约定完成施工任务，则应由施工企业承担违约责任；项目经理签字的材料款如果不按时支付，材料供应商应当以施工企业为被告提起诉讼。**参考答案：**B。

应试指引

本高频考点主要考查考生对法人制度在工程建设领域中的应用，即项目经理部与企业法人的关系。考生主要掌握两点：①项目经理部只是企业法人为项目而设立的非常设项目管理机构，不具备法人资格；②因项目经理部不具有法人资格，故无法独立承担其行为的法律后果。结合 2018 年版教材对法人制度相关内容的修订，2018 年备考时应注意以下两个知识点。

应试指引一：掌握《民法总则》有关法人的最新分类：营利法人、非营利法人、特别法人三类。考试出题时可能会在选项中设置原《民法通则》分类的干扰项，如将法人分为企业法人、非企业法人，需注意区别。

应试指引二：掌握不同类别法人的具体内容。

例题：根据《民法总则》规定，某国有建筑公司属于哪一类法人？答：营利法人。某建筑施工协会属于哪一类法人？答：非营利法人。

应试指引三：注意新增内容“法定代表人因执行职务造成他人损害的，由法人承担民事责任。法人承担民事责任后，依照法律或者法人章程的规定，可以向有过错的法定代表人追偿。”

疑难释义

关于总公司与分公司，母公司与子公司的区别：

（1）总公司管理分公司，对所属分公司在生产经营、资金调度、人事管理等方面行使指挥、管理、监督的权利，具有法人资格，可以独立承担民事责任。分公司是与总公司相对应的法律概念，是指在业务、资金、人事等方面受总公司管理，不具有法人资格的分支机构。分公司在法律、经济上没有独立性，属于总公司的附属机构。在营业执照的信息上，也可以看出两者的区别，如在总公司的营业执照上会写明：法定代表人 ××，而在分公司的营业执照上会写着：主要负责人 ××。需要注意的是，如果分公司是依法设立的、具有相应的授权、领取了营业执照，依然可以作为诉讼或仲裁的当事人。

（2）母公司是指拥有另一个公司一定比例以上的股份或通过协议方式能够对另一个公司实行实际控制的公司，具有法人资格，可以独立承担民事责任。子公司是与母公司相对应的法律概念，是指一定比例以上的股份被另一个公司持有或通过协议方式受到另一个公司实际控制的公司。子公司具有法人资格，可以独立承担民事责任。

1Z301030　建设工程代理制度

本节导学

《民法总则》规定：民事主体可以通过代理人实施民事法律行为。依照法律规定、当事人约定或者民事法律行为的性质，应当由本人亲自实施的民事法律行为，不得代理。

代理是指一人于特定权限范围内以他人的名义实施民事法律行为，其所产生的法律效果直接归属于该他人的法律制度。其中该行为人称为代理人，接受法律效果的人称为被代理人或本人，代理人实施民事法律行为的对方当事人称为相对人或第三人。我们可以用一张图（图 1Z301030-1）来表示被代理人、代理人及第三人的关系。按照《民法总则》规定，代理包括委托代理、法定代理（图 1Z301030-2）。

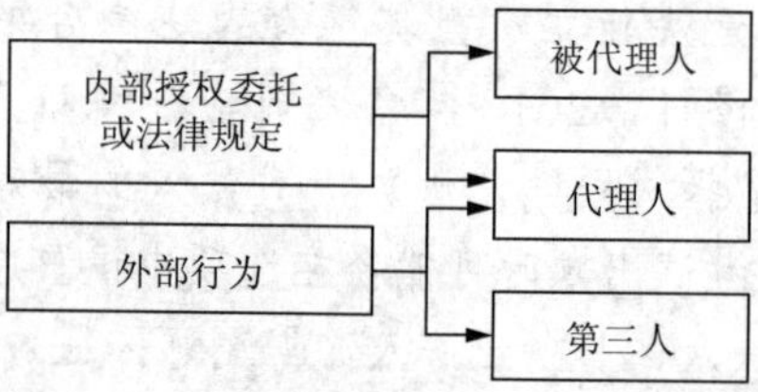

图 1Z301030-1　被代理人、代理人及第三人的关系

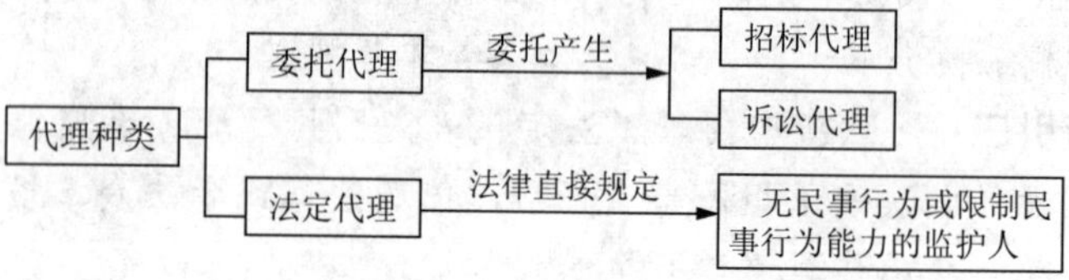

图 1Z301030-2　代理的分类

值得注意的是，2017 年 3 月公布的《民法总则》对《民法通则》有关代理的规定作了调整，见表 1Z301030-1，因此，2018 年版教材作了相应内容的调整。

有关代理的规定调整　　表 1Z301030-1

《民法通则》	《民法总则》
第六十三条　公民、法人可以通过代理人实施民事法律行为； 代理人在代理权限内，以被代理人的名义实施民事法律行为。被代理人对代理人的代理行为，承担民事责任； 依照法律规定或者按照双方当事人约定，应当由本人实施的民事法律行为，不得代理	第一百六十一条　民事主体可以通过代理人实施民事法律行为； 依照法律规定、当事人约定或者民事法律行为的性质，应当由本人亲自实施的民事法律行为，不得代理 第一百六十二条　代理人在代理权限内，以被代理人名义实施的民事法律行为，对被代理人发生效力
第六十四条　代理包括委托代理、法定代理和指定代理； 委托代理人按照被代理人约定委托行使代理权，法定代理人依照法律的规定行使代理权，指定代理人按照人民法院或者指定单位的指定行使代理权	第一百六十三条　代理包括委托代理和法定代理； 委托代理人按照被代理人的委托行使代理权。法定代理人依照法律的规定行使代理权

近5年真题考情分析见表1Z301030-2，考生需要重点掌握建设工程代理行为的设立和终止、代理人和被代理人的权利、义务及法律责任两个知识点。本节主要涉及法律文件为《民法总则》（第七章　代理）。

近5年考情分析　　表1Z301030-2

知　识　点	各年份分值				
	2013年	2014年	2015年	2016年	2017年
1Z301031　代理的法律特征和主要种类	0	0	0	0	0
1Z301032　建设工程代理行为的设立和终止	0	2	1	1	1
1Z301033　代理人和被代理人的权利、义务及法律责任	3	1	1	3	0

高频考点一　建设工程代理行为的设立和终止

高频指数：★★

考点解析

1. 建设工程代理行为的设立

建设工程活动中涉及的代理行为比较多，多为民事法律行为的委托代理，如工程招标代理、材料设备采购代理以及诉讼代理等。需要注意的是：①不是所有的建设工程活动都可以代理。《建筑法》规定：禁止承包单位将其承包的全部建筑工程转包给他人，禁止承包单位将其承包的全部建筑工程肢解以后以分包的名义分别转包给他人，施工总承包的，建筑工程主体结构的施工必须由总承包单位自行完成，也即建设工程的承包活动不得委托代理。②某些建设工程代理行为需要具有法定资格的组织方可实施，如招标代理机构必须取得相应资质后方可从事招标代理活动（注：目前，招标代理机构的资质认定已取消）。

2. 建设工程代理行为的终止（表1Z301030-3）

建设工程代理行为的终止　　表1Z301030-3

终止情况	释　义
代理期间届满或代理事项完成	被代理人通常是授权代理人某一特定期间的代理权，或某一项也可能是几项特定事务代理权
被代理人取消委托或者代理人辞去委托	被代理人和代理人均可单方取消（辞去）委托
作为被代理人或者代理人的法人、非法人组织终止	主体资格已消灭

值得注意的是，2017年3月公布的《民法总则》对《民法通则》有关委托代理终止的情形方面做了调整，2018年版教材也随之调整，考生需注意，见表1Z301030-4。

有关委托代理终止的调整 表 1Z301030-4

2017 年版教材（依据《民法通则》相关规定）	2018 年版教材（依据《民法总则》相关规定）
第六十九条　有下列情形之一的，委托代理终止： （一）代理期间届满或者代理事务完成； （二）被代理人取消委托或者代理人辞去委托； （三）代理人死亡； （四）代理人丧失民事行为能力； （五）作为被代理人或者代理人的法人终止	第一百七十三条　有下列情形之一的，委托代理终止： （一）代理期间届满或者代理事务完成； （二）被代理人取消委托或者代理人辞去委托； （三）代理人丧失民事行为能力； （四）代理人或者被代理人死亡； （五）作为被代理人或者代理人的法人、非法人组织终止
建设工程代理行为的终止，有三种情况： （1）代理期间届满或代理事项完成； （2）被代理人取消委托或者代理人辞去委托； （3）作为被代理人或者代理人的法人终止	建设工程代理行为的终止，有三种情况： （1）代理期间届满或代理事项完成； （2）被代理人取消委托或者代理人辞去委托； （3）作为被代理人或者代理人的法人、非法人组织终止

真题再现

（**2014 年真题**）根据《民法通则》，法定代理或指定代理终止的情形有（　　）。

A. 代理期间届满或者代理事务完成

B. 被代理人取得或者恢复行为能力

C. 被代理人或者代理人死亡

D. 代理人丧失民事行为能力

E. 指定代理的人民法院或者指定单位取消指定

解析 法定代理或者指定代理终止的条件：①被代理人取得或者恢复民事行为能力；②被代理人或者代理人死亡；③代理人丧失民事行为能力；④指定代理的人民法院或者指定单位取消指定；⑤由其他原因引起的被代理人和代理人之间的监护关系消灭。**参考答案：B、C、D、E。**

备注：《民法总则》已取消了“指定代理”这一代理的类型。

（**2015 年真题**）关于建设工程代理行为的说法，正确的是（　　）。

A. 建设工程承包活动属于法定代理

B. 建筑材料设备的采购不得委托代理

C. 建设工程诉讼只能委托律师代理

D. 建设工程招标活动可以委托代理

解析 建设工程代理行为多为民事法律行为的委托代理，故 A 选项错误。建设工程代理行为多为民事法律行为的委托代理，建筑材料设备的采购即为民事法律行为，当然可以委托代理，故 B 选项错误。一般的代理行为可以由自然人、法人担任代理人，对其资格并无法定的严格要求，即使是诉讼代理人，也不要求必须由具有律师资格的人担任，故 C 选项错误。**参考答案：D。**

（2016 年真题）关于建设工程代理的说法，正确的是（　　）。

A. 招标活动应当委托代理

B. 代理人不可以自行辞去委托

C. 被代理人可以单方取消委托

D. 法定代表人与法人之间是法定代理关系

解析《招投标法》规定，招标人具有编制招标文件和组织评标能力的，可以自行办理招标事宜，故 A 选项错误。法律规定被代理人有权根据自己的意愿单方取消委托，也允许代理人单方辞去委托，均不必以对方同意为前提，并以通知到对方时，代理权即行消灭，故 B 选项错误，C 选项正确。法定代理是指代理人的代理权直接根据法律规定而产生。法定代表人是一个法律概念，法定代表人就是能够代表法人的人，它是指依照法律或法人组织章程规定，代表法人行使职权的负责人，故法定代表人与法人之间不是真正意义上的法定代理关系，故 D 选项错误。**参考答案：C。**

（2017 年真题）关于代理的说法，正确的是（　　）。

A. 作为被代理人的法人终止，委托代理终止

B. 代理涉及被代理人和代理人两方当事人

C. 民事法律行为的委托代理必须采用书面形式

D. 代理人明知被委托代理的事项违法仍进行代理的，代理人承担全部民事责任

解析在建设工程活动中，不管是被代理人还是代理人，任何一方的法人终止，代理关系均随之终止。因为，对方的主体资格已消灭，代理行为将无法继续，其法律后果亦将无从承担，故 A 选项正确。所谓代理，是指代理人在被授予的代理权限范围内，以被代理人的名义与第三人实施法律行为，代理涉及三方当事人，即被代理人、代理人和代理关系所涉及的第三人，故 B 选项错误。建设工程代理行为多为民事法律行为的委托代理。民事法律行为的委托代理，可以用书面形式，也可以用口头形式。但是，法律规定用书面形式的，应当用书面形式，故 C 选项错误。代理人知道被委托代理的事项违法仍然进行代理活动的，或者被代理人知道代理人的代理行为违法不表示反对的，被代理人和代理人对第三人负连带责任，故 D 选项错误。**参考答案：A。**

应试指引

在高频考点的考查中，也会涉及代理的法律特征等知识点，因此不能孤立地只看这一个知识点，而应前后联系，融会贯通。需要注意的是，建设工程活动的代理行为多为民事法律行为的委托代理。因此，其满足对委托代理的定义：被代理人是以意思表示的方法将代理权授予代理人。但其又具有特殊性，某些建设工程活动不得代理，某些代理行为必须具有法定资格等。从历年真题分析来看，高频考点主要考查的还是基本知识，以概念理解为主，难度相对较低。由于 2017 年 3 月公布的《民法总则》对代理章节的内容调整较多，因此考生应注意 2018 年版教材对应的变化内容。

疑难释义

《招标投标法》第十四条："从事工程建设项目招标代理业务的招标代理机构，其资格由国务院或者省、自治区、直辖市人民政府的建设行政主管部门认定。具体办法由国务院建设行政主管部门会同国务院有关部门制定。从事其他招标代理业务的招标代理机构，其资格认定的主管部门由国务院规定。"

《工程建设项目招标代理机构资格认定办法》将工程招标代理机构的资格分为甲级、乙级和暂定级。

第十二届全国人民代表大会常务委员会第三十一次会议决定：对《招标投标法》作出修改（二）删去第十四条第一款。

修订后，《招投标法》不再对招标代理机构进行资质方面的规定。同时，《住房城乡建设部办公厅关于取消工程建设项目招标代理机构资格认定加强事中事后监管的通知》（建办市〔2017〕77号）指出，为贯彻落实《全国人民代表大会常务委员会关于修改〈中华人民共和国招标投标法〉、〈中华人民共和国计量法〉的决定》，深入推进工程建设领域"放管服"改革，加强工程建设项目招标代理机构（以下简称招标代理机构）事中事后监管，规范工程招标代理行为，维护建筑市场秩序，停止招标代理机构资格申请受理和审批。自2017年12月28日起，各级住房城乡建设部门不再受理招标代理机构资格认定申请，停止招标代理机构资格审批。至此，招标代理机构资格认定退出历史舞台。

高频考点二　代理人和被代理人的权利、义务及法律责任

高频指数：★★★

考点解析

《民法总则》规定：代理人在代理权限内，以被代理人的名义实施民事法律行为，对被代理人发生效力。这是代理人与被代理人基本权利和义务的规定。代理人必须取得代理权，并依据代理权限，以被代理人的名义实施民事法律行为。被代理人要对代理人的代理行为承担民事责任，而这种民事责任仅限于"代理权限内"。如果代理人超越代理权限或者没有取得代理权时，只有经被代理人的追认，被代理人才承担民事责任，否则，由行为人承担民事责任。但有一个特殊情况是：如果本人知道他人以本人名义实施民事行为而不作否认表示的，视为同意。

无权代理是指行为人不具有代理权、超越代理权或者代理权终止后，仍然实施代理行为，未经被代理人追认的，对被代理人不发生效力。无权代理一般存在三种表现

形式：①自始未经授权；②超越代理权；③代理权已终止。被代理人对无权代理人实施的行为如果予以追认，则无权代理可转化为有权代理。如果被代理人不予追认的，对被代理人不发生效力，则无权代理人需承担因无权代理行为给被代理人和善意第三人造成的损失。

表见代理是指行为人虽无权代理，但由于行为人的某些行为，造成了足以使善意第三人相信其有代理权的表象，而与善意第三人进行的、由本人承担法律后果的代理行为。《合同法》规定：行为人没有代理权、超越代理权或者代理权终止后以被代理人名义订立合同，相对人有理由相信行为人有代理权的，该代理行为有效。因此，从表见代理的定义中可以看出，表见代理构成要件为：①存在足以使相对人相信行为人有代理权的事实或理由；②本人存在过失；③相对人须为善意。现实中表见代理的实例非常多，例如，甲公司经常派业务员乙与丙公司订立合同。乙调离后，又持盖有甲公司公章的合同书与尚不知其已调离的丙公司订立一份合同，并按照通常做法提走货款，对此，甲公司并不知情，丙公司要求甲公司履行合同，甲公司能否拒绝？甲公司能否拒绝主要看业务员乙的行为是否满足表见代理的构成要件。第一，是否存在足以使相对人相信行为人有代理权的事实或理由？答：存在。因为甲公司经常派业务员乙与丙公司订立合同。第二，本人是否存在过失？从例子里来看，甲公司是存在过失的，因为甲公司明知业务员乙离任，就不应该将盖有甲公司公章的合同书继续留存于乙之手。同时，甲公司也应在业务员乙离任后，通知各业务往来单位其业务员乙离任的消息。第三，相对人是否为善意？从例子里可以看出，丙公司对业务员乙离任并不知情，故相对人丙为善意。

2018 年版教材中，就无权代理与表见代理方面增加了“相对人可以催告被代理人收到通知之日一个月内进行追认及行为被追认前善意相对人有撤销权”等内容，需考生注意。

不当或违法行为承担法律责任方面的内容调整，主要是因 2017 年 3 月公布的《民法总则》对《民法通则》有关代理人的责任方面作了新的表述，见表 1Z301030-5。

有关代理人责任的调整 表 1Z301030-5

《民法通则》	《民法总则》
代理人不履行职责而给被代理人造成损害的，应当承担民事责任	代理人不履行或者<u>不完全履行职责</u>，造成被代理人损害的，应当承担民事责任
代理人和第三人串通，损害被代理人的利益的，由代理人和第三人负连带责任	代理人和相对人恶意串通，损害被代理人<u>合法权益</u>的，代理人和<u>相对人</u>应当承担连带责任
委托书授权不明的，被代理人应当向第三人承担民事责任，代理人负连带责任	<u>删除了本条</u>
第三人知道行为人没有代理权、超越代理权或者代理权已经终止还与行为人实施民事行为给他人造成损害的，由第三人和行为人负<u>连带责任</u>	相对人知道或者应当知道行为人无权代理的，相对人和行为人按照各自的过错承担责任

2018 年版教材依据《民法总则》的调整内容，对不当或违法行为应承担的法律责任进行了修订，见表 1Z301030-6。

不当或违法行为应承担的法律责任　　表 1Z301030-6

具体情形	负责对象	责任形式
代理人不履行职责而给被代理人造成损害的	对被代理人负责	代理人应当承担民事责任
代理人和相对人串通，损害被代理人的利益的	对被代理人负责	代理人和相对人负连带责任
相对人知道行为人没有代理权、超越代理权或者代理权已终止还与行为人实施民事行为给他人造成损害的	对被代理人负责	相对人和行为人负连带责任
代理人知道被委托代理的事项违法仍然进行代理活动的，或者被代理人知道代理人的代理行为违法不表示反对的	对相对人负责	被代理人和代理人负连带责任

真题再现

（2013 年真题）根据《民法通则》，关于代理的说法正确的是（　　）。

A. 代理人在授权范围内实施代理行为的法律后果由被代理人承担

B. 代理人可以超越代理实施代理行为

C. 被代理人对代理人的一切行为承担民事责任

D. 代理是代理人以自己的名义实施民事法律行为

解析《民法通则》规定，代理人在代理权限内，以被代理人的名义实施民事法律行为。被代理人对代理人的代理行为承担民事责任，故 A 选项正确，C、D 错误。《民法通则》规定，没有代理权、超越代理权或者代理权终止后的行为，只有经过被代理人的追认，被代理人才承担民事责任，未经追认的行为，由行为人承担民事责任，因此，代理人不能超越代理权实施代理行为，故 B 错误。**参考答案：A。**

（2013 年真题）在下列情形中，代理人应当向被代理人承担民事责任的有（　　）。

A. 在第三人知道行为人没有代理权仍与其实施民事行为给被代理人造成损害的

B. 经追认的越权代理行为

C. 委托书授权不明的代理行为

D. 代理人因事务繁忙未经被代理人同意将代理事务转托他人

E. 被代理人知道代理人的代理行为违法不表示反对的

解析 第三人知道行为人没有代理权、超越代理权或者代理权已终止还与行为人实施民事行为给他人造成损害的，第三人和行为人对被代理人负连带责任，故 A 选项正确。被代理人对无权代理人实施的行为如果予以追认，则无权代理可转化为有权代理，产生与有权代理相同的法律效力，故 B 选项错误。委托书授权不明的，被代理人应当向第三人承担民事责任，代理人负连带责任，代理人应对第三人承担民事责任，而不用向被代理人承担，故 C 选项错误。《民法通则》规定，委托代理人为被代理人的利益需要转托他人代理的，应当事先取得被代理人的同意。事先没有取得被代理人同意的，应当在事后及时告诉被代理人，如果被代理人不同意，由代理人对自己所转托的人的行为负民事责任，但在紧急情况下，为了保护被代理人的利益而转托他人代理的除外，故 D 选项正确。代理人知道被委托代理的事项违法仍然进行代理活动的，代理人与被代理人应对第三人承担连带责任，故 E 选项错误。**参考答案：A、D。**

（2014 年真题）甲公司业务员王某被开除后，为报复甲公司，用盖有甲公司公章的空白合同书与乙公司订立一份建材购销合同。乙公司并不知情，并按时将货送至甲公司所在地。甲公司拒绝接收，引起纠纷。关于该案代理与合同效力的说法，正确的是（　　）。

A. 王某的行为为无权代理，合同无效　　B. 王某的行为为表见代理，合同无效

C. 王某的行为为表见代理，合同有效　　D. 王某的行为为委托代理，合同有效

解析 本题主要考表见代理的知识点。是否为表见代理，主要看该行为是否具备以下几个构成要件：①存在足以使相对人相信行为人有代理权的事实或理由；②本人存在过失；③相对人须为善意。从题意中可看出，业务员王某的行为同时具备上述三个构成要件，因此王某的行为为表见代理，合同有效。**参考答案：C。**

（2015 年真题）在代理关系中，第三人知道行为人超越代理权，还与行为人实施民事行为，给他人造成损害的，由（　　）。

A. 第三人与行为人承担连带责任　　B. 行为人自行承担

C. 第三人自行承担　　D. 被代理人与第三人承担连带责任

解析 第三人知道行为人没有代理权、超越代理权或者代理权已终止还与行为人实施民事行为给他人造成损害的，第三人和行为人对被授权人承担连带责任。**参考答案：A。**

（2016 年真题）关于转代理的说法，正确的是（　　）。

A. 法定代理人死亡后可以转代理

B. 复代理人和代理人均为被代理人选定

C. 转代理不成立的，代理人对自己所转托的人负民事责任

D. 为了保护被代理人的利益而转托他人代理的，可以不取得被代理人的同意

解析《民法通则》规定，委托代理人为被代理人的利益需要转托他人代理的，应当事先取得被代理人的同意。事先没有取得被代理人同意的，应当在事后及时告诉被代理人，如果被代理人不同意，由代理人对自己所转托的人的行为负民事责任，但在紧急情况下，为了保护被代理人的利益而转托他人代理的除外。故 D 选项正确。这里考生需要特别注意：如果被代理人不同意，由代理人对自己所转托的行为负责，而不是对自己所转托的人负责，因此 C 选项错误。复代理所基于的代理称为本代理，由本代理中的代理人转托的代理人称为复代理人，故复代理由代理人选定，故 B 选项错误。因为法定代理人死亡后，代理权限终止，故 A 选项错误。**参考答案：D。**

（2016 年真题）关于不当或者违法代理行为承担法律责任的说法，正确的有（　　）。

A. 第三人明知代理人超越代理权与其实施民事行为的，第三人承担主要责任

B. 代理人不履行职责，应当承担民事责任

C. 被代理人知道代理人行为违法而不反对的，代理人承担主要责任

D. 表见代理的民事责任由被代理人承担

E. 委托书授权不明的，责任由被代理人承担

解析 第三人知道行为人没有代理权、超越代理权或者代理权已终止还与行为人实施民事行为给他人造成损害的，第三人和行为人负连带责任，不是主要责任。因此，A选项错误。被代理人知道代理人的代理行为违法不表示反对的，被代理人和代理人负连带责任，不是主要责任，故C选项错误。委托书授权不明，被代理人和代理人对第三人负连带责任，故E选项错误。**参考答案：B、D。**

应试指引

本高频考点主要考查代理人和被代理人的权利、义务及法律责任的相关问题。其中的难点在于“某一代理行为是否构成表见代理”的辨析，需要考生熟悉掌握表见代理的构成要件。法律责任方面，主要考查考生辨析各代理过程中不当或违法行为的责任承担，是单独承担责任还是承担连带责任以及对谁承担责任等知识点的辨析。从近5年真题分析来看，2013—2016年真题中均有涉及该知识点，唯独2017年未涉及，因此2018年考查这个知识点的概率较大。同时，2017年3月公布的《民法总则》在代理责任方面的表述有所调整，需要注意以下几点：①代理人不完全履行职责，造成被代理人损害的，也应当承担民事责任；②委托书授权不明的，被代理人应当向第三人承担民事责任，代理人负连带责任的相关条款已被删除；③代理责任中的“第三人”表述改为“相对人”表述；④第三人知道或者应当知道行为人无权代理的，“第三人和行为人负连带责任的”规定改为“相对人和行为人按照各自的过错承担责任”；但2018年版教材里的表述为“相对人知道行为人没有代理权、超越代理权或者代理权已终止还与行为人实施民事行为给他人造成损害的”，相对人和行为人负连带责任，需注意区别。⑤2018年版教材新增内容：“转委托代理经被代理人同意或追认的，被代理人可以就代理事务直接指示转委托的第三人，代理人仅就第三人的选任以及对第三人的指示承担责任”。

疑难释义

释义一：表见代理与无权代理的区别

表见代理属于广义的无权代理。但与狭义的无权代理相区别的唯一要件是：第三人有理由相信行为人有代理权，故该要件成为表见代理与狭义无权代理的唯一重大区别。

释义二：实践中不认为构成表见代理的情形

（1）盗用他人介绍信、盖有合同专用章或公章的空白合同书签订合同的。

（2）借用他人介绍信、合同专用章或盖有公章的空白合同书签订合同的。

最高人民法院关于适用《民事诉讼法》的解释中第六十五条规定，借用业务介绍信、合同专用章、盖章的空白合同书或者银行账户的，出借单位和借用人为共同诉讼人。换言之，借用情形下，借用人与出借人二人为连带责任人，故不可能成立表见代理。因为表见代理一经成立，行为人与第三人签订的合同直接约束被代理人而不约束行为人，故行为人与被代理人不可能成立连带责任。

1Z301040 建设工程物权制度

本节导学

物权是一类极其重要的民事权利，是权利人对特定的物直接支配和排他的权利，其分类如图 1Z301040-1 所示。物权具有 4 大特征：①物权是支配权；②物权是绝对权；③物权是财产权；④物权具有排他性。

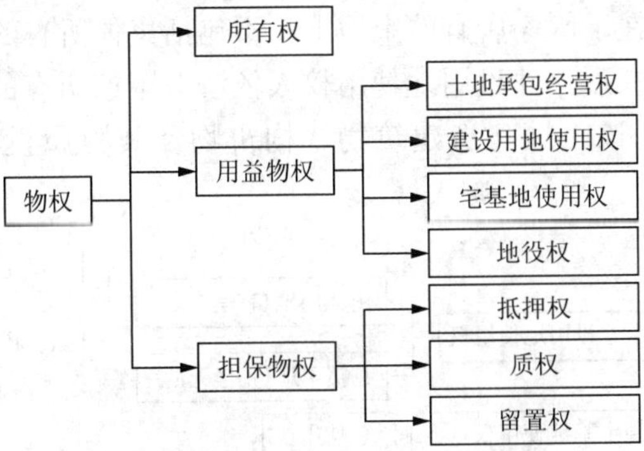

图 1Z301040-1 物权分类

建设工程物权制度一节的近 5 年考情分析见表 1Z301040-1，从表中可以看出：土地所有权、建设用地使用权和地役权知识点为本节的重要考点。本节主要涉及的法律文件为《物权法》。

近 5 年考情分析　　表 1Z301040-1

知识点	各年份分值				
	2013 年	2014 年	2015 年	2016 年	2017 年
1Z301041 物权的法律特征和主要种类	0	1	0	1	1
1Z301042 土地所有权、建设用地使用权和地役权	1	3	1	3	3
1Z301043 物权的设立、变更、转让、消灭和保护	0	0	1	0	0

高频考点　土地所有权、建设用地使用权和地役权

高频指数：★★★★

考点解析

1. 土地所有权

我国实行土地的社会主义公有制，即全民所有制和劳动群众集体所有制。土地归属见表 1Z301040-2。

土地归属 表 1Z301040-2

类 别	归 属
城市市区的土地	国家所有
农村和城市郊区的土地	农民集体[①]
宅基地和自留地、自留山	农民集体

注：[①]除由法律规定属于国家的以外，属于农民集体所有。

2. 建设用地使用权

建设用地使用权是因建造建筑物、构筑物及其附属设施而使用国家所有的土地的权利。建设用地使用权只能存在于国家所有的土地上，不包括集体所有的农村土地。

取得建设用地使用权后，建设用地使用权人依法对国家所有的土地享有占有、使用和收益的权利，有权利用该土地建造建筑物、构筑物及其附属设施。建设用地使用权如图 1Z301040-2 所示。

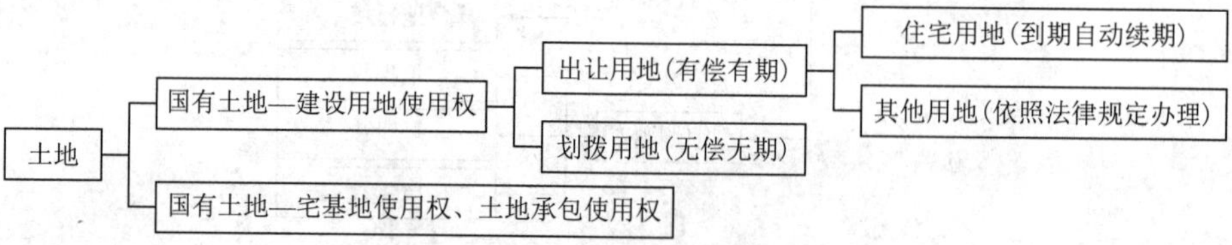

图 1Z301040-2 建设用地使用权

3. 地役权

地役权是指地役权人因通行、取水、排水、铺设管线等需要，利用他人的不动产（供役地）或者限制他人不动产的利用，以提高自己的不动产（需役地）效益的权利。他人的不动产为供役地，自己的不动产为需役地。从性质上说，地役权是按照当事人的约定设立的用益物权。

设立地役权，当事人应当采取书面形式订立地役权合同，地役权自地役权合同生效时设立。当事人要求登记的，可以向登记机构申请地役权登记；未经登记，不得对抗善意第三人。

地役权是为了需役地的利益而设定的权利，从属于需役地而存在，因此，地役权具有从属性，地役权人不得自己保留需役地的所有权或者使用权，而单独地将地役权让与他人；反过来，地役权人也不得自己保留地役权，而仅把需役地的所有权或者使用权让与他人；地役权人也不得把需役地的所有权或者使用权与地役权分别让与不同的人。

【例题】某服装加工公司和某汽车销售公司分别在同一主干道西侧建有自己的园区，如图 1Z301040-3 所示。由于该服装加工公司园区北侧与主干道相连的支线待修未完工，上主干道需要绕行较远，为了能快速将加工好的服装外运，于是与该汽车销售公司协议“借道通行”，期限 3 年，作为补偿，该服装加工公司一次性支付给该汽车销售公司 20 万元。双方签订合同并办理了地役权登记。

问：1 年后，该服装公司想实施下列让与方案之一，请问哪一种可行？

方案一：该服装公司将自己的园区转让给一家医药公司，保留在该汽车 4S 店园区的通行权利。

方案二： 该服装公司保留自己的园区，但将在该汽车 4S 店园区的通行权利转让给另一家医药公司。

方案三： 该服装公司将自己的园区转让给一家医药公司，将在该汽车 4S 店园区的通行权利又转让给另一家电子产品销售公司。

方案四： 该服装公司将自己的园区和在该汽车 4S 店园区的通行权利一并转让给一家医药公司。

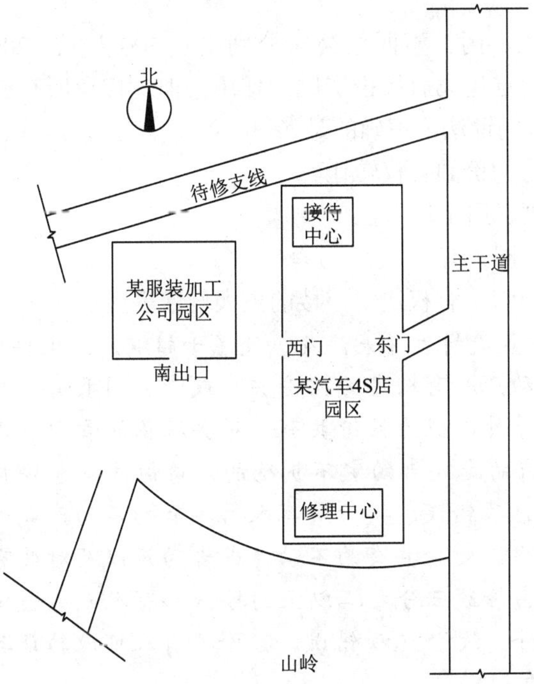

图 1Z301040-3　园区示意图

【分析】 方案一～方案三的情况，均是将地役权与需役地的权利（使用权或所有权）进行分离，即违背了地役权从属的特性。因为地役权是为需役地的利益而设定的权利，一旦需役地的权属不复存在，那么地役权也就失去了意义。因此，只有方案四是可行的。

真题再现

（2013 年真题） 甲公司与乙公司的院落相邻，甲为方便自己车辆进出，遂与乙约定：甲借用乙方院内道路通行，期限 20 年，甲方一次性支付给乙 50 万元补偿费，双方签订合同并办理了地役权登记。2 年后，甲方拟定了下列方案，其中符合《物权法》规定的是（　　）。

A. 甲拟将全部房产所有权及土地使用权转让给丙，自由保留地役权

B. 甲拟单独将地役权转让给丁物业公司

C. 甲拟将房产所有权及土地使用权和地役权一并转让给丙

D. 甲拟将房产所有权及土地使用权转让给丙，而将地役权转让给丁

解析 需役地以及需役地上的土地承包经营权、建设用地使用权、宅基地使用权部分转让时，转让部分涉及地役权的，受让人同时享有地役权，故A选项错误。《物权法》第一百六十四条：地役权不得单独转让。土地承包经营权、建设用地使用权等转让的，地役权一并转让，故B选项错误。地役权人也不得将需役地的使用权与地役权分别让与不同的人，应与土地承包经营权、建设用地使用权、宅基地使用权共同转让，故D选项错误。**参考答案：C。**

（2014年真题）甲、乙、丙、丁四个公司分别出资500万元、200万元、200万元、100万元建造一栋楼房，约定建成后按投资比例使用，但对楼房所有权归属和管理未做约定。关于该楼所有权和管理的说法，正确的是（　　）。

A. 丁公司对其享有的份额有权转让

B. 该楼发生的管理费用平均承担

C. 该楼所有权为共同共有

D. 甲公司投资占50%，有权决定该楼的重大修缮事宜

解析 本题考查的知识点教材里并未涉及，故属于超纲题。根据《物权法》规定，共有人共有的不动产或者动产没有约定为按份共有或者共同共有，或者约定不明确的，除共有人具有家庭关系等外，视为按份共有。对共有物的管理费用以及其他负担，有约定的，按照约定；没有约定或者约定不明确的，按份共有人按照其份额负担，共同共有人共同负担，故B选项错误。按份共有人对共有的不动产或者动产按照其份额享有所有权，故C选项错误。处分共有的不动产或者动产以及对共有的不动产或者动产做重大修缮的，应当经占份额三分之二以上的按份共有人或者全体共有人同意，但共有人之间另有约定的除外，故D选项错误。按份共有人可以转让其享有的共有的不动产或动产份额。**参考答案：A。**

（2014年真题）甲为自己承包的土地上出入不便，遂与乙书面约定在乙承包的土地上开辟一条道路供甲通行，但没有进行登记。关于该约定性质和效力的说法，正确的有（　　）。

A. 该约定属于有关相邻关系的约定

B. 该约定属于土地承包合同

C. 该约定属于地役权合同

D. 没有进行登记不影响该约定的合同效力

E. 如果甲将其承包的土地转移给他人，受让人有权在乙承包的土地上通行

解析 该约定是为甲使用自己不动产的便利或提高其效益而按照合同约定利用乙不动产的权利，属地役权合同。相邻关系与地役权的异同可参见本节疑难释义。故A、B选项错误，C选项正确。地役权自地役权合同生效时设立，当事人要求登记的，可以向登记机构申请地役权登记；未经登记，不得对抗善意第三人。故D选项正确。需役地以及需役地上的土地承包经营权、建设用地使用权及宅基地使用权部分转让时，转让部分涉及地役权的，受让人同时享有地役权，故E选项正确。**参考答案：C、D、E。**

（2015 年真题）关于建设用地使用权流转、续期和消灭的说法，正确的是（　　）。

A. 建设用地使用权流转时附着于该土地上的建筑物、构筑物及附属设施应一并处分

B. 建设用地使用权流转时使用期限的约定不得超过 50 年

C. 建设用地使用权期间届满的，自动续期

D. 建设用地使用权消灭的，建设用地使用权人应当及时办理注销登记

解析 建设用地使用权人将建设用地使用权转让、互换、出资、赠予或抵押时，应符合如下规定：使用期限由当事人约定，但不得超过建设用地使用权的剩余期限。使用年限如下：居住用地使用年限 70 年，工业用地 50 年，商业、旅游用地 40 年。因此，对于居住用地而言，剩余期限有可能大于 50 年，故 B 选项错误。建设用地的用途有工业、商业、旅游、娱乐、住宅等，非住宅建设用地使用权期间届满后的续期，依照法律规定办理，故 C 选项错误。建设用地使用权消灭的，出让人应当及时办理注销登记，登记机构应当收回建设用地使用权证书，故 D 选项错误。附着于该土地上的建筑物、构筑物及其附属设施一并处分，A 选项正确。**参考答案：A。**

（2016 年真题）甲在乙拥有使用权的土地上设立地役权并办理了登记，乙将自己的土地使用权让给丙，关于各方权利的说法，正确的是（　　）。

A. 甲的地役权因办理登记而设立

B. 乙转让土地使用权应经甲同意

C. 土地所有权人设立地役权不必经乙同意

D. 甲的地役权对丙具有约束力

解析 当事人应当采取书面形式订立地役权合同，地役权自地役权合同生效时设立。故 A 选项错误。供役地以及供役地上的土地承包经营权、建设用地使用权、宅基地使用权部分转让时，转让部分涉及地役权的，地役权对受让人具有约束力。不需需役地人的同意，故 B 选项错误。土地上已设立土地承包经营权、建设用地使用权、宅基地使用权等权利的，未经用益物权人同意，土地所有权人不得设立地役权，故 C 选项错误。当事人要求登记的，可以向登记机构申请地役权登记；未经登记，不得对抗善意第三人。甲对该地役权已经办理了登记，故对丙具有约束力，故 D 选项正确。**参考答案：D。**

（2016 年真题）关于土地权属的说法，正确的有（　　）。

A. 城市郊区的土地归国家所有

B. 自留地归集体所有

C. 城市市区土地归国家所有

D. 农村土地均归集体所有

E. 宅基地归农民个人所有

解析 城市市区的土地属于国家所有。农村和城市郊区的土地，除由法律规定属于国家所有的以外，属于农民集体所有；宅基地和自留地、自留山，属于农民集体所有。D 选项表述不严谨，应表述为除法律规定属于国家所有的以外，归农民集体所有。**参考答案：B、C。**

（2017 年真题）根据《物权法》建设用地使用权自（　　）时设立。

A. 划拨　　B. 登记

C. 支付出让金　　D. 转让

解析 设立建设用地使用权的，应当向登记机构申请建设用地使用权登记。建设用地使用权自登记时设立。**参考答案：B。**

（2017 年真题）关于地役权，下列表述正确的是（　　）。

A. 当事人应当采用书面形式订立地役权合同

B. 地役权合同应包括解决争议的方法

C. 地役权自地役权合同签订时设立

D. 地役权自地役权合同生效时设立

E. 未经登记，不得对抗善意第三人

解析 设立地役权，当事人应当采取书面形式订立地役权合同，故 A 选项正确。地役权合同一般包括下列条款：①当事人的姓名或者名称和住所；②供役地和需役地的位置；③利用目的和方法；④利用期限；⑤费用及其支付方式；⑥解决争议的方法。B 选项表述为“应包括”，教材中的表述为“一般包括”，表述上存在差异，故 B 选项错误。地役权自地役权合同生效时设立。故 C 选项错误，D 选项正确。当事人要求登记的，可以向登记机构申请地役权登记；未经登记，不得对抗善意第三人，故 E 选项正确。**参考答案：A、D、E。**

应试指引

本高频考点的重点内容和难点内容都在于“地役权”的考查。考生们应掌握地役权的概念、设立及变动相关内容。首先，地役权是通过地役权合同设立，设立地役权后，需区分供役地与需役地，如考点解析中提及的某服装加工公司和某汽车销售公司签订地役权合同的例子，某汽车销售公司提供用地，故为供役地方；相反，某服装加工公司则是利用该汽车销售公司提供的用地（供役地）为自己提供方便，故为需役地方。其次，地役权是采用登记对抗制度，即“未经登记，不得对抗善意第三人”。最后，要谨记地役权具有从属性，不得与需役地的权属分离转让。

疑难释义

地役权与相邻关系的辨析。

地役权是指地役权人因通行、取水、排水、铺设管线等需要，利用他人的不动产（供役地）或者限制他人不动产的利用，以提高自己的不动产（需役地）效益的权利。

相邻关系是指两个或者两个以上相邻不动产的所有人或使用人，在行使占有、使用、收益与处分权利时发生的权利义务关系。

两者的异同：

（1）相邻关系不是一类独立的物权；而地役权是一种独立的用益物权。

（2）相邻关系的发生基于法律规定；而地役权是通过当事人缔结合同而产生。

（3）相邻关系的法律为相邻的不动产所有人、使用人行使不动产的所有权、使用权提供了最低限度的便利利益与容忍义务；而地役权的内容深度依当事人自有设定。

（4）相邻关系的权利的取得是无偿的；而地役权合同是有偿的。

1Z301050 建设工程债权制度

本节导学

《民法总则》规定：债权是因合同、侵权行为、无因管理、不当得利以及法律的其他规定，权利人请求特定义务人为或者不为一定行为的权利。

其中，有权请求他方为一定行为或者不为一定行为的人是债权人，负有满足该请求而为一定行为或者不为一定行为的人是债务人。与物权不同，物权是绝对权，债权是相对权。故债权人只能向特定的人主张自己的权利。基于债的性质及发生原因，其分类如图1Z301050-1 所示。

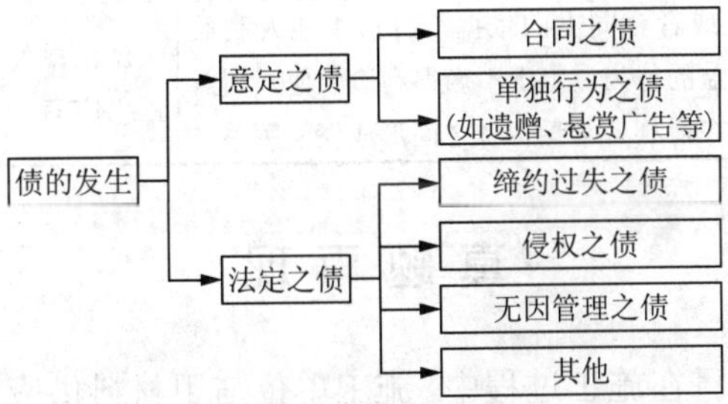

图 1Z301050-1 债的体系分类

建设工程债产生根据主要有合同、侵权、无因管理和不当得利等。常见的建设工程债的种类有施工合同之债、买卖合同之债、侵权之债，在每一类债中，债权人和债务人在不同情况下的角色可能互换。这节主要包含债的基本法律关系、建设工程债的发生根据、建设工程债的常见种类三块知识，通过对近 5 年真题考情分析（表 1Z301050-1）可知，建设工程债的发生根据这个知识点是历年考查的重点。

近 5 年考情分析 表 1Z301050-1

知识点	各年份分值				
	2013 年	2014 年	2015 年	2016 年	2017 年
1Z301051 债的基本法律关系	0	0	2	1	0
1Z301052 建设工程债的发生根据	3	2	0	3	2
1Z301053 建设工程债的常见种类	0	1	0	0	2

高频考点　建设工程债的发生依据

高频指数：★★★★

考点解析

建设工程债的产生是指特定当事人之间债权债务关系的产生。引起债产生的一定法律事实就是债产生的依据。债产生依据有合同、侵权、无因管理和不当得利，具体分类及释义详见表 1Z301050-2。其中，建设工程债的常见种类有施工合同债、买卖合同债、侵权之债。

债产生的根据分类及释义　　表 1Z301050-2

债产生的依据	释　义	示　例
合同	任何合同关系的设立，都会在当事人之间发生债权债务的关系	材料设备买卖合同的订立
侵权	公民或法人没有法律依据而侵害他人的财产权利或人身权利的行为。侵权行为一经发生，即在侵权行为人和被侵权人之间形成债的关系	（1）施工现场的施工噪声扰乱了周边居民的正常生活； （2）建筑物、构筑物或者其他设施倒塌造成他人损害
无因管理	管理人员和服务人员没有法律上的特定义务，也没有受到他人委托，自觉为他人管理事务或提供服务	甲将出车祸的陌生人乙送至医院救治
不当得利	没有法律上或者合同上的依据，有损于他人利益而自身取得利益的行为。由于不当得利造成他人利益的损害，因此在得利者与受害者之间形成债的关系	施工单位误将给甲材料供应商的货款给乙供应商

真题再现

（2013 年真题）某施工项目在施工过程中，施工单位与甲材料供应商签订了建材买卖合同，但施工单位误将货款支付给乙供应商，针对该笔款项说法正确的是（　　）。

A. 乙供应商因无过错，无须返还

B. 乙供应商有权拒绝甲供应商的给付请求

C. 施工单位因乙供应商拒绝返还，故可暂不向甲供应商支付货款

D. 甲供应商有权直接要求乙供应商给付该笔款项

解析 不当得利是指没有法律上或者合同上的依据，有损于他人利益而自身取得利益的行为。由于不当得利造成他人利益的损害，因此，在得利者与受害者之间形成债的关系。得利者应当将所得的不当利益返还给受损失的人。本题中，施工单位为利益受损人，乙供应商为得利者。因此，施工单位与乙供应商之间形成债的关系，乙供应商应将款项返还给施工单位。**参考答案：B。**

（2013 年真题）下列情形能够引发合同之债的有（　　）。

A. 建设单位拖欠工程进度款
B. 施工中偷工减料造成的损失
C. 监理单位与施工单位串通损害建设单位利益
D. 噪声污染使周边居民无法正常休息
E. 建材供应商供应的建筑材料不合格

解析 建设工程债的产生，常见的根据是施工合同。施工合同的订立，会在施工单位与建设单位之间产生债的关系；材料设备买卖合同的订立，会在施工单位与材料设备供应商之间产生债的关系。建设单位拖欠工程进度款引发施工合同之债，建材供应商供应的建筑材料不合格引发买卖合同之债。B、C、D 情形均引发侵权之债。**参考答案：**A、E。

（**2014 年真题**）甲家旁边有一建筑工地正在施工。某日，一货车经过甲家门前，由于颠簸掉落货物一件，被甲拾得据为己有。其后，甲发现有利可图，遂在门前洒落许多砖石。次日，果然又拾得两袋车上颠落的货包。关于甲行为性质的说法，正确的有（　　）。

A. 侵权　　B. 无因管理　　C. 合同行为
D. 不当得利　　E. 法律行为

解析 甲拾得颠簸掉落的货物并据为己有，属于没有合同、法律依据而获利，并使他人利益受损的情况，构成不当得利。发现有利可图后遂在门前洒落许多砖石，次日又拾得两袋车上颠落的货包的行为，属于没有法律依据而侵害他人的财产权利或人身权利的行为，构成侵权。**参考答案：**A、D。

（**2016 年真题**）在施工过程中，施工企业与甲材料供应商订立材料买卖合同，但施工企业误将应支付给甲材料供应商的货款支付给了乙材料供应商，关于该货款处理的说法，正确的是（　　）。

A. 只能由法院确定归属
B. 施工企业可以要求乙材料供应商返还不当得利
C. 乙材料供应商应当返还给甲材料供应商
D. 甲材料供应商可以依据买卖合同要求乙材料供应商返还

解析 本题与 2013 年真题极为类似，考查的依然是不当得利知识点。本题中，施工单位为利益受损人，乙供应商为得利者。因此，施工单位与乙供应商之间形成债的关系，故乙供应商应将款项返还给施工单位。**参考答案：**B。

（**2016 年真题**）关于工程建设中债的说法，正确的有（　　）。

A. 监理单位要求存在重大安全隐患的工程暂停施工构成侵权之债
B. 投标人给招标人巨额贿赂骗取中标构成不当得利之债
C. 劳务人员按照规定维修施工工具构成无因管理之债
D. 施工中的建筑物上坠落的砖块造成他人损害构成侵权之债
E. 施工企业向设备商租赁起重机械构成合同之债

解析 侵权，是指公民或法人没有法律依据而侵害他人的财产权利或人身权利的行为，故A选项错误。不当得利，是指没有法律上或者合同上的依据，有损于他人利益而自身取得利益的行为，故B选项情形不构成不当得利。无因管理，是指管理人员和服务人员没有法律上的特定义务，也没有受到他人委托，自觉为他人管理事务或提供服务，故C选项错误。建筑物、构筑物或者其他设施及其搁置物、悬挂物发生脱落、坠落造成他人损害，所有人、管理人或者使用人不能证明自己没有过错的，应当承担侵权责任，故D选项正确。任何合同关系的设立，都会在当事人之间发生债权债务的关系，故E选项正确。**参考答案：D、E。**

（2017年真题）甲施工企业误将应支付给乙供应商的贷款支付给了丙供应商。关于该笔贷款的返还，丙与甲间债的产生根据属于（　　）。

A. 不当得利　　B. 侵权　　C. 合同　　D. 无因管理

解析 本题解析同2013、2016年有关不当得利的真题解析。**参考答案：A。**

（2017年真题）建筑物倒塌造成他人损害的，由（　　）承担连带责任。

A. 所有人和建设单位　　B. 使用人和建设单位

C. 建设单位和施工企业　　D. 管理人和施工企业

解析 建筑物、构筑物或者其他设施倒塌造成他人损害的，由建设单位与施工单位承担连带责任。**参考答案：C。**

应试指引

本高频考点主要考查建设工程债的发生根据及这几种发生根据的区别。只有合同之债是意定之债，侵权、无因管理、不当得利均为法定之债。从近5年真题分析来看，考查的债的根据主要是合同、侵权以及不当得利。不当得利产生债的考查方式非常单一，都是贷款的误付，相对比较简单。建筑物侵权方面相对比较复杂，考生应掌握表1Z301050-3不同情形下建筑物侵权的责任承担。

不同情形下建筑物侵权的责任承担　　表1Z301050-3

情　形	责任承担
建筑物、构筑物或其他设施及搁置物、悬挂物发生脱落、坠落	建筑物所有人、管理人或使用人不能证明自己没有过错的，应当承担侵权责任。赔偿后，有其他责任人的，可追偿
建筑物、构筑物或其他设施倒塌	建设单位与施工单位承担连带责任。赔偿后，有其他责任人的，可追偿
从建筑物中抛掷物品	难以确定具体侵权人的，除能够证明自己不是侵权人的外，由可能加害的建筑物使用人给予补偿

疑难释义

根据《民事诉讼法》的规定，一般实行“谁主张、谁举证”的原则。但对于某些侵权诉讼，采用举证倒置原则。法律列举了8种民事举证倒置的情况，其中就包括建筑物或者其他设施以及建筑物上的搁置物、悬挂物发生倒塌、脱落、坠落致人损害的侵权诉讼。所谓举证倒置是指基于法律规定将本应由提出主张的一方当事人就某种事由不负担举证责任，而由他方当事人就某种事实存在或不存在承担举证责任，如果该方当事人不能就此举证证明，则推定原告的事实主张成立的一种举证责任分配制度。其目的在于能为当事人的合法权利提供充分救济，也会使处于弱势地位的原告一方的权利得到及时的保护。

1Z301060 建设工程知识产权制度

本节导学

知识产权主要包括著作权（版权）、专利权、商标专用权、发现权、发明权以及其他科技成果权。前三类权利构成了我国知识产权的主体。这三类知识产权又可进一步分为著作权和工业产权（主要包括专利权和商标权）两大类。按照《民法总则》有关规定：作品，发明、实用新型、外观设计，商标，地理标志，商业秘密，集成电路布图设计，植物新品种，法律规定的其他客体等均可作为知识产权的客体。根据表 1Z301060-1 可知：建设工程知识产权的常见种类是近 5 年考试中考查的重点内容。本节主要涉及的法律文件为《专利法》《商标法》《著作权法》《计算机软件保护条例》等。

近 5 年考情分析　　表 1Z301060-1

知识点		各年份分值				
		2013 年	2014 年	2015 年	2016 年	2017 年
1Z301061	知识产权的法律特征	0	0	0	0	2
1Z301062	建设工程知识产权的常见种类	1	4	4	3	2
1Z301063	建设工程知识产权的保护	0	0	0	2	0
1Z301064	建设工程知识产权侵权的法律责任	0	0	0	0	0

高频考点　建设工程知识产权的常见种类

高频指数：★★★★★

考点解析

在建设工程中常见的知识产权主要是专利权、商标权、著作权以及发明权和其他科技成果。计算机软件也是工程建设中经常使用的，计算机软件属于著作权保护的客体。建设工程中常见的知识产权种类及特征见表 1Z301060-2，单位作品、职务作品、委托作品的区分见表 1Z301060-3。

建设工程中常见的知识产权 表 1Z301060-2

<table>
<tr><th>种类</th><th colspan="2">保护对象</th><th colspan="2">保护期限</th><th>起点</th><th>可否续展</th></tr>
<tr><td rowspan="3">专利权</td><td rowspan="3">发明创造</td><td>发明</td><td colspan="2">20 年</td><td rowspan="3">专利申请日①</td><td rowspan="3">不予续展</td></tr>
<tr><td>实用新型</td><td colspan="2">10 年</td></tr>
<tr><td>外观设计</td><td colspan="2">10 年</td></tr>
<tr><td>商标权</td><td colspan="2">商品商标、服务商标</td><td colspan="2">10 年</td><td>核准注册日</td><td>可以续展</td></tr>
<tr><td rowspan="4">著作权</td><td colspan="2" rowspan="2">文学、艺术和科学作品</td><td>公民</td><td>作者终生及死后 50 年</td><td rowspan="2">作品完成日</td><td rowspan="2">不予续展</td></tr>
<tr><td>法人或者其他组织</td><td>首次发表后 50 年</td></tr>
<tr><td colspan="2" rowspan="2">计算机软件</td><td>自然人</td><td>自然人终生及其死亡后 50 年</td><td rowspan="2">软件完成日</td><td rowspan="2">不予续展</td></tr>
<tr><td>法人或者其他组织</td><td>首次发表后 50 年</td></tr>
</table>

注：①国务院专利行政主管部门收到专利申请文件之日为申请日。如果申请文件是邮寄的，以寄出的邮戳日为申请日。

单位作品、职务作品及委托作品的区分 表 1Z301060-3

作品类型	定义	实例	著作权归属
单位作品	由法人或者其他组织主持，代表法人或者其他组织意志创作，并由法人或者其他组织承担责任的作品，法人或者其他组织视为作者	招标文件、投标文件等	单位完全享有著作权
职务作品	主要是利用法人或者其他组织的物质技术条件创作，并由法人或者其他组织承担责任的作品	利用法人或者其他组织的物质技术条件并由法人或者其他组织承担责任的工程设计图、产品设计图、地图、计算机软件等	作者享有署名权，著作权的其他权利由法人或者其他组织享有
委托作品	勘察设计单位接受建设单位委托创作的作品	勘察设计文件	由委托人和受托人通过合同约定

真题再现

（2013 年真题）根据《专利法》，对产品的形状、构造或者其结合所提出的适于实用的技术方案称为（ ）。

A. 发明　B. 实用新型　C. 外观设计　D. 设计方案

解析《专利法》规定：实用新型是指对产品的形状、构造或者其结合所提出的适于实用的新的技术方案。发明是指产品、方法或者其改进所提出的新的技术方案。外观设计是指对产品的形状、图案或者其结合以及色彩与形状、图案的结合所做出的富有美感并适于工业应用的新设计。**参考答案：B。**

（2014 年真题）关于专利申请的说法，正确的是（ ）。

A. 两个以上的申请人分别就同样的发明创造申请专利的，专利权授予最先申请的人

B. 职务发明创造申请专利的权利属于发明人或设计人，申请被批准后，单位为专利权人

C. 在中国没有经常居所的外国人，在中国可以自行申请专利和办理其他专利事务

D. 国务院专利行政部门收到专利申请文件之日为申请日，如果申请文件是邮寄的，以收到的邮戳日为申请日

解析 职务发明创造申请专利的权利属于该单位，故B选项错误。在中国没有经常居所或者营业所的外国人、外国企业或者外国其他组织在中国申请专利和办理其他专利事务的，应当委托依法设立的专利代理机构办理，故C选项错误。国务院专利行政主管部门收到专利申请文件之日为申请日，如果申请文件是邮寄的，以寄出的邮戳日为申请日，故D选项错误。**参考答案：A。**

（2014年真题）根据《著作权法》，著作权是（　　）。

A. 随作品的发表而自动产生

B. 随作品的创作完成而自动产生

C. 在作品上加注版权后自动产生

D. 在作品以一定的物质形态固定后产生

解析 根据《著作权法》规定，中国公民、法人或其他组织的作品，不论是否发表，依照本法享有著作权。根据这一规定，作品从完成时起，就依法自动产生著作权。**参考答案：B。**

（2014年真题）根据《专利法》，下列属于专利法保护对象的有（　　）。

A. 发明　　B. 计算机软件　　C. 实用新型　　D. 商品商标　　E. 外观设计

解析 我国《专利法》保护的是发明创造专利权，并规定发明创造是指发明、实用新型和外观设计。**参考答案：A、C、E。**

（2015年真题）下列知识产权法保护对象中，属于专利法保护对象的是（　　）。

A. 施工企业研发的新技术　　B. 施工企业研发的计价软件

C. 施工企业编制的投标文件　　D. 监理企业编制的监理大纲

解析 专利法保护的对象就是专利权的客体，即发明创造。如新的技术方案就可以申请专利权。**参考答案：A。**

（2015年真题）关于注册商标有效期的说法，正确的是（　　）。

A. 10年，自申请之日起计算　　B. 10年，自核准注册之日起计算

C. 20年，自申请之日起计算　　D. 20年，自核准注册之日起计算

解析 注册商标的有效期为10年，自核准注册之日起计算。**参考答案：B。**

（2015年真题）关于计算机软件著作权的说法，正确的有（　　）。

A. 自然人的软件著作权保护期为自然人终生

B. 软件著作权属于软件开发者

C. 两个以上法人合作开发的软件，其著作权的归属由合作各方书面合同约定

D. 开发的软件是从事本职工作的自然结果的，单位必须对开发软件的自然人进行奖励

E. 软件著作权也有合理使用的规定

解析 自然人的软件著作权，保护期为自然人终生及其死亡后50年，故A选项错误。软

件著作权属于软件开发者，故B选项正确。由两个以上的自然人、法人或者其他组织合作开发的软件，其著作权的归属由合作开发者签订书面合同约定，故C选项正确。开发的软件是从事本职工作的自然结果的，单位可以对开发软件的自然人进行奖励，而不是必须，故D选项错误。软件著作权制度也存在合理使用，即为了学习和研究软件内含的设计思想和原理，通过安装、显示、传输或者存储软件等方式使用软件的，可以不经软件著作权人许可，不向其支付报酬，故E选项正确。**参考答案：B、C、E。**

（2016年真题）某施工企业准备将一项发明创造申请专利，导致该发明的创造新颖性丧失的情形是（　　）。

A. 申请日前5个月被他人泄密的

B. 申请日前3个月在学术论文中发表的

C. 申请日当日在规定的技术会议上首次发表的

D. 申请日前3个月在中国政府承认的国际展览会首次展出的

解析 申请专利的发明创造在申请日前6个月内，有下列情形之一的，不丧失新颖性：①在中国政府主办或者承认的国际展览会上首次展出的；②在规定的学术会议或者技术会议上首次发表的；③他人未经申请人同意而泄露其内容的。**参考答案：B。**

（2016年真题）关于商标专用权的说法，正确的有（　　）。

A. 商标专用权是指商标所有人对注册商标所享有的具体权利

B. 商标专用权的内容只包括财产权

C. 商标专用权包括使用权和禁止权两个方面

D. 未经核准注册的商标不受商标法保护

E. 商标设计者的人身权由专利权法保护

解析 商标专用权是指商标所有人对注册商标所享有的具体权利。同其他知识产权不同，商标专用权的内容只包括财产权，商标设计者的人身权受著作权法保护，故A、B选项正确。商标专用权包括使用权和禁止权两个方面。使用权是商标注册人对其注册商标充分支配和完全使用的权利，权利人也有权将商标使用权转让给他人或通过合同许可他人使用其注册商标。禁止权是商标注册人禁止他人未经其许可而使用注册商标的权利，故C选项正确。商标专用权的保护对象是经过国家商标管理机关核准注册的商标，未经核准注册的商标不受商标法保护，故D选项正确。商标设计者的人身权受著作权法保护，故E选项错误。**参考答案：A、B、C、D。**

（2017年真题）某设计院指派本院工程师张某为建设单位设计住宅楼，设计合同中没有约定设计图著作权的归属，该设计图的著作权属于（　　）。

A. 张某　　B. 设计院

C. 建设单位　　D. 建设单位和设计院共同所有

解析 勘察设计文件都是勘察设计单位接受建设单位委托创作的委托作品。受委托创作的作品，著作权的归属由委托人和受托人通过合同约定。合同未作明确约定或者没有订立合同的，著作权属于受托人。**参考答案：**B。

（2017年真题）2014年6月1日，某施工企业委托某专利事务所申请发专利。6月12日，该专利事务所向国家专利局邮寄申请文件，6月15日国家专利局收到该文件。2014年6月16日，国家专利局作出授予发明专利权的决定并予以公告。该专利权届满的时间是（　　）。

A. 2024年6月12日　　B. 2024年6月15日

C. 2034年6月12日　　D. 2035年6月16日

解析 专利权的保护起点从专利申请日开始起算。国务院专利行政主管部门收到专利申请文件之日为申请日。如果申请文件是邮寄的，以寄出的邮戳日为申请日。发明专利权的期限为20年。**参考答案：**C。

应试指引

2018年版教材对知识产权的保护客体做了更为细致的规定，如地理标志、商业秘密、集成电路布图设计、植物新品种等均是知识产权保护的客体，需引起重视。通过对本高频考点近5年的真题分析可知，本知识点在考试中考查的内容较多，并且较为零碎，不仅涉及一些关键时间数字的记忆，还涉及较多知识产权基本概念的理解。因此，复习起来较难面面俱到。建议考生应首先掌握表1Z301060-2中的所有知识点，再结合近5年真题中涉及的其他零碎知识进行复习掌握。

疑难释义

释义一：职务作品与职务发明的区别：职务作品的著作权原则上归作者，单位优先使用；在特殊职务作品中，著作权归单位，作者享有署名权和获得奖励权；而职务发明其专利权都是归属于单位，发明人有署名、获得报酬和奖励的权利。

释义二：合作作品著作权行使。合作作品可分为两类：①可分割的合作作品。例如：甲、乙合作写一本《建设工程法概论》著作，共八章内容，甲完成了前四章，乙完成了后四章，两部分具有相对的独立性，这就是可以分割使用的作品。②不可分割的合作作品。例如：甲、乙共同为一部校园爱情电影谱曲，该歌谱就是不可分割使用。

对于可分割的合作作品，作者对各自创作的部分可以单独享受著作权，但行使著作权时不得侵犯合作作品整体的著作权；对于不可分割的合作作品，合作者对著作权的行使应协商一致，如不能协商一致的，任何一方无正当理由不得阻止他方行使著作权，所得收益应当合理分配给所有合作者。但是著作权的转让须全体合作者同意。

1Z301070 建设工程担保制度

本节导学

担保是指当事人根据法律规定或者双方约定，为促使债务人履行债务实现债权人权利的法律制度。根据《担保法》规定：担保方式为保证、抵押、质押、留置和定金。我们可以将上述方式分为：人保（保证）、物保（抵押权、质押权、留置权）、钱保（定金）三大类。担保权属于从属权利，从属于主要债权。从效力上而言，主合同无效，担保合同无效。从诉讼管辖上来说，主合同与担保合同发生纠纷起诉的，依主合同确定管辖地法院。在建设工程活动中，保证是最为常用的一种担保方式。通过表 1Z301070-1 可知：建设工程保证担保的方式和责任、抵押权、质权、留置权、定金的规定是历年考查的重点。本节主要涉及法律文件为《担保法》《物权法》。

近 5 年考情分析

表 1Z301070-1

知识点	各年份分值				
	2013 年	2014 年	2015 年	2016 年	2017 年
1Z301071　担保与担保合同的规定	0	1	0	1	0
1Z301072　建设工程保证担保的方式和责任	2	2	1	0	3
1Z301073　抵押权、质权、留置权、定金的规定	1	1	1	3	2

高频考点一　建设工程保证担保的方式和责任

高频指数：★★★

考点解析

担保方式根据《担保法》有关规定分为保证、抵押、质押、留置和定金 5 种。其中，保证是建设工程活动中最为常用的一种担保方式。

保证的方式有两种：①一般保证；②连带责任保证。当事人在保证合同中约定，债务人不能履行债务时，由保证人承担保证责任的，为一般保证。当事人在保证合同中约定保证人与债务人对债务承担连带责任的，为连带责任保证。当事人对保证方式没有约定或者约定不明确的，按照连带责任保证承担保证责任。

保证期间，债权人许可债务人转让债务的，应当取得保证人书面同意，保证人对未经其同意转让的债务，不再承担保证责任。债权人与债务人协议变更主合同的，应当取得保证人书面同意，未经保证人书面同意的，保证人不再承担保证责任。一般保证的保证人未约定保证期间的，保证期间为主债务履行期届满之日起 6 个月。连带责任保证的保证人与债权人未约定保证期间的，债权人有权自主债务履行期届满之日起 6 个月内要求保证人承担保证责任。

具有代为清偿债务能力的法人、其他组织或公民，可以作为保证人，即具有保证人的资格。但有些组织不具有保证人的资格，见表 1Z301070-2。

保证人资格一览表　　表 1Z301070-2

组织机构或自然人	是否具有保证人资格	特殊情况
国家机关	×	经国务院批准为使用外国政府或者国际经济组织贷款进行转贷的除外
学校、幼儿园、医院等以公益为目的的事业单位、社会团体	×	从事经营活动的事业单位、社会团体可以担当保证人
企业法人的分支机构、职能部门	×	企业法人的分支机构有法人书面授权的，可以在授权范围内提供保证。授权范围不明或者超出授权范围的，无效
具有代为清偿债务能力的法人、其他组织或者自然人	√	—

真题再现

（2013 年真题）甲乙双方签订买卖合同，丙为乙的债务提供保证，但担保合同未约定担保方式及保证期间。关于该保证合同的说法，正确的有（　　）。

A. 保证期间与买卖合同的诉讼时效相同

B. 丙的保证方式为连带责任保证

C. 保证期间为主债务履行期届满之日起 12 个月内

D. 甲在保证期内未经丙书面同意将主债务转让给丁，丙不再承担保证责任

E. 甲在保证期间未要求丙承担保证责任，则丙免除保证责任

解析 一般保证的保证人未约定保证期间的，保证期间为主债务履行期届满之日起 6 个月。根据民法通则规定，买卖合同的诉讼时效为 2 年。保证期间与诉讼时效的区别详见本节疑难释义二，故 A 选项错误。当事人对保证方式没有约定或者约定不明确的，按照连带责任保证承担保证责任。故 B 选项正确。连带责任保证的保证人与债权人未约定保证期间的，债权人有权自主债务履行期届满之日起 6 个月内要求保证人承担保证责任。故 C 错误。丙承担的是为乙债务的保证，与甲债务无关，故 D 选项错误。保证合同生效后，保证人就应当在合同约定的保证范围和保证期间承担保证责任。因此，甲未在保证期间要求丙承担保证责任，故丙可免除保证责任，E 选项正确。**参考答案：B、E。**

（2014 年真题）根据《担保法》，除双方认为需要约定的其他事项外，下列条款中，属于保证合同应当包含的内容有（　　）。

A. 被保证的主债权种类　　B. 保证人的资产状况　　C. 保证的期间

D. 保证的方式　　E. 保证担保的范围

解析 保证合同应当包括以下内容：①被保证的主债权种类、数额；②债务人履行债务的期限；③保证的方式；④保证担保的范围；⑤保证的期间；⑥双方认为需要约定的其他事项。保

证合同不完全具备以上规定内容的，可以补正。**参考答案：A、C、D、E。**

（**2015 年真题**）甲施工企业与乙水泥厂签订了水泥采购合同，并由丙公司作为该合同的保证人，担保该施工企业按照合同约定支付货款，但是担保合同中并未约定担保方式。水泥厂供货后，甲施工企业迟迟不付款。那么，丙公司承担保证责任的方式应为（　　）。

A. 一般保证　　B. 效力待定保证

C. 连带责任保证　　D. 无效保证

解析 当事人对保证方式没有约定或者约定不明确的，按照连带责任保证承担保证责任。**参考答案：C。**

（**2017 年真题**）甲建设单位与乙施工单位签订了施工合同，由丙公司为甲出具工程款的支付担保，担保方式为一般保证。甲到期未能支付工程款，乙应当要求（　　）。

A. 丙先行代为清偿　　B. 甲和丙共同支付

C. 甲先行支付　　D. 甲和丙协商支付

解析 一般保证方式的情况下，债务人不能履行债务时，由保证人承担保证责任。故只有当债务人不能履行债务时，债权人才能追诉保证人。**参考答案：C。**

（**2017 年真题**）根据《担保法》，下列主体可以作为保证人的有（　　）。

A. 某公司的职能部门　　B. 某市人民法院　　C. 某有限责任公司

D. 自然人孙某　　E. 某建筑大学

解析 具有代为清偿债务能力的法人、其他组织或者公民，可以作为保证人。但是，以下组织不能作为保证人：①国家机关不得为保证人，但经国务院批准为使用外国政府或者国际经济组织贷款进行转贷的除外；②学校、幼儿园、医院等以公益为目的的事业单位、社会团体不得为保证人；③企业法人的分支机构、职能部门不得为保证人。企业法人的分支机构有法人书面授权的，可以在授权范围内提供保证。**参考答案：C、D。**

应试指引

本高频考点主要考查建设工程保证担保的方式和保证人资格。保证方式分一般保证和连带责任保证。没有约定或者约定不明的情况下，按连带责任保证承担保证责任。保证人的资格主要考查不具有保证人资格的主体，试想：如果允许以公益为目的的事业单位为债权人提供担保，极有可能减损其用于公益目的的财产，无疑有违公益法人的宗旨。这就很好理解为什么医院、学校等以公益为目的的事业单位不能做保证人。同时，为了方便记忆，可以将不具有保证人资格的主体记忆为：关（国家机关）、门（企业法人的职能部门）、自（谐音：支，即企业法人分支机构）、学（学校）、医（医院），即连读为“关门自学医”。需要特别注意的是，保证人与债权人未约定保证期间的，保证期间为主债务履行期届满之日起6个月，这里的保证期间为“未约定”的情形。对于“约定不明”的情形，教材中未有涉及，按照《担保法》释义，保证期间为主债务履行期间届满之日起2年。

疑难释义

释义一："具有代为清偿债务能力"与"具有完全代偿能力"的辨析

《担保法》第七条规定："具有代为清偿债务能力的法人、其他组织或者公民，可以作保证人。""具有代为清偿债务能力"不意味着"具有完全代偿能力"。举例说明：甲欠乙10万元，甲的朋友丙与乙签订了保证合同，此时丙自有财产只有5万元。后甲不能清偿，乙诉至法院要求丙清偿10万元。丙在答辩状中称本人自有财产不足清偿，请免除我的保证责任。该请求能否得到法院支持？答案是否定的。《最高人民法院关于适用〈中华人民共和国担保法〉若干问题的解释》第十四条："不具有完全代偿能力的法人、其他组织或者自然人，以保证人身份订立保证合同后，又以自己没有代偿能力要求免除保证责任的，人民法院不予支持。"可见，成为保证人的必要条件是"具有代为清偿债务能力"而不是"具有完全代偿能力"。

释义二：保证期间与诉讼时效的区别

保证期间，是指根据合同约定或者法律规定，由保证人承担保证责任的期间。保证期间不因任何事由发生中止、中断或延长的法律后果。诉讼时效，是指权利人请求人民法院保护其民事权利的期间，如果在法定的时效期间内不行使权利，当时效期间届满后，债务人获得诉讼时效抗辩权。诉讼时效存在中止、中断、延长的事由。

高频考点二　抵押权、质权、留置权及定金的规定

高频指数：★★★

考点解析

1. 抵押权

抵押是指债务人或者第三人不转移对财产的占有，将该财产作为债权的担保。抵押财产的相关知识点见表1Z301070-3。

抵押财产相关知识点　　表1Z301070-3

类　型	具体财产名称
不得抵押的财产	国有、集体土地所有权
	集体土地使用权①
	公益法人的公益设施
	所有权、使用权不明或者有争议的财产②
	依法被查封、扣押、监管的财产
	依法被确认为违法、违章建筑的

续上表

类　型	具体财产名称
应办理抵押登记的财产	建筑物和其他土地附着物
	建设用地使用权
	以招标、拍卖、公开协商等方式取得的荒地等土地承包经营权
	正在建造的建筑物
抵押“登记对抗”的财产	生产设备、原材料、半成品、产品
	交通运输工具
	正在建造的船舶、航空器

注：①有两个例外：a. 以招标、拍卖、公开协商等方式取得的荒地等土地承包经营权；b. 以乡（镇）、村企业厂房抵押的，占用范围内的建设用地使用权一并抵押。

②所有权、使用权不明或者有争议的财产应当注意4点（《担保法解释》第54条）：a. 按份共有人有权单独决定以其份额设抵押；b. 共同共有物设抵押的，应经全体共有人的同意，否则无效；c. 部分共同共有人擅自以共有物抵押的，其他共有人明知而未持异议的，即保持沉默的，视为同意，抵押有效；d. 以共有船舶设抵押的，须经2/3以上份额的共有人同意。

抵押人的权利和义务见表1Z301070-4

抵押人的权利和义务　　表1Z301070-4

类　别	内　容
抵押人的义务	妥善保管抵押物并保证其价值
	抵押期间转让已办理登记的抵押物应通知抵押权人并告知受让人转让物已经抵押的情况
	转让抵押物的价款，应当向抵押权人提前清偿所担保的债权
抵押权人的权利	抵押人的行为足以使抵押物价值减少的，抵押权人有权要求抵押人停止其行为
	抵押人的行为将导致抵押物价值减损无法恢复或者补充的，抵押权人可以要求债务人提前清偿债务

债务履行期届满抵押权人未受清偿的，可以与抵押人协议以抵押物折价或者以拍卖、变卖该抵押物所得的价款受偿；协议不成的，抵押权人可以向人民法院提起诉讼。抵押物折价或者拍卖、变卖后，其价款超过债权数额的部分归抵押人所有，不足部分由债务人清偿。

同一财产上为两个以上的债权人设立抵押的，其清偿顺位是：先登记的优先于后登记的；已经登记的优先于未登记的；反之，都未登记的，处于同一顺序按照债权比例清偿。

2. 质权

按照《担保法》的规定：质押是指债务人或者第三人将其动产移交债权人占有，将该动产作为债权的担保。债务人不履行债务时，债权人有权依照本法规定以该动产折价或者以拍卖、变卖该动产的价款优先受偿。

需要注意的是：质权是一种动产物权，对不动产不能设定质权。此外，权利也可以成为质权的标的，称为权利质权。权利质押一般是将权利凭证交付质押人的担保。可以质押的权利包括：①汇票、支票、本票、债券、存款单、仓单、提单；②依法可以转让的股份、股票；③依法可以转让的商标专用权、专利权、著作权中的财产权；④依法可以质押的其他权利。

3. 留置权

按照《担保法》的规定：留置是指债权人按照合同约定占有债务人的动产，债务人不按照合同约定的期限履行债务的，债权人有权依照法律规定留置该财产，以该财产折价或者以拍卖、变卖该财产的价款优先受偿。《担保法》规定：因保管合同、运输合同、加工承揽合同发生的债权，债务人不履行债务的，债权人有留置权。

4. 定金

《担保法》规定：当事人可以约定一方向对方给付定金作为债权的担保。债务人履行债务后，定金应当抵作价款或者收回。定金具有惩罚功能，即交付定金方违约的，定金损失；收受定金方违约的，双倍返还定金。定金应当以书面形式约定。当事人在定金合同中应当约定交付定金的期限。定金合同从实际交付定金之日起生效。定金的数额由当事人约定，但不得超过主合同标的额的20%。

真题再现

（2013年真题）根据我国担保法律制度，关于抵押权实现的说法，错误的是（　　）。

A. 债务履行期届满抵押权人未受清偿的，可以与抵押人协议以拍卖该抵押物所得价款受偿

B. 同一财产向两个以上债权人抵押，抵押合同以登记生效的，按抵押登记的先后顺序清偿

C. 同一财产向两个以上债权人抵押，抵押合同自签订之日起生效的，若抵押物未登记的，按照合同生效的先后顺序清偿

D. 抵押物价后，其价款超过债权数额的部分归债务人所有，不足部分由债务人清偿

解析 抵押物折价或者拍卖、变卖后，其价款超过债权数额的部分归抵押人所有，不足部分由债务人清偿，故不是归债务人所有。**参考答案：D。**

（2014年真题）根据《物权法》，不能设定权利质权的是（　　）。

A. 专利中的财产权　　B. 应收账款债权

C. 可以转让的股权　　D. 房屋所有权

解析 质押分为动产质押和权利质押。对不动产不能设定质权。权利质押一般是将权利凭证交付质押人的担保。可以质押的权利包括：①汇票、支票、本票、债券、存款单、仓单、提单；②依法可以转让的股份、股票；③依法可以转让的商标专用权、专利权、著作权中的财产权；④依法可以质押的其他权利。**参考答案：D。**

（2015年真题）下列合同中，债务人不履行债务，债权人有留置权的是（　　）。

A. 买卖合同　　B. 运输合同

C. 借款合同　　D. 租赁合同

解析《担保法》规定，因保管合同、运输合同、加工承揽合同发生的债权，债务人不履行债务的，债权人有留置权。法律规定可以留置的其他合同，适用以上规定。**参考答案：B。**

（2016 年真题）关于抵押实现的说法，正确的是（　　）。

A. 抵押物折价后，其价款超过债权数额的部分归债务人所有，不足部分由债务人清偿

B. 债务履行期届满抵押权人未受清偿的，可以与抵押人协议以拍卖该抵押物所得价款受偿

C. 同一财产向两个以上债权人抵押，抵押合同自签订之日起生效的，拍卖、变卖抵押物所得价款按债权比例清偿

D. 同一财产向两个以上债权上抵押，抵押合同以登记生效的，拍卖、变卖抵押物所得价款按债权比例清偿

解析 抵押物折价或者拍卖、变卖后，其价款超过债权数额的部分归抵押人所有，不足部分由债务人清偿，故 A 选项错误。债务履行期届满抵押权人未受清偿的，可以与抵押人协议以抵押物折价或者以拍卖、变卖该抵押物所得的价款受偿；故 B 选项正确。同一财产向两个以上债权人抵押的，拍卖、变卖抵押物所得的价款按照以下规定清偿：①抵押合同以登记生效的，按抵押物登记的先后顺序清偿；顺序相同的，按照债权比例清偿；②抵押合同自签订之日起生效的，如果抵押物未登记的，按照合同生效的先后顺序清偿，顺序相同的，按照债权比例清偿。抵押物已登记的先于未登记的受偿。**参考答案：B。**

（2016 年真题）根据《物权法》，下列各项财产抵押的，抵押权自登记时设立的有（　　）。

A. 交通运输工具　　B. 建筑物　　C. 生产设备、原材料

D. 正在建造的船舶　　E. 建设用地使用权

解析 当事人以下列财产抵押的，应当办理抵押登记，抵押权自登记时设立：①建筑物和其他土地附着物；②建设用地使用权；③以招标、拍卖、公开协商等方式取得的荒地等土地承包经营权；④正在建造的建筑物。当事人以下列财产抵押的，抵押权自抵押合同生效时设立，未经登记，不得对抗善意第三人：①生产设备、原材料、半成品、产品；②交通运输工具；③正在建造的船舶、航空器。**参考答案：B、E。**

（2017 年真题）甲建设单位与乙设计单位签订了设计合同，合同约定设计费为 200 万元。定金为设计费的 15%，甲支付定金后，如果乙在规定期限内不履行合同，甲可以要求乙返还（　　）万元。

A. 80　　B. 60　　C. 40　　D. 30

解析《担保法》规定，当事人可以约定一方向对方给付定金作为债权的担保。债务人履行债务后，定金应当抵作价款或者收回。给付定金的一方不履行约定的债务的，无权要求返还定金；收受定金的一方不履行约定的债务的，应当双倍返还定金。**参考答案：B。**

（2017 年真题）根据《担保法》，债务人不履行债务，债权人有留置权的是（　　）。

A. 施工合同　　B. 买卖合同　　C. 运输合同　　D. 租赁合同

解析 本题解析同 2015 年真题。**参考答案：C。**

应试指引

本高频点主要考查考生对抵押权、质权、留置权、定金基本概念的掌握，通过分析近 5 年真题可知，考查的内容仅限于教材里涉及的基本概念。其中，抵押权涉及的内容较多，主要需要考生掌握抵押物设置的范围、抵押的效力及实现。抵押权的实现在 2013 年和 2016 年考试中均已涉及。质权以转移占有为特征，分为动产质押和权利质押两类。因此，质权不适用于不动产。留置权的行使只针对特定的合同行为，如债权人与债务人之间存在保管、运输、承揽等合同关系的。定金知识点则主要考查约定定金占主合同标的额的上限（20%）和收受定金方违约需双倍返还这两部分内容。

疑难释义

释义一：关于抵押合同的生效与抵押权的生效

《担保法》第四十一条："当事人以本法第四十二条规定的财产抵押的，应当办理抵押物登记，抵押合同自登记之日起生效。"即认为某些特定的财产抵押时，抵押合同的生效要件以办理抵押物登记为准。这一规定在一定程度上混淆了抵押权的生效与抵押合同的生效。同时，也带来一个潜在的风险：如果抵押人事后反悔或者出于恶意不办理登记，抵押权人则无请求其登记行为的权利，因为该合同在抵押物登记之前还未生效。《物权法》对此规定作了新的释义："不论是动产还是不动产抵押合同，均为要式合同，双方在合同书上签字盖章，即成立并生效。"换言之，抵押权合同本身不需要办理登记；后来的物权登记办理与否，并不能反过来影响合同的效力。因此教材中有关"抵押合同以登记生效"的表述有待商榷。

释义二：关于定金与订金

生活中常见的订金，主要用于承揽合同、服务合同场合。它指一方先交付一笔现金给对方，以作为己方履约的担保。交付后，可能产生如下几种后果：

（1）双方均依约履行的，订金返还给交付方或直接抵作交付方应付款项的一部分。

（2）交付方违约的，订金没收。

（3）收受方违约的，原价返还订金给对方。

即订金的惩罚功能是单方的，仅对交付方适用，不对收受方适用。

定金是法定的担保方式，当事人可以约定一方向对方给付定金作为债权的担保。债务人履行债务后，定金应当抵作价款或者收回。定金的惩罚功能是双向的，即交付定金方违约的，定金损失；收受定金方违约的，双倍返还定金。

1Z301080 建设工程保险制度

本节导学

《保险法》规定：保险是指投保人根据合同约定，向保险人支付保险费，保险人对于合同约定的可能发生的事故因其发生所造成的财产损失承担赔偿保险金责任，或者当被保险人死亡、伤残、疾病或者达到合同约定的年龄、期限等条件时承担给付保险金责任的商业保险行为。

建设工程活动涉及的险种较多，主要包括建筑工程一切险（及第三者责任险）、安装工程一切险（及第三者责任险）、机器损坏险、建筑职工意外伤害险、勘察设计责任险、工程监理责任险等。

建设工程保险制度包括“保险与保险索赔的规定”和“建设工程保险的主要种类和投保权益”两个知识点，从近 5 年考情分析（表 1Z301080-1）可知：两个知识点考查规律基本上为隔年交替考查，每年分值涉及 1 ～ 2 分。

近 5 年考情分析　　表 1Z301080-1

知　识　点	各年份分值				
	2013 年	2014 年	2015 年	2016 年	2017 年
1Z301081　保险与保险索赔的规定	0	2	0	1	2
1Z301082　建设工程保险的主要种类和投保权益	1	0	2	1	0

本节主要涉及的法律文件为《保险法》。

高频考点一　保险与保险索赔的规定

高频指数：★★

考点解析

保险是一种受法律保护的分散危险、消化损失的法律制度。因此，危险的存在是保险产生的前提。保险关系中涉及三种身份，投保人、被保险人、受保险人，这三者定义及关系如表 1Z301080-2 及图 1Z301080-1 所示。

投保人、被保险人、受益人定义　　表 1Z301080-2

身　份	定　义	备　注
投保人	投保人是指与保险人订立保险合同，并按照合同约定负有支付保险费义务的人	投保人可以为被保险人
被保险人	被保险人是指其财产或者人身受保险合同保障，享有保险金请求权的人	—
受益人	受益人是指人身保险合同中由被保险人或者投保人指定的享有保险金请求权的人	投保人、被保险人可以为受益人

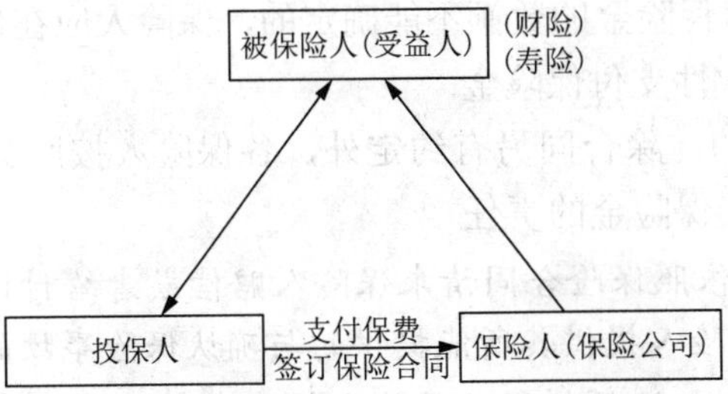

图 1Z301080-1　投保人、被保险人、保险人之间关系

保险合同是指投保人与保险人约定保险权利义务关系的协议，分为人身保险合同和财产保险合同两类，见表 1Z301080-3。

保险合同分类　　表 1Z301080-3

类　别	内　容	备　注
人身保险合同	可以一次支付全部保险费	如人寿险、人身意外伤害险、健康险等
	可以按照合同规定分期支付保险费	
	保险人对人身保险的保险费，不得用诉讼方式要求投保人支付	
财产保险合同	保险合同的转让应当通知保险人，经保险人同意继续承保后，依法转让合同	如建筑工程一切险和安装工程一切险
	合同的有效期内，保险标的的危险程度显著增加的，被保险人应当按照合同约定及时通知保险人，保险人可以按照合同约定增加保险费或者解除合同	

保险事故发生后，依照保险合同请求保险人赔偿或者给付保险金时，投保人、被保险人或者受益人应当向保险人提供其所能提供的与确认保险事故的性质、原因、损失程度等有关的证明和资料。投保人、被保险人或者受益人知道保险事故发生后，应当及时通知保险人。这与索赔的成功与否密切相关。

保险单上载明的保险财产全部损失，应当按照全损进行保险索赔。保险单上载明的保险财产没有全部损失，应当按照部分损失进行保险索赔。但是，财产虽然没有全部毁损或者灭失，但其损坏程度已达到无法修理，或者虽然能够修理但修理费将超过赔偿金额的，也应当按照全损进行索赔。如果一个建设工程项目同时由多家保险公司承保，则应当按照约定的比例分别向不同的保险公司提出索赔要求。

真题再现

（2014 年真题）关于保险索赔的说法，正确的是（　　）。

A. 保险事故发生后，投保人、被保险人或者受益人仅需向保险人提供与确认保险事故的原因和损失程度有关的证明和资料

B. 保险人认为有关的证明和资料不完整的，可以多次通知投保人、被保险人或者受益人补充提供

C. 对其赔偿或者给付保险金的数额不能确定的，保险人应在最终确定赔偿或者给付保险金的数额后一次性支付保险金

D. 投保人重复保险的，除合同另有约定外，各保险人按照其保险金额与保险金额总和的比例承担赔偿保险金的责任

解析 保险事故发生后，依照保险合同请求保险人赔偿或者给付保险金时，投保人、被保险人或者受益人应当向保险人提供其所能提供的与确认保险事故的性质、原因、损失程度等有关的证明和资料，故A选项错误。保险人按照合同的约定，认为有关的证明和资料不完整的，应当及时一次性通知投标人、被保险人或者受益人补充提供，故B选项错误。《保险法》规定了保险人先予给付保险金的义务，即保险人自收到赔偿或者给付保险金的请求和有关证明、资料之日起60日内，对其赔偿或者给付保险金的数额不能确定的，应当根据已有证明和资料确定最低数额予以支付，保险人最终确定赔偿或者给付保险金的数额后应当支付相应的差额，故C选项错误。**参考答案：D。**

（2014年真题）关于人身保险合同的说法，正确的是（　　）。

A. 人身保险的投保人在保险事故发生时，对被保险人应当具有保险利益

B. 保险人对人寿保险的险费，不得用诉讼方式要求投保人支付

C. 人身保险合同的投保人不可以为受益人

D. 人身保险合同的投保人应当一次性支付全部保险费

解析 人身保险的投保人在保险合同签订时，对被保险人应当具有保险利益。故A选项错误。受益人是指人身保险合同中由被保险人或者投保人指定的享有保险金请求权的人，投保人、被保险人可以为受益人，故C选项错误。投保人于合同成立后，可以向保险人一次支付全部保险费，也可以按照合同规定分期支付保险费。人身保险的受益人由被保险人或者投保人指定，故D选项错误。保险人对人身保险的保险费，不得用诉讼方式要求投保人支付。**参考答案：B。**

（2016年真题）在财产保险合同有效期内，保险标的危险程度显著增加的，被保险人应当按照合同约定及时通知保险人，保险人（　　）。

A. 不能增加保险费，可以解除保险合同

B. 不能解除保险合同，可以增加保险费

C. 可以增加保险费，也可以解除保险合同

D. 不能增加保险费，也不能解除保险合同

解析 财产保险合同在有效期内，保险标的的危险程度显著增加的，被保险人应当按照合同约定及时通知保险人，保险人可以按照合同约定增加保险费或者解除合同。**参考答案：C。**

（2017年真题）关于保险索赔的说法，正确的是（　　）。

A. 保险事故发生后，索赔时仅需被保险人向保险人提供与确认保险事故有关的证明

和资料

B. 保险单上载明的保险财产没有全部损失，但其损害程度已无法修理，只能按照部分损坏进行索赔

C. 保险事故发生后，应当及时通知保险人

D. 如果一个建设工程项目同时由多家保险人承保，则应当平均分配赔偿金额

解析 保险事故发生后，依照保险合同请求保险人赔偿或者给付保险金时，投保人、被保险人或者受益人应当向保险人提供其所能提供的与确认保险事故的性质、原因、损失程度等有关的证明和资料，故A选项错误。保险单上载明的保险财产全部损失，应当按照全损进行保险索赔。保险单上载明的保险财产没有全部损失，应当按照部分损失进行保险索赔。但是，财产虽然没有全部毁损或者灭失，但其损坏程度已达到无法修理，或者虽然能够修理但修理费将超过赔偿金额的，也应当按照全损进行索赔，故B选项错误。如果一个建设工程项目同时由多家保险公司承保，则应当按照约定的比例分别向不同的保险公司提出索赔要求，故D选项错误。**参考答案：C。**

（2017年真题）关于人身保险合同的说法，正确的是（　　）。

A. 人身保险的投保人在保险事故发生时，应当对被保险人具有保险利益

B. 人身保险合同的投保人应当一次性支付全部保险费

C. 保险人对人寿保险的保险费，不得用诉讼方式要求投保人支付

D. 人身保险合同的投保人不可以为受益人

解析 人身保险的投保人在保险合同签订时，对被保险人应当具有保险利益，故A选项错误。投保人于合同成立后，可以向保险人一次支付全部保险费，也可以按照合同规定分期支付保险费，故B选项错误。保险人对人身保险的保险费，不得用诉讼方式要求投保人支付，故C选项正确。受益人是指人身保险合同中由被保险人或者投保人指定的享有保险金请求权的人，投保人、被保险人可以为受益人，故D选项错误。**参考答案：C。**

应试指引

本高频考点主要考查保险及索赔的相关知识，内容不多，考点相对集中，根据近5年真题分析可知，每年涉及的考试知识点相对比较固定，甚至历年真题中的部分选项存在重复考查情形。因此，建议考生首先掌握“考点解析”中的相关知识点，同时结合历年真题训练，在真题的训练中进一步巩固知识点。

疑难释义

为什么保险人对于人身保险的保险费不得用诉讼方式要求投保人支付？

对于人身保险合同，保险法规定投保人于合同成立后，可以向保险人一次支付保险费，也可以按照合同约定分期支付保险费。因此，支付首期保险费一般被认为是人身保险合同的生效条件，并且由于人身保险合同的合同期限一般较长，要求投保人按合同约定持续不

断地支付保险费，对投保人来说也会有一定的困难。特别是寿险合同具有储蓄性质，投保人身险只是投保人的一种投资选择，也应当允许投保人放弃这种投资方式。所以保险法规定，投保人自保险人催告之日起超过30日未支付当期保险费或者超过约定的期限60日未支付当期保险费的，合同效力中止，或者由保险人按照合同约定的条件减少保险金额，自合同效力中止之日起两年内双方未达成协议的，保险人有权解除合同。即保险费支付与否，只影响保险合同效力。如果投保人不按约定支付保险费，最终结果只能导致保险合同的解除，保险人不再承担保险责任，而不会在投保人与保险人之间形成债权债务关系。因此，保险法规定，保险人不能强制投保人履行支付保险的义务，即保险人对人身保险的保险费，不得以诉讼方式要求投保人支付。

高频考点二　建设工程保险的主要种类和投保权益

高频指数：★★

考点解析

建设工程活动涉及的险种较多，主要包括建筑工程一切险（及第三者责任险）、安装工程一切险（及第三者责任险）、机器损坏险、机动车辆险、建筑职工意外伤害险、勘察设计责任保险、工程监理责任保险等。一级建造师法规考试只考查建筑工程一切险和安装工程一切险，见表1Z301080-4。

建筑工程一切险与安装工程一切险　　表1Z301080-4

类　型	被保物	引发保险的原因	除外责任
建筑工程一切险（及第三者责任险）	各类民用、工业和公用事业建筑工程项目	（1）自然事件； （2）意外事故	设计错误、因原材料缺陷或工艺不善引起的财产损失、必然发生的损耗损失、维修保养或正常检修的费用、非外力引起的机械或电气装置本身损失等
安装工程一切险（及第三者责任险）	安装机器、设备、储油罐、钢结构工程、起重机、吊车以及包含机械工程因素的各种安装工程	（1）自然事件； （2）意外事故	与建工险不同之处主要是：①因设计错误、铸造或原材料缺陷或工艺不善引起的保险财产本身的损失以及为换置、修理或矫正这些缺点错误所支付的费用；②由于超负荷、超电压、碰线、电弧、漏电、短路、大气放电及其他电气原因造成电气设备或电气用具本身的损失；③施工用机具、设备、机械装置失灵造成的本身损失

建筑工程一切险（或安装工程一切险）的保险责任自保险工程在工地动工或用于保险工程的材料、设备运抵工地之时起始，至工程所有人对部分或全部工程签发完工验收证书或验收合格，或工程所有人实际占用或使用或接收该部分或全部工程之时终止，以先发生者为准。但在任何情况下，保险期限（安装期保险期限）的起始或终止不得超出保险单明细表中列明的保险生效日或终止日。

安装工程一切险的保险期内，一般应包括一个试车考核期。试车考核期的长短一般根据安装工程合同中的约定确定，但不得超出安装工程保险单明细表中列明的试车和考核期限。安装工程一切险对考核期的保险责任一般不超过3个月，若超过3个月，应另行加收保险费。安装工程一切险对于旧机器设备不负考核期的保险责任，也不承担其维修期的保险责任。

真题再现

（2013年真题）根据《保险法》，投保人参保建筑工程一切险的建筑工程项目，保险人须负责赔偿因（　　）造成的损失和费用。

A. 设计错误　　B. 原材料缺陷

C. 不可预料的意外事故　　D. 工艺不完善

解析 建筑工程一切险，保险人对下列原因造成的损失和费用负责赔偿：①自然事件，指地震、海啸、雷电、飓风、台风、龙卷风、风暴、暴雨、洪水、水灾、冻灾、冰雹、地崩、山崩、雪崩、火山爆发、地面下陷下沉及其他人力不可抗拒的破坏力强大的自然现象；②意外事故，指不可预料的以及被保险人无法控制并造成物质损失或人身伤亡的突发性事件，包括火灾和爆炸。**参考答案：C。**

（2015年真题）下列建设工程保险中，属于自愿投保的险种有（　　）。

A. 机器损坏险　　B. 建筑工程一切险　　C. 安装工程一切险

D. 工伤保险　　E. 勘察设计责任险

解析《建筑法》规定，建筑施工企业应当依法为职工参加工伤保险缴纳工伤保险费，因此，工伤保险为强制险。**参考答案：A、B、C、E。**

（2016年真题）关于安装工程一切险保险期限的说法，正确的是（　　）。

A. 安装期保险期限的起始或终止可以超出保险单明细表中列明的保险生效日或终止日

B. 安装工程一切险对旧机械设备不负考核期的保险责任，但须承担起为维修期的保险责任

C. 安装工程一切险的保险期内一般应包括一个试车考核期，试车考核期的长短可以超出安装工程保险单明细表中列明的试车和考核期限

D. 安装工程一切险的保险责任自保险工程在土地动工或用于保险工程的材料、设备运抵工地之时起始

解析 任何情况下，安装期保险期限的起始或终止不得超出保险单明细表中列明的保险生效日或终止日，故A选项错误。安装工程一切险对于旧机器设备不负考核期的保险责任，也不承担其维修期的保险责任，故B选项错误。安装工程一切险的保险期内，一般应包括一个试车考核期。试车考核期的长短一般根据安装工程合同中的约定确定，但不得超出安装工程保险单明细表中列明的试车和考核期限，故C选项错误。安装工程一切险的保险责任自保险工程在工地动工或用于保险工程的材料、设备运抵工地之时起始，至工程所有人

对部分或全部工程签发完工验收证书或验收合格，或工程所有人实际占有或使用接收该部分或全部工程之时终止，以先发生者为准。**参考答案**：D。

应试指引

本高频考点在近5年的考试中涉及的分值较低，基本在1分左右，部分年份没有涉及。因此，考生在复习时抓住重点知识点即可，如表1Z301080-4中建筑工程一切险和安装工程一切险的除外责任的辨析和两类保险的保险期限起始时间点等。同时需注意一下保险代理人和保险经纪人的区别，前者是代办保险业务的机构或个人；后者指的是为投保人与保险人订立合同提供中介服务的机构。

疑难释义

目前，我国的建设工程险种主要包括建筑工程一切险（及第三者责任险）、安装工程一切险（及第三者责任险）、机器损坏险、机动车辆险、建筑职工意外伤害险、勘察设计责任保险、工程监理责任保险等。

2017年初，厦门自贸区率先推出了《建设工程保险制度试点暂行办法》（以下简称《暂行办法》），《暂行办法》中规定，建设工程保险制度试点险种包括建设工程合同保证保险、建设工程质量保证保险、建设工程职业责任保险3个大类7个险种，将全面接轨国际惯例。以建设工程合同保证保险为例，《暂行办法》第六条：自贸试验区内的建设工程项目，建筑业企业可自主选择现金、银行保函、保证保险中任一形式缴交“建设工程投标保证金”“建设工程农民工工资保证金”“建设工程合同履约保证金”。“建设工程合同履约保证金”还可以经建设局备案的专业担保公司以保函方式缴纳。建设单位不得以任何理由限制建筑业企业选择现金类保证金以外的其他保证形式，并应在招标文件或施工合同专用条款中予以明确，对采用保证保险、银行保函或担保保函等保证形式的，与现金类保证金保证具有同等效力。此条款一改此前在工程建设领域主要的保证方式（保证金或银行保函）。引入保险机制后，保险费用与现金、银行保函相比具有优势，且不占用企业的银行授信额度，降低企业的资金成本。同时，政府又能从保证金“管理员”的身份中解放出来，集中资源开展事中事后监管。同时，该制度也可以减轻企业负担，激发市场活力，建立与国际接轨的建设工程保险制度，发挥保险在事前风险预防、事中风险控制、事后理赔服务等方面的功能优势。同样，在建设工程质量领域，《暂行办法》明确引入保险机制。就像为车购买保险一样，由施工承包人就其建设工程向保险公司投保，广大业主成为保险受益人。一旦建设工程发生质量问题，可以直接向保险公司报案，有保险公司提供资金并介入后续维修处置。此外，《暂行办法》还明确了建设工程职业责任保险，参与工程建设的勘察、设计、监理单位若由于疏忽行为、错误或过失行为而引发工程质量事故造成物质损失，依法应由其承担的经济赔偿责任，可由保险公司按照合同约定负责赔偿。

1Z301090　建设工程税收制度

本考点为 2018 年版教材新增内容，暂无对应的真题详解，预计涉及 2 分左右的分值，请考生予以关注。

1Z301100　建设工程法律责任制度

本节导学

法律责任是指行为人由于违法行为、违约行为或者由于法律规定而应承受的某种不利的法律后果。按照违法行为的性质和危害程度，可以将法律责任分为：违宪法律责任、刑事法律责任、民事法律责任、行政法律责任和国家赔偿责任。

本节主要考查民事法律责任、刑事法律责任和行政法律责任的基本概念及相互之间的区别。按照《民法总则》规定：承担民事责任的方式主要有 11 大类，其中返还财产、修理、赔偿损失、支付违约金是建设工程民事责任的主要承担方式。行政处罚和行政处分均有 6 大类，其中警告既是行政处罚的方式也是行政处分的方式。刑事责任是法律责任中最强烈的一种，其承担方式主要是刑罚，刑罚分为主刑和附加刑，其中主刑有 5 类，附加刑有 4 类。

在建设工程领域中常见的刑事法律责任主要有工程重大安全事故罪、重大责任事故罪、重大劳动安全事故罪、串通投标罪。其中工程重大安全事故罪是指建设单位、设计单位、施工单位、工程监理单位违反国家规定，降低工程质量标准，造成重大安全事故的。而重大责任事故罪是指在生产、作业中违反有关安全管理的规定，因而发生重大伤亡事故或者造成其他严重后果。注意两者之间的区别。近 5 年考情分析见表 1Z301100-1。

近 5 年考情分析　　表 1Z301100-1

知识点	各年份分值				
	2013 年	2014 年	2015 年	2016 年	2017 年
1Z301091　法律责任的基本种类和特征	0	0	0	0	2
1Z301092　建设工程民事责任的种类及承担方式	0	0	2	0	1
1Z301093　建设工程行政责任的种类及承担方式	0	2	0	2	0
1Z301094　建设工程刑事责任的种类及承担方式	1	1	1	1	2

本节主要涉及法律文件为《民法总则》《合同法》《行政处罚法》《刑法》等。

高频考点一　建设工程民事责任的种类及承担方式

高频指数：★

考点解析

2017年3月公布的《民法总则》在民事法律责任的形式方面在《民法通则》的基础上新增了“继续履行”，共计11种责任形式，2018年版教材对该部分内容作出了相应调整，见表1Z301100-2。

民事责任的种类　　表1Z301100-2

序　号	责任形式	建设工程中的主要方式
1	停止侵害	
2	排除妨碍	
3	消除危险	
4	返还财产①	√
5	恢复原状	
6	修理②、重作、更换	√
7	赔偿损失③	√
8	支付违约金④	√
9	消除影响、恢复名誉	
10	赔礼道歉	
11	继续履行	

注：以上承担民事责任的方式，可以单独适用，也可以合并适用。

①当建设工程施工合同无效、被撤销后，应当返还财产。执行返还财产的方式是折价返还，即承包人已经施工完成的工程，发包人按照“折价返还”的规则支付工程价款。主要是两种方式：一是参照无效合同中的约定价款；二是按当地市场价、定额量据实结算。

②施工合同的承包人对施工中出现质量问题的建设工程或者竣工验收不合格的建设工程，应当负责返修。

③赔偿损失，是指合同当事人由于不履行合同义务或者履行合同义务不符合约定，给对方造成财产上的损失时，由违约方依法或依照合同约定应承担的损害赔偿责任。

④违约金是指按照当事人的约定或者法律规定，一方当事人违约的，应向另一方支付的金钱。

真题再现

（2015年真题）下列承担法律责任的方式中，属于民事责任承担方式的有（　　）。

A. 停止侵害　　B. 没收非法财物　　C. 排除妨碍

D. 修理、重作、更换　　E. 消除影响、恢复名誉

解析《民法通则》规定，承担民事责任的方式主要有：①停止侵害；②排除妨碍；③消除危险；④返还财产；⑤恢复原状；⑥修理、重作、更换；⑦赔偿损失；⑧支付违约金；⑨消除影响、恢复名誉；⑩赔礼道歉。**参考答案：A、C、D、E。**

(2017年真题)关于工程建设中民事责任承担的说法，正确的是（　　）。

A. 发包人按照“折价返还”的规则支付工程价款应当按照当地市场价格

B. 承担民事责任的方式多样，可以单独适用，也可以合并适用

C. 施工合同中承担民事责任是行政处罚的前提

D. 罚款是民事责任的承担方式之一

解析 发包人按照“折价返还”的规则支付工程价款，主要是两种方式：一是参照无效合同中的约定价款；二是按当地市场价、定额量据实结算，故A选项错误。承担民事责任的方式，可以单独适用，也可以合并适用，故B选项正确。行政责任是行政处罚的前提。故C选项错误。罚款是民事责任的承担方式之一，故D选项错误。**参考答案：B。**

应试指引

本高频考点主要考查建设工程民事责任的种类及承担方式，考查内容集中在民事责任的承担方式和建设工程中常见的民事责任方式（返还财产、修理、赔偿损失、支付违约金）。需要注意的是，“继续履行”原是《合同法》规定的违约责任，2017年3月发布的《民法总则》在民事责任的承担方式方面新增了一项“继续履行”，此项内容的修订相当于将《合同法》中的条文上升到民法总则层面，使之适用范围更加广泛。

疑难释义

释义一：民事责任的合并适用

教材中有关民事责任可以合并适用的表述是指互不冲突的责任方式，可以并用，如支付违约金和继续履行；如果互相重叠，冲突的责任方式，则须择其一而行使，如违约金和损害赔偿金等。

释义二：民事责任的优先适用

民事主体因同一行为应当承担民事责任、行政责任和刑事责任的，承担行政责任或者刑事责任不影响承担民事责任；民事主体的财产不足以支付的，优先用于承担民事责任。

高频考点二　建设工程刑事责任的种类及承担方式

高频指数：★★

考点解析

刑事责任是法律责任中最强烈的一种，其承担方式主要是刑罚。刑罚分为主刑和附加刑，具体形式见表1Z301100-3。建设工程中常见的刑事法律责任见表1Z301100-4所示。

刑罚具体形式 表 1Z301100-3

类型	处罚
主刑	管制
	拘役
	有期徒刑
	无期徒刑
	死刑
附加刑	罚金
	剥夺政治权利
	没收财产
	驱逐出境

建设工程中常见刑事法律责任 表 1Z301100-4

类型	主体	处罚的对象	表现
重大责任事故罪	自然人（业务人员）	从事业务的人员	在生产、作业中违反有关安全管理规定，因而发生重大伤亡事故或者造成其他严重后果的
重大劳动安全事故罪	单位（单罚制）	直接负责的主管人员和其他直接责任人员	安全生产设施或者安全生产条件不符合国家规定，因而发生重大伤亡事故或者造成其他严重后果
工程重大安全事故罪	单位（单罚制）	直接责任人员	违反国家规定，降低工程质量标准，造成重大安全事故

为了更好地说明三类事故罪的差异，选取 3 个实例。

1. 重大责任事故罪案例

2014 年 12 月 29 日，在北京市海淀区某中学体育馆及宿舍楼工程工地，作业人员在基坑内绑扎钢筋过程中，筏板基础钢筋体系发生坍塌，造成 10 人死亡、4 人受伤。事故调查组认定该起事故的性质是一起重大生产安全责任事故，并指出，未按照方案要求堆放物料、制作和布置马凳，马凳与钢筋未形成完整的结构体系，致使基础底板钢筋整体坍塌，是导致事故发生的直接原因。其中，张某身为施工队长，未履行安全生产的管理职责，对阀板基础钢筋体系施工作业现场安全管理缺失，在未接受安全技术交底的情况下，盲目组织作业人员吊运钢筋、制作安放马凳，致使作业现场钢筋码放、马凳的制作和安放均不符合《钢筋施工方案》要求，故追究其重大责任事故罪。

2. 重大劳动安全事故罪案例

2015 年 4 月 11 日 13 时许，某建筑安装工程有限公司承接当地博物馆展厅修建工程，作为该工程项目负责人的王某安排张某等人在该楼屋顶进行清理工作，由于王某疏于安全生产管理工作，屋面临边作业未设置安全防护设施，张某在徒手撕扯防水层过程中，材料发生断裂，致张某从屋顶坠落至地面（高约 9.8m），经抢救无效于当日死亡。经法院审理，王某作为该博物馆修建工程项目直接负责的主管人员，安全生产设施不符合国家规定，发生一人死亡的重大伤亡事故，其行为已构成重大劳动安全事故罪，应依法予以惩处。

3. 工程重大安全事故罪案例

河南省某地楼盘，为了偷工减料，工人用钢筋调直机加工钢筋，直径 10mm 的钢筋拉伸后只有 8mm，而 8mm 的钢筋最后只剩下 6mm，甚至是 5.7 mm，6mm 钢筋拉完不到 5mm。被机械“瘦身”的钢筋主要是直径 6mm、8mm、10mm 规格的钢筋，一般用作建筑物立柱和横梁里的箍筋以及楼板里的受力主筋。经大致估算，这意味着平均每米合格的钢筋被拉长了 24mm 以上，加工后的钢筋平均每米在质量上至少要缩水 20%。根据国家标准规定，盘条钢筋由弯曲状态调直时，允许的物理延伸变化：光圆钢筋每米的冷拉率不得大于 4%，螺纹钢筋的冷拉率不得大于 1%。也就是说，调直后的光圆钢筋每米最多允许伸长 4mm，螺纹钢筋最多允许每米伸长 1mm。而按照这家工地上的拉伸估算，平均每米合格的钢筋被拉长了 28mm。经当地人民检察院审查批准，以涉嫌工程重大安全事故罪将该施工单位项目经理苏某等人逮捕。

从上述 3 个案例里可以将重大责任事故罪、重大劳动安全事故罪、工程重大安全事故罪的特征表现总结见表 1Z301100-5。

三类事故罪的具体表现 表 1Z301100-5

类　型	具体表现
重大责任事故罪	责任人违章操作或违章指挥、强令冒险
重大劳动安全事故罪	单位的安全保障设施不完善或者有缺陷
工程重大安全事故罪	单位的质量保证体系不完善或者有缺陷

真题再现

（2013 年真题）下列法律责任中，属于刑事处罚的是（　　）。

A. 处分　　B. 暂扣执照

C. 恢复原状　　D. 罚金

解析《刑法》规定，刑罚分为主刑和附加刑。主刑包括：①管制；②拘役；③有期徒刑；④无期徒刑；⑤死刑。附加刑包括：①罚金；②剥夺政治权利；③没收财产；④驱逐出境。**参考答案：D。**

（2014 年真题）某施工单位为降低造价，在施工中偷工减料，故意使用不合格的建筑材料、构配件和设备，降低工程质量，导致建筑工程坍塌，致使多人重伤、死亡。该施工单位的行为已经构成（　　）。

A. 重大劳动安全事故罪　　B. 强令违章危险作业罪

C. 重大责任事故罪　　D. 工程重大安全事故罪

解析《刑法》第 137 条规定：建设单位、设计单位、施工单位、工程监理单位违反国家规定，降低工程质量标准，造成重大安全事故的，对直接责任人员处 5 年以下有期徒刑或者拘役，并处罚金；后果特别严重的，处 5 年以上 10 年以下有期徒刑，并处罚金，构成工程重大安全事故罪。**参考答案：D。**

（2015年真题）某开发商在一大型商场项目的开发建设中，违反国家规定，擅自降低工程质量标准，因而造成重大安全事故。该事故的直接责任人员应当承担的刑事责任是（　　）。

A. 重大责任事故罪　　B. 工程重大安全事故罪

C. 重大劳动安全事故罪　　D. 危害公共安全罪

解析 同2014年真题。**参考答案：B。**

（2016年真题）在施工过程中，某施工企业的安全生产条件不符合国家规定，致使多人重伤和死亡。该施工企业的行为构成（　　）。

A. 重大责任事故罪　　B. 强令违章冒险作业罪

C. 重大劳动安全事故罪　　D. 工程重大安全事故罪

解析《刑法》第135条规定：安全生产设施或者安全生产条件不符合国家规定，因而发生重大伤亡事故或者造成其他严重后果的，对直接负责的主管人员和其他直接责任人员，处3年以下有期徒刑或者拘役；情节特别恶劣的，处3年以上7年以下有期徒刑，构成重大劳动安全事故罪。**参考答案：C。**

（2017年真题）投标人相互串通投标报价，损害招标人利益，情节严重的，可能承担的刑事责任有（　　）。

A. 没收财产　　B. 拘役　　C. 有期徒刑

D. 罚金　　E. 管制

解析 串标罪是按照《刑法》第223条规定：投标人相互串通投标报价，损害招标人或者其他投标人利益，情节严重的，处3年以下有期徒刑或者拘役，并处或者单处罚金。投标人与招标人串通投标，损害国家、集体、公民的合法利益的，依照以上规定处罚。**参考答案：B、C、D。**

应试指引

本高频考点考查的重点在于区分重大责任事故罪、重大劳动安全事故罪、工程重大安全事故罪这三类事故罪。考生只用掌握这三类事故罪各自的特征形式（表1Z301090-5），便可非常快速地区分和辨析。

高频考点三　建设工程行政责任的种类及承担方式

高频指数：★★

考点解析

行政责任分为行政处罚和行政处分。具体种类见表1Z301100-6。

行政责任具体种类 表 1Z301100-6

<table>
<tr><th>行政处罚</th><th>行政处分</th></tr>
<tr><td>警告</td><td>警告</td></tr>
<tr><td>罚款</td><td>记过</td></tr>
<tr><td>没收违法所得，没收非法财物</td><td>记大过</td></tr>
<tr><td>责令停产停业</td><td>降级</td></tr>
<tr><td>暂扣或者吊销许可证，暂扣或者吊销执照</td><td>撤职</td></tr>
<tr><td>行政拘留</td><td>开除</td></tr>
<tr><td>法律、行政法规规定的其他行政处罚</td><td rowspan="2">《建设工程质量管理条例》规定，国家机关工作人员在建设工程质量监督管理工作中玩忽职守、滥用职权、徇私舞弊，构成犯罪的，依法追究刑事责任；尚不构成犯罪的，依法给予行政处分</td></tr>
<tr><td>建设工程领域的行政处罚有：警告、罚款、没收违法所得、责令限期改正、责令停业整顿、取消一定期限内参加依法必须进行招标的项目的投标资格、责令停止施工、降低资质等级、吊销资质证书（同时吊销营业执照）、责令停止执业、吊销执业资格证书或其他许可证</td></tr>
</table>

真题再现

（2014 年真题）下列法律责任中，属于行政处罚的有（　　）。

A. 降低资质等级　　B. 罚金　　C. 记过

D. 没收财产　　E. 罚款

解析 行政处罚的种类：①警告；②罚款；③没收违法所得，没收非法财物；④责令停产停业；⑤暂扣或者吊销许可证，暂扣或者吊销执照；⑥行政拘留；⑦法律、行政法规规定的其他行政处罚。在建设工程领域，法律、行政法规所设定的行政处罚主要有：警告、罚款、没收违法所得、责令限期改正、责令停业整顿、取消一定期限内参加依法必须进行招标的项目的投标资格、责令停止施工、降低资质等级、吊销资质证书（同时吊销营业执照）、责令停止执业、吊销执业资格证书或其他许可证等。故 A、E 选项正确。其中 B 选项为刑法处罚中的附加刑，C 选项为行政处分，D 选项为刑罚中的附加刑。

参考答案：A、E。

（2016 年真题）下列责任种类中，属于行政处罚的有（　　）。

A. 警告　　B. 行政拘留　　C. 罚金

D. 排除妨碍　　E. 没收财产

解析 行政处罚的种类：①警告；②罚款；③没收违法所得，没收非法财物；④责令停产停业；⑤暂扣或者吊销许可证，暂扣或者吊销执照；⑥行政拘留；⑦法律、行政法规规定的其他行政处罚。其中 C 选项罚金为刑事处罚中的附加刑。D、E 选项为民事责任的承担方式。

参考答案：A、B。

应试指引

本高频考点的考查内容很少，主要集中在表 1Z301100-6。从近 5 年的真题分析可知，本高频考点考查的不仅仅是对于行政处罚或行政处分的种类记忆，同时也考查行政处罚、刑事处罚、民事责任之间的区分。如：罚款是行政处罚的类型，但罚金则是刑罚的类型。没收财产是刑罚中的附加刑，没收非法所得则是行政处罚的类型，需要考生注意区分和辨析。

疑难释义

行政处罚与行政处分都属于行政制裁，行政处罚是特定的国家行政机关对违反行政管理法律法规的公民、法人或者其他组织依法给予的制裁。行政处分是国家机关、企事业单位和社会团体依据行政管理法规、规章、纪律等对其所属人员违规、违纪行为所作的处罚。两者主要区别见表 1Z301100-7。

行政处罚与行政处分主要区别　　表 1Z301100-7

区　别	释　义
被制裁行为性质不同	行政处罚制裁的是公民、法人或其他组织违反法律、法规的行为；行政处分制裁的则是针对行政机关工作人员的违法失职行为
实施主体不同	行政处罚是由享有行政处罚权的主体做出，这些主体具有对外管理的职权，其行政处罚权已由法律法规明确规定。而行政处分是由受处分公务员所在的行政机关，或上级行政机关或行政监察机关做出的，也就是说，一般的行政机关都具有对公务员的行政处分权
制裁对象不同	行政处罚制裁的对象是违反行政法律规范的公民、法人或其他组织，与行政处罚的决定者和实施者只存在管理与被管理的普通行政关系；而行政处分制裁的对象仅限于行政机关内部的公务员，与行政处分的决定者和实施者只存在一种基于行政组织关系所产生的领导与被领导的关系
制裁形式不同	详见表 1Z301010-6
救济途径不同	行政处罚的救济途径是行政复议、行政诉讼及行政赔偿；行政处分的救济途径是向上一级行政机关或行政监察机关申诉

1Z302000

施工许可法律制度

本章导学

施工许可法律制度一章主要介绍建设工程施工许可制度、施工企业从业资格制度、建造师注册执业制度。通过对近 5 年的真题分析可知，本章的分值比重在 2013—2016 年之间略有下降，但在 2017 年考试中，分值突然攀升至 11 分，占总分比重 8.46%。本章近 5 年考情分析和章节架构如下所示。

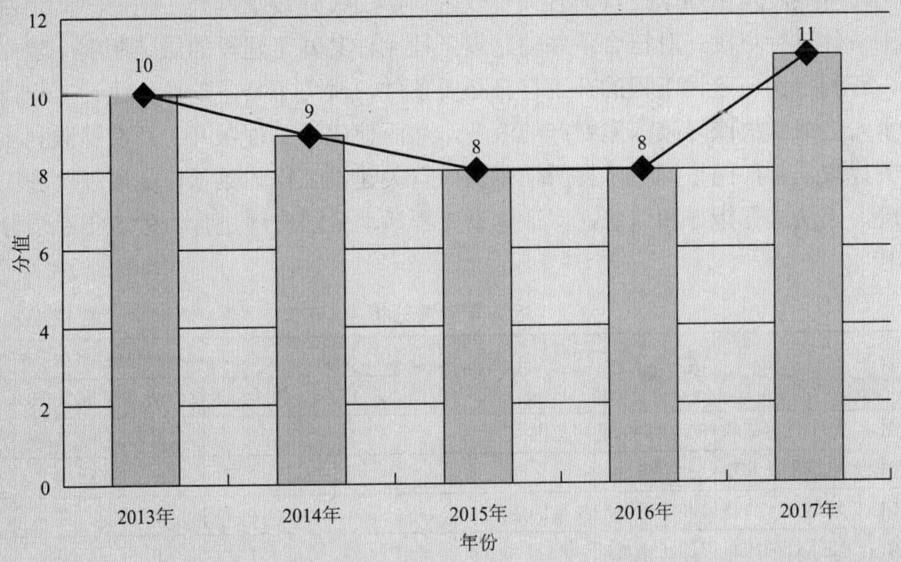

施工许可法律制度近 5 年考情分析

章节架构

	章节架构	近 5 年平均分值
1Z302000 施工许可法律制度	1Z302010　建设工程施工许可制度	4
	1Z302020　施工企业从业资格制度	3
	1Z302030　建造师注册执业制度	2.2

值得注意的是《住房城乡建设部办公厅关于工程总承包项目和政府采购工程建设项目办理施工许可手续有关事项的通知》（建办市〔2017〕46 号）规定：对采用工程总承包模式的工程建设项目，在施工许可证及其申请表中增加“工程总承包单位”和“工程总承包项目经理”栏目。各级住房城乡建设主管部门可以根据工程总承包合同及分包合同确定设计、施工单位，依法办理施工许可证。对在工程总承包项目中承担分包工作，且已与工程总承包单位签订分包合同的设计单位或施工单位，各级住房城乡建设主管部门不得要求其与建设单位签订设计合同或施工合同，也不得将上述要求作为申请领取施工许可证的前置条件。

1Z302010 建设工程施工许可制度

本节导学

2011年4月经修改后公布的《建筑法》规定：建筑工程开工前，建设单位应当按照国家有关规定向工程所在地县级以上人民政府建设行政主管部门申请领取施工许可证。但是，国务院建设行政主管部门确定的限额以下的小型工程除外。按照国务院规定的权限和程序批准开工报告的建筑工程，不再领取施工许可证。

施工许可制度是由国家授权的有关行政主管部门在建设工程开工之前对其是否符合法定的开工条件进行审核，对符合条件的建设工程允许其开工建设的法定制度。建立施工许可制度，有利于保证建设工程的开工符合必要条件，避免不具备条件的建设工程盲目开工而给当事人造成损失或导致国家财产的浪费，从而使建设工程在开工后能够顺利实施，也便于有关行政主管部门了解和掌握所辖范围内有关建设工程的数量、规模以及施工队伍等基本情况，依法进行指导和监督，保证建设工程活动依法有序进行。近5年考情分析见表1Z302010-1。

近5年考情分析

表1Z302010-1

知识点	各年份分值				
	2013年	2014年	2015年	2016年	2017年
1Z302011 施工许可证和开工报告的适用范围	0	0	0	2	0
1Z302012 申请主体和法定批准条件	4	3	2	0	4
1Z302013 延期开工、核验和重新办理批准的规定	1	0	1	1	1
1Z302014 违法行为应承担的法律责任	0	1	0	0	0

本节主要涉及法律文件为《建筑法》《城乡规划法》《土地管理法》《消防法》《建设工程质量管理条例》《建设工程安全生产管理条例》《建筑工程施工许可管理办法》等。

高频考点一 施工许可证和开工报告的适用范围

高频指数：★

考点解析

我国目前对建设工程开工条件的审批，存在着颁发“施工许可证”和批准“开工报告”两种形式。多数工程是办理施工许可证，部分工程则采用开工报告。适用施工许可证（或开工报告）的建设工程具体分类及依据见表1Z302010-2。

施工许可证办理分类　　表 1Z302010-2

工程类型	范　围	是否需办理施工许可证	依　据
限额以下的小型工程	工程投资额≤ 30 万元以下或建筑面积≤ 300m^2	不需要	《建筑工程施工许可管理办法》
抢险救灾工程	—	不需要	《建筑法》
临时性房屋建筑	—	不需要	《建筑法》
农民自建低层住宅	—	不需要	《建筑法》
军用房屋建筑工程	—	国务院、中央军事委员会确定	《建筑法》
实行开工报告制度的建设工程	—	不需要	《建筑法》
不在上述范围的其他工程	—	需要	《建筑法》

注： 1. 省、自治区、直辖市人民政府建设行政主管部门可以根据当地的实际情况，对限额进行调整，并报国务院建设行政主管部门备案。

2. 我国目前对建设工程开工条件的审批，采用施工许可证制度和开工报告制度。因此，采用开工报告制度获得审批的建筑工程，不需再申领施工许可证。

真题再现

（2016 年真题）关于施工许可制度和开工报告制度的说法，正确的有（　　）。

A. 实行开工报告批准制度的工程，必须符合国务院的有关规定

B. 建设单位领取施工许可证后因故不能按期开工的，最多可延期 6 个月

C. 建设工程因故中止施工满一年的，恢复施工前应报发证机关核验施工许可证

D. 实行开工报告批准制度的工程，其开工报告主要反映的是施工企业应具备的开工条件

E. 实行开工报告批准制度的工程，因故不能开工超过 6 个月的工程，应当重新办理开工报告审批手续

解析《建筑法》规定，按照国务院规定的权限和程序批准开工报告的建筑工程，不再领取施工许可证，故 A 选项正确。《建筑法》规定，建设单位应当自领取施工许可证之日起 3 个月内开工。因故不能按期开工的，应当向发证机关申请延期，延期以两次为限，每次不超过 3 个月，因此最多可延期 6 个月。故 B 选项正确。《建筑法》规定，在建的建筑工程因故中止施工的，建设单位应当自中止施工之日起 1 个月内，向发证机关报告，并按照规定做好建筑工程的维护管理工作。建筑工程恢复施工时，应当向发证机关报告，中止施工满 1 年的工程恢复施工前，建设单位应当报发证机关核验施工许可证，故 C 选项正确。开工报告制度下，开工报告的内容反映的是建设单位应具备的开工条件，故 D 选项错误。对于实行开工报告制度的建设工程，因故不能按期开工超过 6 个月的，应当重新办理开工报告的批准手续，故 E 选项正确。**参考答案：A、B、C、E。**

应试指引

1. 根据《建筑工程施工许可管理办法》规定：建设单位在开工前应当依照本办法的规定，向工程所在地的县级以上地方人民政府住房城乡建设主管部门（以下简称发证机关）申请领取施工许可证。这里考生需注意，申领施工许可证的最低行政级别的机关是县级人民政府住房城乡建设主管部门。条款中的："县级以上"是包含县级的。《民法总则》规定：除特别说明外，一般法律法规的条款里所称的"以上""以下""以内""届满"包括本数；所称的"不满""以外"不包括本数。

2. 按照《建筑工程施工许可管理办法》对可以不申请办理施工许可证的范围设置为"工程投资额在 30 万元以下或者建筑面积在 300m^2 以下"。这里考生们要注意，投资额和建筑面积满足其中一个要求即可，不需要都满足。举例说明：某工程投资额 29 万元，但建筑面积 400m^2，依然可以不申领施工许可证。

疑难释义

释义一：《建筑法》第八十三条：省、自治区、直辖市人民政府确定的小型房屋建筑工程的建筑活动，参照本法执行①。依法核定作为文物保护的纪念建筑物和古建筑等的修缮，依照文物保护的有关法律规定执行。抢险救灾及其他临时性房屋建筑和农民自建低层住宅的建筑活动②，不适用本法。

注释①：省、自治区、直辖市人民政府确定的小型房屋建筑工程，参照《建筑法》执行。"参照"不同于"依照"，有着可以部分执行以及根据情况予以变通的含义。《建筑法》有关建筑活动监督管理的规定，对一些规模很小的房屋建筑（如比较简易的平房建筑）来说，难以全部适用，要求参照执行，比较符合实际。至于可以参照执行《建筑法》的小型房屋建筑的具体标准，《建筑法》授权由各省、自治区、直辖市人民政府根据各地情况予以确定。

注释②：抢险救灾及其他临时性房屋建筑，因其具有的时效性、临时性和简易性等特点，不可能也没有必要按照《建筑法》的规定进行管理；农民在农村自建的低层住宅量大面广，情况千差万别，目前仍以较为简易的居多，要将这类农村自建住宅都纳入国家的行政管理之中，目前难以做到，从执法成本考虑，也没有大的必要。因此，本条规定这两类房屋建筑不适用《建筑法》。由此可以推测，这两类建筑也就不需要申领施工许可证了。

释义二：《建筑工程施工许可管理办法》规定，省、自治区、直辖市人民政府住房城乡建设主管部门可以根据当地的实际情况对限额进行调整，并报国务院住房城乡建设主管部门备案。由此可见，省、自治区、直辖市人民政府住房城乡建设主管部门对"限额调整"有一定的自主权。虽然我国大部分省份界定是否需要申领施工许可证的条件都是参照《建筑工程施工许可管理办法》，只有少数地区根据当地的实际情况对限额进行调整。如宁夏回族自治区就将申领施工许可证的规模定为：单项合同金额或中标价达到 200 万元人民币的各类房屋建筑及其附属设施的建造、装饰装修和与其配套的线路、管道、设备的安装，以及城镇市政基础设施工程的施工；上海市则要求工程投资额在 100 万元及以上的房屋建筑工程及其附属设施、市政基础设施工程、房屋装修装饰工程申领施工许可证。

高频考点二　申请主体和法定批准条件

高频指数：★★★★★

考点解析

《建筑法》规定：建设单位应当按照国家有关规定向工程所在地县级以上人民政府建设行政主管部门申请领取施工许可证。这是因为，建设单位（又称业主或项目法人）是建设项目的投资者，如果建设项目是政府投资，则建设单位为该建设项目的管理单位或使用单位。为建设工程开工和施工单位进场做好各项前期准备工作，是建设单位应尽的义务。因此，施工许可证的申请领取，应该是由建设单位负责，而不是施工单位或其他单位。施工许可证的申领需要符合法定批准条件，《建筑法》和《建筑工程施工许可管理办法》对施工许可证的法定批准条件分别作了规定，见表1Z302010-3。

施工许可证的法定批准条件对比表　　表1Z302010-3

序号	《建筑法》	《建筑工程施工许可管理办法》
1	已经办理该建筑工程用地批准手续	依法应当办理用地批准手续的，已经办理该建筑工程用地批准手续
2	在城市规划区的建筑工程，已经取得规划许可证	在城市、镇规划区的建筑工程，已经取得建设工程规划许可证
3	需要拆迁的，其拆迁进度符合施工要求	施工场地已经基本具备施工条件，需要征收房屋的，其进度符合施工要求
4	已经确定建筑施工企业	已经确定施工企业
5	有满足施工需要的施工图纸及技术资料	有满足施工需要的技术资料，施工图设计文件已按规定审查合格
6	有保证工程质量和安全的具体措施	有保证工程质量和安全的具体措施
7	无对应条款	按照规定应当委托监理的工程已委托监理①
8	建设资金已经落实	建设资金已经落实
9	法律、行政法规规定的其他条件	法律、行政法规规定的其他条件

注：①根据《建筑法》的规定，国务院可以规定实行强制监理的建筑工程的范围。为此，《建设工程质量管理条例》明确规定，下列建设工程必须实行监理：①国家重点建设工程；②大中型公用事业工程；③成片开发建设的住宅小区工程；④利用外国政府或者国际组织贷款、援助资金的工程；⑤国家规定必须实行监理的其他工程。因此，对于上述规定中应当委托监理的工程已委托监理是申办施工许可的基本条件之一。

表1Z302010-3中的序号2对应的《建筑法》条款：在城市规划区的建筑工程，已经取得规划许可证；在《建筑工程施工许可管理办法》对应的条款为：在城市、镇规划区的建筑工程，已经取得建设工程规划许可证。这里应注意两者的区别：一个为规划许可证（即包含

建设用地规划许可证和建设工程规划许可证），另一个则仅仅是建设工程规划许可证。规定上不一致，因此在答题的时候先看题干要求。如题干中问的是依据《建筑工程施工许可管理办法》，那就单指建设工程规划许可证；如题干中问的是依据《建筑法》，则指建设用地规划许可证和建设工程规划许可证；如果题干未写依据，也应指建设用地规划许可证和建设工程规划许可证。这点可通过 2011 年、2014 年的相关考点的真题分析得到。

《建筑工程施工许可管理办法》对于施工许可证法定批准条件的有关规定在《建筑法》的基础上又做了进一步的规定，见表 1Z302010-4。

施工许可证的法定批准条件解读　　表 1Z302010-4

《建筑工程施工许可管理办法》相关条款	解　读
依法应当办理用地批准手续的，已经办理该建筑工程用地批准手续	办理用地批准手续是建设工程依法取得土地使用权的必经程序，也是建设工程取得施工许可的必要条件
在城市、镇规划区的建筑工程，已经取得规划许可证	在城市、镇规划区内，规划许可证包括建设用地规划许可证和建设工程规划许可证。在乡、村庄规划区内进行乡镇企业、乡村公共设施和公益事业建设的，须核发乡村建设规划许可证
施工场地已经基本具备施工条件，需要征收房屋的，其进度符合施工要求	如已进行场区的施工测量，设置永久性经纬坐标桩、水准基桩和工程测量控制网，“三（五或七）通一平”已完成等
已经确定施工企业	建设工程的施工必须由具备相应资质的施工企业来承担
有满足施工需要的技术资料，施工图设计文件已按规定审查合格	我国已建立施工图设计文件的审查制度。施工图设计文件不仅要满足施工需要，还应当按照规定对其涉及公共利益、公众安全、工程建设强制性标准的内容进行审查
有保证工程质量和安全的具体措施	建设行政主管部门在审核发放施工许可证时，应当对建设工程是否有安全施工措施进行审查，对没有安全施工措施的，不得颁发施工许可证
按照规定应当委托监理的工程已委托监理	《建设工程质量管理条例》明确规定，下列建设工程必须实行监理：①国家重点建设工程；②大中型公用事业工程；③成片开发建设的住宅小区工程；④利用外国政府或者国际组织贷款、援助资金的工程；⑤国家规定必须实行监理的其他工程。因此，对于上述规定中应当委托监理的工程已委托监理是申办施工许可的基本条件之一
建设资金已经落实	《建筑工程施工许可管理办法》明确规定：建设工期不足 1 年的，到位资金原则上不得少于工程合同价的 50%，建设工期超过 1 年的，到位资金原则上不得少于工程合同价的 30%。建设单位应当提供银行出具的到位资金证明，有条件的可以实行银行付款保函或者其他第三方担保
法律、行政法规规定的其他条件	《消防法》规定：依法应当经公安机关消防机构进行消防设计审核的建设工程，未经依法审核或者审核不合格的，负责审批该工程施工许可的部门不得给予施工许可，建设单位、施工单位不得施工，其他建设工程取得施工许可后经依法抽查不合格的，应当停止施工

实践操作中，申请施工许可证的申报材料可能多达十几项，例如，北京市申请房屋建筑工程施工许可证的申报材料就多达 13 项，除了上述提到的必备项材料以外，又额外新增了人防施工图备案回执原件或复印件、年度投资计划复印件、各参建单位法定代表人授权书及各单位项目负责人工程质量终身责任承诺书原件等。

真题再现

（2013年真题）关于建筑工程施工许可管理的说法，错误的是（　　）。

A. 申请施工许可证是取得建设用地规划许可证的前置条件

B. 保证工程质量和安全的施工措施须在申请施工许可证前编制完成

C. 只有法律和行政法规才有权设定施工许可证的申领条件

D. 消防设计审核不合格的，不予颁发施工许可证

解析 本题主要考查考生对申领施工许可证各法定条件的理解和辨析。建设用地规划许可证是申领施工许可证的前置条件，A选项表述正好相反，故A选项错误。申请施工许可证法定条件之一为：有保证工程质量和安全的具体措施，故B选项正确。《建筑法》在施工许可证的法定批准条件中有一条兜底条款：法律、行政法规规定的其他条件，即表明只有法律、行政法规才有权为施工许可证设置申领条件，地方法规和规章均无权设置，故C选项正确。D选项中，消防设计审核作为施工许可证申请的前置条件的来源是《中华人民共和国消防法》。《消防法》作为法律，有权为施工许可证设置申请条件，故D选项正确。

参考答案：A。

（2013年真题）关于施工许可证的法定批准条件说法，正确的有（　　）。

A. 已经确定施工企业

B. 有满足施工条件需要的施工图纸及技术资料，施工图设计文件已按规定进行审查

C. 建设资金已经落实

D. 按照规定需要委托监理的工程已经委托监理

E. 按照国务院规定的权限和程序已批准开工报告

解析 A、B、C、D选项均为《建筑施工许可管理办法》规定的批准条件，E选项中指的是适用开工报告制度的建设项目，开工报告与施工许可证不重复办理。**参考答案：A、B、C、D。**

（2013年真题）以出让方式取得国有土地使用权的建设项目，建设单位应当持建设项目的批准、核准、备案文件和国有土地使用权出让合同，向建设项目所在城市、县人民政府（　　）领取建设用地规划许可证。

A. 土地主管部门　　B. 建设行政主管部门

C. 城乡规划主管部门　　D. 授权的镇人民政府

解析 根据《城乡规划法》规定，以出让方式取得国有土地使用权的建设项目，在签订国有土地使用权出让合同后，建设单位应当持建设项目的批准、核准、备案文件和国有土地出让合同，向城市、县人民政府城乡规划主管部门领取建设用地规划许可证。**参考答案：C。**

（2014 年真题）关于城市、镇规划许可证的说法，正确的是（　　）。

A. 以划拨方式提供国有土地使用权的建设项目，建设单位在取得划拨土地之后，方可向城市、县人民政府城乡规划主管部门提出建设用地规划许可申请

B. 以出让方式取得国有土地使用权的建设项目，建设单位在取得建设用地规划许可证之后，才能取得国有土地使用权

C. 以划拨方式提供国有土地使用权的建设项目，建设单位在取得建设用地规划许可证后，方可向县级以上地方人民政府土地主管部门申请用地

D. 以出让方式取得国有土地使用权证的建设项目，在签订国有土地使用权出让合同后，建设单位应当向城市、县人民政府建设行政主管部门领取建设用地规划许可证

解析 本题考查的是考生对于《城乡规划法》有关建设单位用地规划许可申请的相关条款。根据《城乡规划法》相关规定，在城市、镇规划区内以划拨方式提供国有土地使用权的建设项目，建设单位应当向城市、县人民政府城乡规划主管部门提出建设用地规划许可申请。建设单位在取得建设用地规划许可证后，方可向县级以上地方人民政府土地主管部门申请用地。以出让方式取得国有土地使用权的建设项目，在签订国有土地使用权出让合同后，建设单位应当持建设项目的批准、核准、备案文件和国有土地使用权出让合同，向城市、县人民政府城乡规划主管部门领取建设用地规划许可证。A 选项中，顺序错误，取得划拨土地应在提出建设用地规划许可申请之后；B 选项中，建设单位在取得建设用地规划许可证之后，还不能取得国有土地使用权。国有土地使用权的取得时间点应为领取国有土地使用权证以后，故 B 选项错误。D 选项中，申请建设用地规划许可证的部门应为规划部门，而不是建设行政主管部门，故 D 选项错误。**参考答案：C。**

（2014 年真题）关于城市、镇规划许可证的说法，正确的是（　　）。

A. 以划拨方式提供国有土地使用权的建设项目，建设单位在取得划拨土地之后，方可向城市、县人民政府城乡规划主管部门提出建设用地规划许可申请

B. 以出让方式取得国有土地使用权的建设项目，建设单位在取得建设用地规划许可证之后，才能取得国有土地使用权

C. 以划拨方式提供国有土地使用权的建设项目，建设单位在取得建设用地规划许可证后，方可向县级以上地方人民政府土地主管部门申请用地

D. 以出让方式取得国有土地使用权的建设项目，在签订国有土地使用权出让合同后，建设单位应当向城市、县人民政府建设行政主管部门领取建设用地规划许可证

解析 在城市、镇规划区内以划拨方式提供国有土地使用权的建设项目，建设单位应当向城市、县人民政府城乡规划主管部门提出建设用地规划许可申请，由城市、县人民政府城乡规划主管部门依据控制性详细规划核定建设用地的位置、面积、允许建设的范围，核发建设用地规划许可证。建设单位在取得建设用地规划许可证后，方可向县级以上地方人民政府土地主管部门申请用地，经县级以上人民政府审批后，由土地主管部门划拨土地，故 A 选项错误。以出让方式取得国有土地使用权的建设项目，在签订国有土地使用权出让合同后，建设单位应当持建设项目的批准、核准、备案文件和国有土地使用权出让合同，向

城市、县人民政府城乡规划主管部门领取建设用地规划许可证，故B选项错误。D选项错在申请部门，应向城乡规划主管部门申请建设用地规划许可证。**参考答案：C。**

（2014年真题）关于申请领取施工许可证的说法，正确的有（　　）。

A. 应当委托监理的工程已委托监理后才能申请领取施工许可证

B. 领取施工许可证是确定建筑施工企业的前提条件

C. 法律、行政法规和省、自治区、直辖市人民政府规章可以规定申请施工许可证的其他条件

D. 在申请领取施工许可证之前需要落实建设资金

E. 在城市、镇规划区的建筑工程，需要同时取得建设用地规划许可证和建设工程规划许可证后，才能申请办理施工许可

解析 本题考查的还是《建筑工程施工许可管理办法》中有关施工许可证申领的法定条件。其中A、D、E选项都符合施工许可证申领的法定条件，故正确。B选项中，表述顺序有误，确定建筑施工企业是领取施工许可证的前提条件，故B选项错误。C选项中，错在多了"省、自治区、直辖市人民政府规章"，按规定只有法律和行政法规才有权为施工许可证设置前置条件，故C选项错误。**参考答案：A、D、E。**

（2015年真题）根据《建设工程质量管理条例》，必须实行监理的建设工程有（　　）。

A. 国家重点建设工程

B. 大中型公用事业工程

C. 成片开发建设的住宅小区工程

D. 限额以下的小型住宅工程

E. 利用国际组织贷款的工程

解析《建设工程质量管理条例》明确规定，下列建设工程必须实行监理：①国家重点建设工程；②大中型公用事业工程；③成片开发建设的住宅小区工程；④利用外国政府或者国际组织贷款、援助资金的工程；⑤国家规定必须实行监理的其他工程。**参考答案：A、B、C、E。**

（2017年真题）建设单位办理工程项目质量监督手续应在（　　）。

A. 领取建设工程规划许可证之前

B. 领取建设用地规划许可证之前

C. 中标通知书发出后签订施工合同之前

D. 领取施工许可证或办理开工报告之前

解析《建设工程质量管理条例》规定，建设单位在领取施工许可证或者开工报告前，应当按照国家有关规定办理工程质量监督手续。**参考答案：D。**

（2017年真题）在乡、村庄规划区内进行乡村公共设施和公益事业建设时，应当办理（　　）。

A. 乡村建设规划许可证　　B. 乡村建设工程规划许可证
C. 乡村建设用地规划许可证　　D. 土地性质变更登记手续

解析 在城市、镇规划区内，规划许可证包括建设用地规划许可证和建设工程规划许可证。在乡、村庄规划区内进行乡镇企业、乡村公共设施和公益事业建设的，须核发乡村建设规划许可证。**参考答案：A。**

（2017 年真题）关于建筑工程项目申请领取施工许可证条件的说法，正确的有（　　）。

A. 有保证工程安全的总体部署
B. 成片开发的住宅小区工程已经委托监理
C. 应当经公安机关消防机构进行设计审核的建设工程消防设计已经审核合格
D. 施工图设计文件已通过审查
E. 有保证工程质量的具体措施

解析《建筑工程施工许可管理办法》规定，建设单位申请领取施工许可证，应当具备下列条件，并提交相应的证明文件：①依法应当办理用地批准手续的，已经办理该建筑工程用地批准手续；②在城市、镇规划区的建筑工程，已经取得建设工程规划许可证；③施工场地已经基本具备施工条件，需要征收房屋的，其进度符合施工要求；④已经确定施工企业；⑤有满足施工需要的技术资料，施工图设计文件已按规定审查合格；⑥有保证工程质量和安全的具体措施；⑦按照规定应当委托监理的工程已委托监理；⑧建设资金已经落实；⑨法律、行政法规规定的其他条件。《建设工程质量管理条例》明确规定，下列建设工程必须实行监理：①国家重点建设工程；②大中型公用事业工程；③成片开发建设的住宅小区工程；④利用外国政府或者国际组织贷款、援助资金的工程；⑤国家规定必须实行监理的其他工程。因此，对于上述规定中应当委托监理的工程已委托监理是申办施工许可的基本条件之一。目前，已增加的施工许可证申领条件主要是消防设计审核。2008 年 10 月经修改后颁布的《消防法》规定，依法应当经公安机关消防机构进行消防设计审核的建设工程，未经依法审核或者审核不合格的，负责审批该工程施工许可的部门不得给予施工许可。**参考答案：B、C、D、E。**

应试指引

指引一：施工许可证的法定批准条件的具体规定主要见于《建筑法》和《建筑工程施工许可管理办法》。其中《建筑法》对施工许可证的法定批准条件规定了 8 个条件，《建筑工程施工许可管理办法》则规定了 9 个条件。通过一一对应关系表可以看出，《建筑工程施工许可管理办法》中对施工许可证的批准条件的表述比《建筑法》对应条件的表述更加细致和明确，即在《建筑法》已有条款的基础上作了进一步的规定，同时比《建筑法》的 8 个条件又额外新增了一条：按照规定应当委托监理的工程已委托监理。最新的《建筑工程施工许可管理办法》于 2014 年 10 月 25 日开始实施，因此在 2015 年以后的考试中，新版《建筑工程施工许可管理办法》的相关规定肯定纳入考试范畴，同时从命题角度来看，《建筑工程施工许可管理办法》中有关施工许可证批准条件的可考知识点比《建筑法》对应内容更

应试指引

加丰富。因此，在后续复习中，考生应重点关注《建筑工程施工许可管理办法》中有关施工许可证的法定批准条件及相关内容解读（这里也应注意新版《建筑工程施工许可管理办法》与旧版《建筑工程施工许可管理办法》在法定批准条件中的表述之间的差别）。

潜在考点一：《建筑工程施工许可管理办法》明确规定：建设工期不足1年的，到位资金原则上不得少于工程合同价的50%；建设工期超过1年的，到位资金原则上不得少于工程合同价的30%。

潜在考点二：有保证工程质量和安全的具体措施。

《建筑工程施工许可管理办法》对“具体措施”作了进一步规定，施工企业编制的施工组织设计中有根据建筑工程特点制定的相应质量、安全技术措施，专业性较强的工程项目编制了专项质量、安全施工组织设计，并按照规定办理了工程质量、安全监督手续。

指引二：不同申请应由不同部门审批。

城市、县人民政府城乡规划部门审批：建设用地规划许可申请、建设工程规划许可申请

城市、县人民政府土地主管部门审批：用地申请。

县级以上人民政府建设行政主管部门审批：施工许可证申请。

潜在考点一：建设单位在取得建设用地规划许可证后，方可向县级以上地方人民政府土地主管部门申请用地，经县级以上人民政府审批后，由土地主管部门划拨土地。

潜在考点二：建设用地规划许可证和建设工程规划许可证分别是申请用地和确认有关建设工程符合城市、镇规划要求的法律凭证。

疑难释义

释义一：实务中，申领施工许可证主要参照《建筑工程施工许可管理办法》规定的法定批准条件。建设行政主管部门不得再为申领施工许可证设置任何额外的前置条件，但法律、行政法规规定的其他条件除外。这里考生们一定要注意：是法律和行政法规规定的其他条件，不包含地方法规和部门规章。举例说明：根据《消防法》规定，依法应当经公安机关消防机构进行消防设计审核的建设工程，未经依法审核或者审核不合格的，负责审批该工程施工许可的部门不得给予施工许可，建设单位、施工单位不得施工，其他建设工程取得施工许可后经依法抽查不合格的，应当停止施工。因此，在实务操作中，建设行政主管部门将《建设工程消防设计审核意见书》作为申报施工许可证的前置条件是合理合法的，因为《消防法》是全国人大常务委员会制定颁布的，属于法律。考生们对此又会有疑问，上文提及的北京市申请房屋建筑工程施工许可证时，申报材料还包含

了其他材料，如各参建单位法定代表人授权书及各单位项目负责人工程质量终身责任承诺书原件等。这类“工程质量终身责任承诺书”既不属于法定批准的必备条件，也不属于法律、行政法规规定的其他条件。那这样的前置申领设置是否合法呢？我们来探究一下工程质量终身责任承诺书的来源。有关工程质量终身责任承诺书的规定主要来自《建筑工程五方责任主体项目负责人质量终身责任追究暂行办法》有关规定：“第八条：项目负责人应当在办理工程质量监督手续前签署工程质量终身责任承诺书，连同法定代表人授权书，报工程质量监督机构备案”。由此可知，在办理工程监督手续前，各方项目负责人应签署质量终身责任承诺书，并报质监部门备案。换言之，工程质量终身责任承诺书的提供是为办理工程监督手续，而并非施工许可证申领的前置条件。同样道理，前面提及的人防施工图备案回执原件或复印件和年度投资计划也都是前期立项和规划许可阶段需要提交的材料，也非是施工许可证申领的前置条件。相关的司法案例表明，住房城乡建设主管部门是肯定不能增设办理施工许可证的其他条件，地方法规原则也不能增设办理施工许可证的其他条件，但同时指出：如果该类地方法规设置的前置条件既符合立法精神，同时也不会给建设单位明显加重义务的情形，即使不属于“法律、行政法规”的范畴，也应该遵守。

举例说明：《江苏省散装水泥促进条例》第三十一条第二款规定：建设单位在办理建设工程规划许可证或者建设工程施工许可证（开工报告）之前，应当按照国家和省的规定预缴散装水泥专项资金。《江苏省发展新型墙体材料条例》第二十七条规定：新建、改建、扩建建筑工程的建设单位，应当在办理施工许可证前按照国家和省的规定，向所在地墙体材料管理机构预缴新型墙体材料专项基金。《江苏省散装水泥促进条例》和《江苏省发展新型墙体材料条例》都是江苏省人大常委会制定的地方性法规，理应不应该对施工许可证申领设置前置条件，但两部地方法规的立法目的在于提高能源利用效率、保护和改善环境，预缴散装水泥专项资金以及新型墙体材料专项基金的目的，也是旨在促进建设单位使用环保的建筑材料，从而达到节约资源能源、保护环境的目的。同时，收取的资金和基金属于预缴的性质，工程竣工以后，将根据情况进行清算返退，对建设单位也不是法外的费用负担，并没有因此明显加重建设单位的义务。基于此种情况的前置条件，建设单位也应遵循办理。

释义二：《建筑工程施工许可管理办法》于 2014 年实施了新版，因此在 2015 年及以后的考试应将以新版《建筑工程施工许可管理办法》作为考试依据。通过分析新版与旧版的对比表可发现，在部分条款的表述上，新版与旧版存在较大差异。这也是部分考生在做真题时遇到的困惑，因为《建筑工程施工许可管理办法》相应条款改了，所以对应某些年份的真题答案也随之变了。新版旧版对比详见表 1Z302010-5，对比表中的序号 3、5、8 条款为新、旧版变动的主要条款，考生应特别关注。如：序号 5 对应的条款，在旧版表述中是施工图设计文件已按规定进行了审查。而在新版表述中则是施工图设计文件已按规定审查合格。序号 8 对应的条款，新版比旧版多了一项：建设单位应当提供本单位截至申请之日无拖欠工程款情形的承诺书或者能够表明其无拖欠工程款情形的其他材料。这些都可以是出题老师出题的点，考生们应多关注。

新版与旧版《建筑工程施工许可管理办法》对比表　　表 1Z302010-5

序号	1999 版（2001 修正）	2014 版
有效期	2001 年 7 月 4 日～ 2014 年 10 月 24 日	2014 年 10 月 25 日起实施
1	已经办理该建筑工程用地批准手续	依法应当办理用地批准手续的，已经办理该建筑工程用地批准手续
2	在城市规划区的建筑工程，已经取得建设工程规划许可证	在城市、镇规划区的建筑工程，已经取得建设工程规划许可证
3	施工场地已经基本具备施工条件，需要拆迁的，其拆迁进度符合施工要求	施工场地已经基本具备施工条件，需要征收房屋的，其进度符合施工要求
4	已经确定施工企业。按照规定应该招标的工程没有招标，应该公开招标的工程没有公开招标，或者肢解发包工程，以及将工程发包给不具备相应资质条件的，所确定的施工企业无效	已经确定施工企业。按照规定应当招标的工程没有招标，应当公开招标的工程没有公开招标，或者肢解发包工程，以及将工程发包给不具备相应资质条件的企业的，所确定的施工企业无效
5	有满足施工需要的施工图纸及技术资料，施工图设计文件已按规定进行了审查	有满足施工需要的技术资料，施工图设计文件已按规定审查合格
6	有保证工程质量和安全的具体措施。施工企业编制的施工组织设计中有根据建筑工程特点制定的相应质量、安全技术措施，专业性较强的工程项目编制的专项质量、安全施工组织设计，并按照规定办理了工程质量、安全监督手续	有保证工程质量和安全的具体措施。施工企业编制的施工组织设计中有根据建筑工程特点制定的相应质量、安全技术措施。建立工程质量安全责任制并落实到人。专业性较强的工程项目编制了专项质量、安全施工组织设计，并按照规定办理了工程质量、安全监督手续
7	按照规定应该委托监理的工程已委托监理	按照规定应当委托监理的工程已委托监理
8	建设资金已经落实。建设工期不足一年的，到位资金原则上不得少于工程合同价的 50%，建设工期超过一年的，到位资金原则上不得少于工程合同价的 30%。建设单位应当提供银行出具的到位资金证明，有条件的可以实行银行付款保函或者其他第三方担保	建设资金已经落实。建设工期不足一年的，到位资金原则上不得少于工程合同价的 50%，建设工期超过一年的，到位资金原则上不得少于工程合同价的 30%。建设单位应当提供本单位截至申请之日无拖欠工程款情形的承诺书或者能够表明其无拖欠工程款情形的其他材料，以及银行出具的到位资金证明，有条件的可以实行银行付款保函或者其他第三方担保
9	法律、行政法规规定的其他条件	法律、行政法规规定的其他条件

释义三：《建设用地规划许可证》和《建设工程规划许可证》的区别如下。

《建设用地规划许可证》是建设单位在向土地管理部门申请征用、划拨土地前，经城市规划行政主管部门确认建设项目位置和范围符合城市规划的法定凭证，是建设单位用地的法律凭证。核发的目的是确保土地利用符合城市规划，维护建设单位按照城市规划使用土地的合法权益。

《建设工程规划许可证》是有关建设工程符合城市规划要求的法律凭证。其内容主要包括：用地项目名称、位置、宗地号以及子项目名称、建筑性质、栋数、层数、结构类型。核发的目的是确认有关建设活动的合法地位，保证有关建设单位和个人的合法权益。

高频考点三　延期开工、核验和重新办理批准的规定

高频指数：★★

考点解析

《建筑法》规定：建设单位应当自领取施工许可证之日起3个月内开工。因故不能按期开工的，应当向发证机关申请延期；延期以两次为限，每次不超过3个月。既不开工又不申请延期或者超过延期时限的，施工许可证自行废止。所谓“领取施工许可证之日”指建设行政主管部门将施工许可证交给建设单位之日，注意不是批准之日。

《建筑法》规定：在建的建筑工程因故中止施工的，建设单位应当自中止施工之日起1个月内，向发证机关报告，并按照规定做好建筑工程的维护管理工作。建筑工程恢复施工时，应当向发证机关报告；中止施工满1年的工程恢复施工前，建设单位应当报发证机关核验施工许可证。中止施工之日起1个月内需向发证机关报告；中止施工满1年的工程恢复施工前，需向发证机关核验施工许可证。实务中，建设单位自中止施工之日起一个月内应当持受监的质量安全监督机构认可的《建筑工程中止施工报告》向发证机关报告。报告内容包括中止施工的时间、原因、部位和维护管理措施等，报告应由建设单位、施工单位、监理单位和监督机构确认盖章。中止施工满一年的工程，因为停工时间较长，施工基本条件可能发生较大变化，因此需报发证机关核验。实务中，建设单位在向发证机关核验前，需向受监的质量安全监督机构申请现场质量安全现场措施审核，审核通过后，携带现场审核表和相关材料，向发证机关申请施工许可证核验。发证机关核验建设单位、施工单位和施工范围等内容的一致性，通过核验的，发证机关确认核验通过，不通过核验的，建设单位应当重新申请办理施工许可证。

真题再现

（2013年真题）根据《建筑法》，在建工程因故中止施工的，建设单位应当自中止施工之日起（　　）内，向施工许可证颁发机关报告，并按照规定做好建筑工程的维护管理工作。

A. 15天　　B. 1个月　　C. 2个月　　D. 3个月

解析 重新核验施工许可证的条件是：在建的建筑工程因故中止施工的，建设单位应当自中止施工之日起一个月内，向发证机关报告，并按照规定做好建筑工程的维护管理工作。建筑工程恢复施工时，应当向发证机关报告；中止施工满一年的工程恢复施工前，建设单位应当报发证机关核验施工许可证。**参考答案：B。**

（2015年真题）某建设单位于2014年2月1日领取施工许可证，由于某种原因工程未能

按期开工，该建设单位按照《建筑法》规定向发证机关申请延期，该工程最迟应当在（　　）开工。

A. 2014年3月1日　B. 2014年5月1日　C. 2014年8月1日　D. 2014年11月1日

解析《建筑法》规定，建设单位应当自领取施工许可证之日起3个月内开工。因故不能按期开工的，应当向发证机关申请延期；延期以两次为限，每次不超过3个月。既不开工又不申请延期或者超过延期时限的，施工许可证自行废止。本题中，建设单位于2月1日领取了施工许可证，意味着必须在3个月内，即5月1日之前开工。如若未能按期开工，则应当向发证机关申请延期，延期以两次为限，每次不超过3个月。即第一次延期时间为5月1日～8月1日，第二次延期时间为8月1日～11月1日。按规定，该建设单位最迟应当在11月1日之前开工。**参考答案：D。**

（2016年真题）建设单位领取施工许可后，因故不能按期开工又不申请延期或者超过延期时限的，关于其后果的说法，正确的是（　　）。

A. 发证机关核验施工许可证　　B. 发证机关收回施工许可证

C. 施工企业重新办理施工许可证　　D. 施工许可证自行废止

解析《建筑法》规定既不开工又不申请延期或者超过延期时限的，施工许可证自行废止。**参考答案：D。**

（2017年真题）关于施工许可制度的说法，正确的是（　　）。

A. 中止施工满1年经核验不符合条件的，应当收回其施工许可证

B. 领取施工许可证后因故不能按期竣工超过6个月的，施工许可证自行废止

C. 因故中止施工，恢复施工后1个月内应向发证机关报告

D. 批准开工报告的工程因故中止施工的，应当重新办理批准手续

解析 中止施工满1年的，在建设工程恢复施工前，建设单位还应当报发证机关核验施工许可证，看是否仍具备组织施工的条件，经核验符合条件的，应允许恢复施工，施工许可证继续有效；经核验不符合条件的，应当收回其施工许可证，不允许恢复施工，待条件具备后，由建设单位重新申领施工许可证，故A选项正确。施工许可证的有效与否与竣工时间无关，故B选项错误。《建筑法》规定，在建的建筑工程因故中止施工的，建设单位应当自中止施工之日起1个月内，向发证机关报告。故C选项错误。对于实行开工报告制度的建设工程，因故不能按期开工超过6个月的，应当重新办理开工报告的批准手续。故D选项错误。**参考答案：A。**

应试指引

施工许可证申请延期的考点非常集中，但理解上有一定难度，因此从命题的角度来看，越单一的知识点，出的题往往会越刁钻。这个知识点，主要需要考生掌握三个时间概念和三种不同情形。

应试指引

所谓三个时间概念如下：

第一个时间概念为：领取施工许可证之日起3个月内。这里考生应注意表述是领取施工许可证之日起，而不是批准施工许可证之日起。

第二个时间概念为：延期以两次为限，即最多只能延期两次。

第三个时间概念为：延期的每次时间不超过3个月，也即最多能延期6个月。

所谓三种不同情形如下：

即不同施工许可证的有效期情形，可以参照图1Z302010-1所示。如：施工许可证Ⅰ的有效期为3个月，即3个月内不开工也不申请延期。施工许可证Ⅱ的有效期为6个月，即3个月内不开工，但第三个月末开始申请延期，延期一次，并延期3个月，但延期一次后仍未开工，不再申请第二次延期。施工许可证Ⅲ的有效期为9个月，即3个月内不开工，但第三个月末开始申请延期，延期两次，共延期6个月，第二次延期后则不能再申请延期，如若仍未开工即作废。从上述分析可知，在一直不开工的情况下，施工许可证的最长有效期可达9个月。

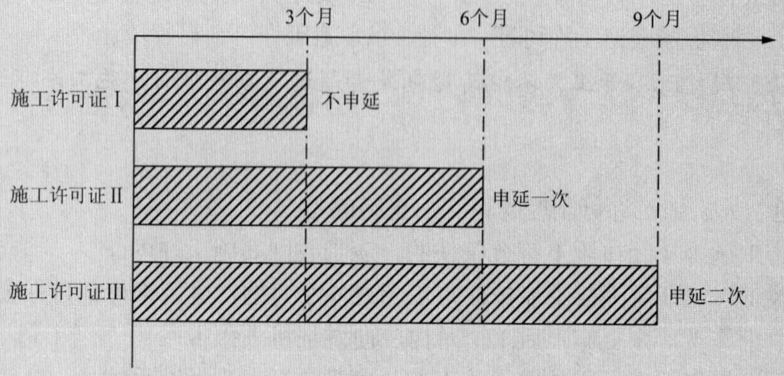

图1Z302010-1　不同施工许可证的有效期情形

总结：本考点主要考查的就是《建筑法》有关在建工程中止施工及核验施工许可证的规定。考生们应注意这么两个时间节点：①中止施工之日起1个月内；②中止施工满1年。这两个时间点对应的处理结果完全不一样，中止施工之日起1个月内，只需向发证机关报告并做好维护管理工作即可。但中止施工满1年则应当报发证机关核验施工许可证。这也比较好理解，因为中止施工满1年时，可能很多的客观条件都发生了变化，是否还能继续施工也就不好说了，因此才需要报发证机关重新核验。

疑难释义

释义一：施工许可证制度与开工报告制度

我国目前对建设工程开工条件的审批，主要采用“施工许可证制度”和“开工报告制度”。

多数工程采用“施工许可证制度”，只有少数部分工程采用“开工报告制度”。对于实行开工报告制度的建设工程，《建筑法》规定，按照国务院有关规定批准开工报告的建筑工程，因故不能按期开工或者中止施工的，应当及时向批准机关报告情况。因故不能按期开工超过6个月的，应当重新办理开工报告的批准手续。按照国务院有关规定批准开工报告的建筑工程，一般都属于大中型建设项目，如鸟巢、水立方、京沪高铁工程等。因此，在审查和管理制度上更严格。

释义二：中止与终止

中止，主要是说某行为未完全结束而于期间停住（存在继续的可能和条件）、某个法律时效暂时停止计算（之后继续计算）等一种进行中突然暂时停止的情形。终止，主要是说某行为无论是否发生预期效果都完全停止，不再继续；或者某个法律时效停止计算。

所谓中止施工，是指建设工程开工后，在施工过程中因特殊情况的发生而中途停止施工的一种行为。中止施工的原因很复杂，如地震、洪水等不可抗力，以及宏观调控压缩基建规模、停建缓建建设工程等。这里特别注意中止非终止。前者指因故暂时停止，后者则指完全停止。换言之，中止可以发展到终止，注意考试时务必审清题干。

高频考点四 违法行为应承担的法律责任

高频指数：★

考点解析

办理施工许可证或者开工报告违法行为应承担主要法律责任见表1Z302010-6。

违法行为应承担的主要法律责任 表1Z302010-6

违法行为	具体表现形式	处罚依据	处罚措施
未经许可，擅自开工	建设单位未取得施工许可证或者开工报告未经批准擅自施工的	《建筑法》；《建设工程质量管理条例》	责令停止施工，限期改正，处工程合同价款1%以上2%以下的罚款
规避办理施工许可证	未取得施工许可证	《建筑工程施工许可管理办法》	由有管辖权的发证机关责令停止施工，限期改正，对建设单位处工程合同价款1%以上2%以下罚款；对施工单位处3万元以下罚款
	为规避办理施工许可证将工程项目分解后擅自施工		
骗取和伪造施工许可证	采用欺骗、贿赂等不正当手段取得施工许可证	《建筑工程施工许可管理办法》	由原发证机关撤销施工许可证，责令停止施工，并处1万元以上3万元以下罚款；构成犯罪的，依法追究刑事责任
	隐瞒有关情况或者提供虚假材料申请施工许可证		
	建设单位伪造或者涂改施工许可证		

真题再现

（2014 年真题）关于办理施工许可证违法行为法律责任的说法，正确的是（　　）。

A. 对于为规避办理施工许可证将工程项目分解后擅自施工的，由有管辖权的发证机关责令改正，对于不符合开工条件的，责令停止施工，并对建设单位和施工单位分别处以罚款

B. 对于未取得施工许可证擅自施工的，由发证机关责令停止施工，并对建设单位和施工单位分别处以罚款

C. 对于采用虚假证明文件骗取施工许可证的，施工许可证自行废止并由发证机关对责任单位处以罚款

D. 对于采用虚假证明文件骗取施工许可证的，由原发证机关收回施工许可证，责令改正，并对责任单位处以罚款

解析 本题为 2014 年真题，采用的仍为 1999 版《建筑工程施工许可管理办法》（2001 修正），按照新版的教材是找不到答案的。从真题的命题角度来分析，这类题型主要考查的是考生对具体处罚条款细节的把握。如 A、B 选项，考查的是“对于未取得施工许可证或者为规避办理施工许可证的”处罚原则，正确条款的表述应为：对于未取得施工许可证或者为规避办理施工许可证将工程项目分解后擅自施工的，由有管辖权的发证机关责令改正，对于不符合开工条件的责令停止施工，并对建设单位和施工单位分别处以罚款。B 选项中出现的错误在于：先是由有管辖权的发证机关责令改正，对于不符合开工条件的才责令停止施工。具体罚款额度在后续条款中做了补充说明（1999 版《建筑工程施工许可管理办法》第十三条：本办法中的罚款，法律、法规有幅度规定的从其规定。无幅度规定的，有违法所得的处 5000 元以上 30000 元以下的罚款，没有违法所得的处 5000 元以上 10000 元以下的罚款）。C、D 选项，考查的是“对于采用虚假证明文件骗取施工许可证的”处罚原则，正确的条款表述应为：对于采用虚假证明文件骗取施工许可证的，由原发证机关收回施工许可证，责令停止施工，并对责任单位处以罚款；构成犯罪的，依法追究刑事责任。C 选项错在“注销施工许可证”的表述，应为“原发证机关收回施工许可证”。D 选项错在“责令整改”，应为“责令停止施工”。**参考答案：A。**

应试指引

新版教材在该考点变化较大，原因是新版《建筑工程施工许可管理办法》已于 2014 年 10 月 25 日开始实施，而 2014 版在“规避办理施工许可证”和“骗取和伪造施工许可证”两方面的违法行为应承担的法律责任较之前旧版作了全新的规定。因此，教材编写内容也随之发生了变化。不过从 2014 年相应真题里可以看出，该类考点考得非常细，主要考查考生对条款细节的把控。如撤销、收回或者注销的字眼区别，不同违法行为面临的处罚罚款额等，都会是考试考查的点。这里需要考生注意的是：规避办理施工许可证处罚的对象是建设单位和施工单位；骗取

应试指引

和伪造施工许可证处罚的对象仅是建设单位。这也很好理解，规避办理施工许可证说明已经开始施工，建设单位和施工单位一个是主动的规避，一个是被动的施工，都存在过错，当然都需要处罚。但骗取和伪造施工许可证仅为建设单位单方行为，所以也就只处罚建设单位了。

1Z302020 施工企业从业资格制度

本节导学

《建筑法》规定：从事建筑活动的建筑施工企业、勘察单位、设计单位和工程监理单位，应当具备下列条件：①有符合国家规定的注册资本；②有与其从事的建筑活动相适应的具有法定执业资格的专业技术人员；③有从事相关建筑活动所应有的技术装备；④法律、行政法规规定的其他条件。该法还规定：本法关于施工许可、建筑施工企业资质审查和建筑工程发包、承包、禁止转包，以及建筑工程监理、建筑工程安全和质量管理的规定，适用于其他专业建筑工程的建筑活动，具体办法由国务院规定。

《建设工程质量管理条例》进一步规定，施工单位应当依法取得相应等级的资质证书，并在其资质等级许可的范围内承揽工程。本条例所称建设工程，是指土木工程、建筑工程、线路管道和设备安装工程及装修工程。

2015年1月住房和城乡建设部经修改后发布的《建筑业企业资质管理规定》规定，建筑业企业是指从事土木工程、建筑工程、线路管道设备安装工程的新建、扩建、改建等施工活动的企业。

2016年10月住房和城乡建设部颁布的《关于简化建筑业企业资质标准部分指标的通知》要求，除各类别最低等级资质外，取消关于注册建造师、中级以上职称人员、持有岗位证书的现场管理人员、技术工人的指标考核。取消通信工程施工总承包三级资质标准中关于注册建造师的指标考核。

通过近5年的真题分析可知，企业资质的法定条件和等级知识点是本节历年考查的重点内容。本节近5年考情分析详见表1Z302020-1。

近5年考情分析　　表1Z302020-1

知识点		各年份分值				
		2013年	2014年	2015年	2016年	2017年
1Z302021	企业资质的法定条件和等级	0	2	2	2	4
1Z302022	禁止无资质或越级承揽工程的规定	1	0	1	1	0
1Z302023	禁止以他企业或他企业以本企业名义承揽工程	1	1	0	0	0
1Z302024	违法行为应承担的法律责任	0	0	0	0	0

本节主要涉及的法律文件为《建筑法》《建筑业企业资质管理规定》《建设工程质量管理条例》等。

高频考点　企业资质的法定条件和等级

高频指数：★★★★

考点解析

1. 施工企业资质的法定条件

《建筑业企业资质管理规定》规定：企业应当按照其拥有的资产、主要人员、已完成的工程业绩和技术装备等条件申请建筑业企业资质，经审查合格，取得建筑业企业资质证书后，方可在资质许可的范围内从事建筑施工活动。企业资质的法定条件及释义详见表1Z302020-2。

企业资质的法定条件　　表1Z302020-2

法定条件	释　义
有符合规定的净资产	企业净资产是指企业的资产总额减去负债以后的净额，即为可自由支配的资产
有符合规定的主要人员	建筑业企业应当拥有建造师及其他注册人员、工程技术人员、施工现场管理人员和技术工人等①
有符合规定的已完成工程业绩	特别注意是已完成的工程业绩，在建的不算。例如：一级资质需一项建筑面积12万m^2以上的建筑工程；二级资质需一项建筑面积6万m^2以上的建筑工程；三级资质不需要已完工程业绩。《关于简化建筑业企业资质标准部分指标的通知》：对于申请建筑工程、市政公用工程施工总承包特级、一级资质的企业，未进入全国建筑市场监管与诚信信息发布平台的企业业绩，不作为有效业绩认定
有符合规定的技术装备	企业应具有与承包工程范围相适应的施工机械和质量检测设备

注：①为了简化企业资质考核指标，2016年10月住房和城乡建设部颁布的《关于简化建筑业企业资质标准部分指标的通知》要求，除各类别最低等级资质外，取消关于注册建造师、中级以上职称人员、持有岗位证书的现场管理人员、技术工人的指标考核。提醒：三级资质仍考核上述人员指标。

2. 施工企业的资质序列、类别和等级

《建筑业企业资质管理规定》规定：建筑业企业资质分为施工总承包资质、专业承包资质、施工劳务资质三个序列，见表1Z302020-3。

施工企业资质序列　　表1Z302020-3

施工企业资质序列	类　别	等　级
施工总承包资质	12类①	特级、一级、二级和三级
专业承包资质	36类②	一级、二级和三级
施工劳务资质	不分	不分

注：①这12类分别是建筑工程施工总承包、公路工程施工总承包、铁路工程施工总承包、港口与航道工程施工总承包、水利水电工程施工总承包、电力工程施工总承包、矿山工程施工总承包、冶金工程施工总承包、石油化工工程施工总承包、市政公用工程施工总承包、通信工程施工总承包、机电工程施工总承包。

②这36类分别是地基基础工程专业承包、起重设备安装工程专业承包、预拌混凝土专业承包（不分等级）、电子与智能化工程专业承包（分一级和二级）、消防设施工程专业承包（分一级和二级）、防水防腐保温工程专业承包（分一级和二级）、桥梁工程专业承包、隧道工程专业承包、钢结构工程专业承包、模板脚手架专业承包（分一级和二级）、建筑装修装饰工程专业承包（分一级和二级）、建筑机电安装工程专业承包、建筑幕墙工程专业承包（分

一级和二级）、古建筑工程专业承包、城市及道路照明工程专业承包、公路路面工程专业承包、公路路基工程专业承包、公路交通工程专业承包（两个分项各分一级和二级）、铁路电务工程专业承包、铁路铺轨架梁工程专业承包（分一级和二级）、铁路电气化工程专业承包、机场场道工程专业承包（分一级和二级）、民航空管工程及机场弱电系统工程专业承包（分一级和二级）、机场目视助航工程专业承包（分一级和二级）、港口与海岸工程专业承包、航道工程专业承包、通航建筑物工程专业承包、港航设备安装及水上交管工程专业承包（分一级和二级）、水工金属结构制作与安装工程专业承包、水利水电机电安装工程专业承包、河湖整治工程专业承包、输变电工程专业承包、核工程专业承包（分一级和二级）、海洋石油工程专业承包（分一级和二级）、环保工程专业承包、特种工程专业承包（不分等级）[③]。

[③]特种工程专业承包资质包含的建筑物纠偏和平移、结构补强、特殊设备起重吊装、特种防雷等工程内容。其中，特种工程专业承包由省、自治区、直辖市人民政府住房城乡建设主管部门许可；预拌混凝土专业承包、模板脚手架专业承包则由企业工商注册所在地设区的市人民政府住房城乡建设主管部门许可。

我国对建筑业企业的资质管理实行分级实施与有关部门相配合的管理模式。《建筑业企业资质管理规定》中规定：国务院建设主管部门负责全国建筑业企业资质的统一监督管理。国务院铁路、交通、水利、信息产业、民航等有关部门配合国务院建设主管部门实施相关资质类别建筑业企业资质的管理工作。

3. 施工企业资质证书的申请、延续和变更

《建筑业企业资质管理规定》中规定：企业可以申请一项或多项建筑业企业资质。企业首次申请或增项申请资质，应当申请最低等级资质。资质证书有效期为 5 年，建筑业企业资质证书有效期届满，企业继续从事建筑施工活动的，应当于资质证书有效期届满 3 个月前，向原资质许可机关提出延续申请。企业在建筑业资质证书有效期内名称、地址、注册资本、法定代表人等发生变更的，应当在工商部门办理变更手续后 1 个月内办理资质证书变更手续。

真题再现

（2014 年真题）关于外商投资建筑企业承揽工程的说法，正确的有（　　）。

A. 项目投资中外资少于 50%，但因技术困难而不能由中国建筑企业独立实施，经国务院建设行政主管部门批准，可以由外资建筑业企业承包

B. 全部由外国投资、外国赠款、外国投资及赠款建设的工程可以由外资建筑业企业承包

C. 由中国投资，但因技术困难而不能由中国建筑企业独立实施的建设项目，经省级人民政府建设行政主管部门批准，可以由外资建筑业企业独立承揽

D. 承揽施工总承包工程的外商投资建筑业企业，建筑工程主体的施工必须由其自行完成

E. 外商投资建筑业企业与其他建筑业企业联合承包，应当按照资质等级高的企业的业务许可范围承包工程。

解析 外资建筑业企业只允许在其资质等级许可的范围内承包下列工程：①全部由外国投资、外国赠款、外国投资及赠款建设的工程；②由国际金融机构资助并通过根据贷款条款进行的国际招标授予的建设项目；③外资等于或者超过 50% 的中外联合建设项目，以及外资少于 50%，但因技术困难而不能由中国建筑企业独立实施，经省、自治区、直辖市人民

政府建设行政主管部门批准的中外联合建设项目；④由中国投资，但因技术困难而不能由中国建筑企业独立实施的建设项目，经省、自治区、直辖市人民政府建设行政主管部门批准,可以由中外建筑企业联合承揽。A选项错误在经国务院建设行政主管部门批准，因经省、自治区、直辖市人民政府建设行政主管部门批准。C选项错误在可以由外资建筑业企业独立承揽，应由中外建筑企业联合承揽。外商投资建筑业企业与其他建筑业企业联合承包，应当按照资质等级低的企业的业务许可范围承包工程，故E选项错误。**参考答案：B、D。**

（2015年真题）根据《建筑业企业资质管理规定》，在申请之日起前1年至资质许可决定作出前，出现下列情况的，资质许可机关不予批准其建筑业企业资质升级申请的有（　　）。

A. 与建设单位之间相互串通投标
B. 将承包的合同转包或违法分包
C. 发生过一起一般质量安全事故
D. 非法转让建筑业企业资质证书
E. 恶意拖欠分包企业工程款

解析 企业申请建筑业企业资质升级、资质增项，在申请之日起前1年至资质许可决定作出前，有下列情形之一的，资质许可机关不予批准其建筑业企业资质升级申请和增项申请：① 超越本企业资质等级或以其他企业的名义承揽工程，或允许其他企业或个人以本企业的名义承揽工程的；②与建设单位或企业之间相互串通投标，或以行贿等不正当手段谋取中标的；③未取得施工许可证擅自施工的；④将承包的工程转包或违法分包的；⑤违反国家工程建设强制性标准施工的；⑥恶意拖欠分包企业工程款或者劳务人员工资的；⑦隐瞒或谎报、拖延报告工程质量安全事故，破坏事故现场、阻碍对事故调查的；⑧按照国家法律、法规和标准规定需要持证上岗的现场管理人员和技术工种作业人员未取得证书上岗的；⑨未依法履行工程质量保修义务或拖延履行保修义务的；⑩伪造、变造、倒卖、出租、出借或者以其他形式非法转让建筑业企业资质证书的；⑪发生过较大以上质量安全事故或者发生过两起以上一般质量安全事故的；⑫其他违反法律、法规的行为。**参考答案：A、B、D、E。**

（2016年真题）关于施工企业资质证书的申请、延续和变更的说法，正确的是（　　）。

A. 企业首次申请资质应当申请最低等级资质，但增项申请资质不必受此限制
B. 施工企业发生合并需承继原建筑业企业资质的，不必重新核定建筑业企业资质等级
C. 被撤回建筑业企业资质的企业，可以在资质被撤回后6个月内，向资质许可证机关提出核定低于原等级同类别资质的申请
D. 资质许可机关逾期未做出资质准予延续决定的，视为准予延续

解析《建筑业企业资质管理规定》中规定，建筑业企业可以申请一项或多项建筑业企业资质，企业首次申请或增项申请资质，应当申请最低等级资质，故A选项错误。企业发生合并、分立、重组以及改制等事项，需承继原建筑业企业资质的，应当申请重新核定

建筑业企业资质等级，B 选项错误。被撤回建筑业企业资质证书的企业，可以在资质被撤回后 3 个月内，向资质许可机关提出核定低于原等级同类别资质的申请，故 C 选项错误。**参考答案：D。**

（2016 年真题）根据《建筑业企业资质管理规定》，由省级人民政府住房城乡建设主管部门办理的施工企业资质证书的变更结果，应当报国务院住房城乡建设主管部门备案。变更结果备案的时限标准为资质证书变更后（　　）日内。

A. 15　　B. 5　　C. 10　　D. 20

解析 由省、自治区、直辖市人民政府住房城乡建设主管部门办理的变更结果，应当在资质证书变更后 15 日内，报国务院住房城乡建设主管部门备案。**参考答案：A。**

（2017 年真题）关于企业申请资质条件中“净资产”的说法，正确的是（　　）。

A. 是指企业拥有的资产

B. 是指企业的注册资本金

C. 应当以企业申请资质前 3 年度财务报表中净资产的平均额为准

D. 即所有者权益

解析 企业净资产是指企业的资产总额减去负债以后的净额。净资产是属于企业所有并可以自由支配的资产，即所有者权益。**参考答案：D。**

（2017 年真题）可以撤销建筑业企业资质的情形是（　　）。

A. 企业取得资质后不再符合相应资质条件的

B. 企业取得资质后发生重大安全事故的

C. 资质许可机关违反法定程序准予资质许可的

D. 资质证书有效期到期后未及时办理续期手续的

解析 有下列情形之一的，资质许可机关应当撤销建筑业企业资质：①资质许可机关工作人员滥用职权、玩忽职守准予资质许可的；②超越法定职权准予资质许可的；③违反法定程序准予资质许可的；④对不符合资质标准条件的申请企业准予资质许可的；⑤依法可以撤销资质许可的其他情形。**参考答案：C。**

（2017 年真题）下列工程项目中，可以由外商投资建筑业企业承包的有（　　）。

A. 中国投资的建设项目

B. 外资占 45%，但技术难度大的建设项目

C. 全部由外国赠款建设的工程

D. 外资占 50% 的中外联合建设项目

E. 国际金融机构资助并通过根据贷款条款进行的国际招标授予的建设项目

解析 本题解析同 2014 年真题。**参考答案：C、D、E。**

应试指引

本高频考点的可考内容非常多，通过历年真题可以看出，目前已经考查过的内容涉及资质的法定条件，资质序列，施工企业资质证书的申请、延续和变更以及外商投资建筑业企业的相关内容，可谓范围广、内容多，复习难度非常大。但从教材内容设置来看，目前建筑业企业资质分类和资质许可方面的内容还未涉及，接下来考生可重点关注以下几个潜在考点。

潜在考点一：建筑业企业资质分类

建筑业企业资质分为施工总承包资质、专业承包资质、施工劳务资质三个序列。其中施工总承包资质细分为12类，且每一类分特级、一级、二级和三级；专业承包资质细分为36类，且每一类一般分一级、二级和三级（这里注意：是一般分为一级、二级、三级，有部分仅分一级、二级）；施工劳务资质不分级。

潜在考点二：建筑业企业资质的许可

国务院建设主管部门负责全国建筑业企业资质的统一监督管理。根据不同资质类别和等级，分别由国务院建设行政主管部门，省、自治区、直辖市人民政府住房城乡建设主管部门和设区的市人民政府住房城乡建设主管部门进行许可，即为三级（国家级、省级、市级）许可制。特别注意的是，省级和市级的行政许可机构必须是企业工商注册所在地。具体资质许可的权限详见表1Z302020-4。表1Z302020-4记忆量非常大，考生可将精力主要集中需由国务院建设主管部门许可和设区市政府建设行政主管部门许可的资质类别，则剩下的全为省、自治区、直辖市人民政府住房城乡建设主管部门许可。记忆大思路：国务院主要负责施工总承包特级、一级（含铁路施工总包二级和部分专业承包一、二级）；省级建设行政部门主要负责施工总承包二级和专业承包一级、二级（含部分总包三级、部分专业承包三级和特种工程专业承包资质）；市级建设行政部门主要负责施工总承包三级（不含部分总包三级）、专业承包资质序列三级（不含部分专业承包三级）、施工劳务资质和燃气燃烧器具安装、维修企业资质。

资质许可的权限　　表1Z302020-4

行政级别	许可内容	记忆技巧
国务院建设行政主管部门	（1）施工总承包序列特级资质、一级资质及铁路工程施工总承包资质二级资质； （2）专业承包资质序列：公路、水运、水利、铁路、民航方面的专业承包一级资质及铁路、民航方面的专业承包二级资质，涉及多个专业的专业承包一级资质	其中第2款可以记忆为：水（水运和水利）、路（公路和铁路）、空（民航）方面专业承包一级以及空（民航）、铁（铁路）方面专业承包二级
企业工商注册所在地省、自治区、直辖市人民政府住房城乡建设主管部门	（1）施工总承包资质序列二级资质及铁路、通信工程施工总承包三级资质； （2）专业承包资质序列一级资质（不含公路、水运、水利、铁路、民航方面的专业承包一级资质及涉及多个专业的专业承包一级资质）；	不特意记，考试时采用排除法

续上表

应试指引

行政级别	许可内容	记忆技巧
企业工商注册所在地省、自治区、直辖市人民政府住房城乡建设主管部门	（3）专业承包资质序列二级资质（不含铁路、民航方面的专业承包二级资质），铁路方面专业承包三级资质，特种工程专业承包资质	不特意记，考试时采用排除法
企业工商注册所在地设区的市人民政府建设行政主管部门	（1）施工总承包资质序列三级资质（不含铁路、通信工程施工总承包三级资质）； （2）专业承包资质序列三级资质（不含铁路方面专业承包资质）及预拌混凝土、模板脚手架专业承包资质； （3）施工劳务资质； （4）燃气燃烧器具安装、维修企业资质	①施工总包三级(不含铁、通)； ②专业承包三级(不含铁路)； ③驾驭气功（驾：脚手架；驭：预拌混凝土；气：燃气燃烧器；功：施工劳务）

疑难释义

2015年新版《建筑业企业资质管理规定》中将企业资质法定条件中的原规定的注册资本改为拥有的资产，把专业技术人员改为主要人员。《建筑业企业资质管理规定和资质标准实施意见》对此给出了具体解释对“企业资产”考核指标要求如下：企业净资产以企业申请资质前一年度或当期经审计的财务报表中净资产指标为准考核。首次申请资质的，以企业《营业执照》所载注册资本为准考核；申请多项资质的，企业净资产不累加计算考核，按企业所申请资质和已拥有资质标准要求的净资产指标最高值考核。企业主要人员包括注册执业人员、技术职称人员（包括技术负责人）、现场管理人员、技术工人等4类人员。

1Z302030 建造师注册执业制度

本节导学

执业资格制度是指对具有一定专业学历和资历并从事特定专业技术活动的专业技术人员，通过考试和注册确定其执业的技术资格，获得相应文件签字权的一种制度。通过近5年真题分析可知，本节知识点的内容较多，考点分布非常零碎，但在考试中考查的却非常少。因此，作者对本节内容不以“高频考点”形式进行编排。考虑到建造师注册执业制度应是每一位参加建造师考试或者建筑业从业人员必须了解的一项制度，故作者仅对本节做一个概括性的介绍。本节近5年考情分析见表1Z302030-1。

近 5 年考情分析　　　　表 1Z302030-1

知　识　点	各年份分值				
	2013 年	2014 年	2015 年	2016 年	2017 年
1Z302031　建设工程专业人员执业资格的准入管理	0	0	0	0	0
1Z302032　建造师考试、注册和继续教育的规定	1	1	2	0	0
1Z302033　建造师的受聘单位和执业岗位范围	0	1	0	1	1
1Z302034　建造师的基本权利和义务	2	0	0	0	0
1Z302035　违法行为应承担的法律责任	0	0	0	1	1

1. 建造师注册制度和《注册建造师管理规定》

我国工程建设领域最早建立的执业资格制度是注册建筑师制度，1995 年 9 月国务院颁布了《注册建筑师条例》，之后，相继建立了注册监理工程师、结构工程师、造价工程师等制度。2002 年 12 月原人事部（即现在的人力资源和社会保障部，下同）、建设部（即现在的住房和城乡建设部，下同）联合颁发了《建造师执业资格制度暂行规定》，标志着我国建造师制度的建立和建造师工作的正式启动。

注册建造师是指通过考核认定或考试合格取得中华人民共和国建造师资格证书，并按照规定注册，取得中华人民共和国建造师注册证书（图 1Z302030-1）和执业印章（图 1Z302030-2）。住房城乡建设部办公厅《关于征求注册建造师管理规定（征求意见稿）意见的函》于 2017 年 7 月发布，对原《注册建造师管理规定》（建设部令 153 号）进行了修订，发布了《注册建造师管理规定（征求意见稿）》。《注册建造师管理规定》（征求意见稿）规定，未取得注册建造师的，不得担任建设工程项目的施工单位技术负责人、项目负责人和项目技术负责人，不得以注册建造师的名义从事相关活动。

图 1Z302030-1　一级建造师执业资格证书

图 1Z302030-2　一级注册建造师执业印章

2017 年 7 月，住房城乡建设部就已实行 10 年的《注册建造师管理规定》公开征求修改意见，为了方便表述，将 2007 年实施的《注册建造师管理规定》简称为 2007 版，将《注册建造师管理规定（征求意见稿）》简称为 2017 版。表 1Z302030-2 将 2007 版与 2017 版内容做了对比，供考生参考。

2007版与2017版《注册建造师管理规定》对比 表1Z302030-2

2007版	2017版	释　义
本规定所称注册建造师，是指通过考核认定或考试合格取得中华人民共和国建造师资格证书（以下简称资格证书），并按照本规定注册，取得中华人民共和国建造师注册证书(以下简称注册证书)和执业印章，担任施工单位项目负责人及从事相关活动的专业技术人员； 未取得注册证书和执业印章的，不得担任大中型建设工程项目的施工单位项目负责人，不得以注册建造师的名义从事相关活动	本规定所称注册建造师，是指通过考核认定或考试合格取得中华人民共和国建造师资格证书（以下简称资格证书），并按照本规定注册，取得中华人民共和国建造师注册证书（以下简称注册证书），担任施工单位项目负责人、项目技术负责人及从事相关活动的专业技术人员； 未取得注册证书的，不得担任建设工程项目的施工单位技术负责人、项目负责人和项目技术负责人，不得以注册建造师的名义从事相关活动	（1）2017版对要求取得注册建造师证书的人员扩大为施工单位技术负责人、项目负责人和项目技术负责人； （2）2017版要求所有建设项目（不分大中小型项目）都需要由取得建造师证书的人员担任相关岗位的角色
注册证书与执业印章有效期为3年	注册证书有效期为5年	（1）2017版将有效期由3年增至5年； （2）2017版取消“执业印章”，即除去“执业印章”是注册建造师的执业凭证
注册建造师应当履行下列义务： …… （三）保证执业成果的质量，并承担相应责任	注册建造师应当履行下列义务： …… （三）保证执业成果的质量，并承担相应责任，对工程质量终身负责	2017版强调对工程质量终身负责
隐瞒有关情况或者提供虚假材料申请注册的，建设主管部门不予受理或者不予注册，并给予警告，申请人1年内不得再次申请注册	隐瞒有关情况或者提供虚假材料申请注册的，住房城乡建设主管部门不予受理或者不予注册，1年内不得再次申请注册，作为不良记录计入诚信档案	2017版将不良行为记录计入诚信档案
申请人有下列情形之一的，不予注册： …… （八）在申请注册之日前3年内担任项目经理期间，所负责项目发生过重大质量和安全事故的	申请人有下列情形之一的，不予注册： …… （八）在申请注册之日前3年内担任项目负责人、项目技术负责人期间，所负责项目发生过较大以上质量和安全事故的	2017版针对较大以上质量和安全事故，即较大、重大和特别重大质量和安全事故，都是不予注册的范围，相比2007版新增较大事故

除了上述内容以外，还有如下修订内容：

（1）注册条件要求。建造师首次注册，征求意见稿没有提出“提供社会保险证明原件”的要求，需要提供“申请人与聘用单位签订的聘用劳动关系有效证明”，而被记入不良行为的申请人，重新申请注册的，征求意见稿强调“自申请之日起前3个月的社会保险证明原件”的要求。

（2）明确一级建造师和二级建造师承接项目规模。工程施工项目负责人和技术负责人必须由本专业注册建造师担任。一级注册建造师可担任大、中、小型工程施工项目负责人，二级注册建造师可以承担中、小型工程施工项目负责人。其中，大、中型工程施工项目负责人和技术负责人不得由一名建造师兼任。注册建造师执业工程范围和规模标准另行制定。

（3）明确二级建造师全国执业。一级注册建造师可在全国范围内以一级注册建造师名义执业。通过二级建造师资格考核认定，或参加全国统考取得二级建造师资格证书并经注册人员，可在全国范围内以二级注册建造师名义执业。工程所在地各级建设主管部门和有关部门不得增设或者变相设置跨地区承揽工程项目执业准入条件。

（4）继续教育。注册建造师应当按照注册建造师继续教育规划，参加培训机构或企业自行组织的继续教育培训。注册建造师达到继续教育要求的，负责培训的组织应当出具证明材料，并对证明的真实性负责。

（5）注册建造师证书推行电子证书，具体办法另行规定。目前部分省份如浙江、河南已试行注册建造师电子证书。2017 版征求意见稿一旦实施，这一举措应该会推广到全国。

2. 建造师的“挂靠”问题

（1）四库一平台

“四库一平台”又名“全国建筑市场监管公共服务平台”，可由住房和城乡建设部网站首页左侧引导栏直接进入（图 1Z302030-3），其中“四库”指的是企业数据库基本信息库、注册人员数据库基本信息库、工程项目数据库基本信息库、诚信信息数据库基本信息库；“一平台”就是一体化工作平台。四库互联互通，以身份证可以查人员，以单位名可以查人员，以人员可以查单位。作用是解决数据多头采集、重复录入、真实性核实、项目数据缺失、诚信信息难以采集、市场监管与行政审批脱离、“市场与现场”两场无法联动等问题，保证数据的全面性、真实性、关联性和动态性，全面实现全国建筑市场“数据一个库、监管一张网、管理一条线”的信息化监管目标。“四库一平台”的架构如图 1Z302030-4 所示。

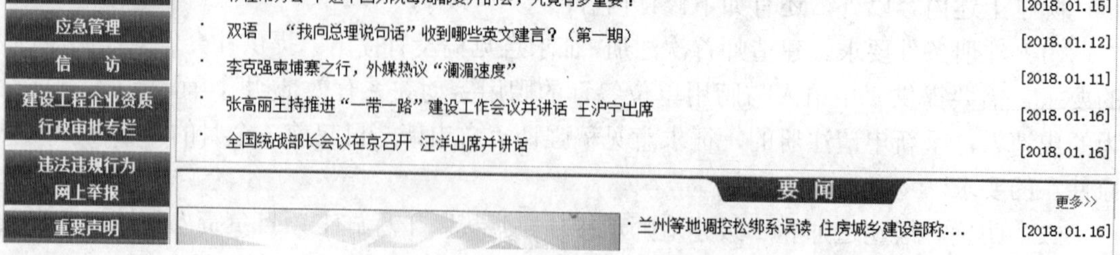

图 1Z302030-3 住房和城乡建设部网站首页

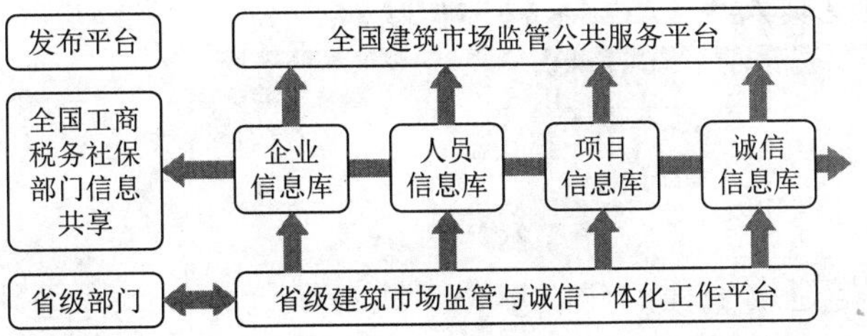

图 1Z302030-4 “四库一平台”架构示意图

（2）“挂靠”的打击和治理

2017 年 4 月，人保部印发《关于集中治理职业资格证书挂靠行为的通知》，部署打击多领域证书挂靠问题。近年来，随着“四库一平台”进一步的完善，对于“挂证”的市场监管力度持续加大，住建部网站频繁公布一级注册建造师因“挂证”被撤销注册的许可，理由主要是存在以欺骗手段取得一级建造师注册证书的行为。按照《注册建造师管理规定》，以欺骗、贿赂等不正当手段取得注册证书的，由注册机关撤销其注册，3 年内不得再次申请注册。2017 版《注册建造师管理规定（征求意见稿）》实施后，该种不良行为还将作为不良记录计入诚信档案。

目前，全国已有 31 个省级一体化平台与住房和城乡建设部中央数据库实现实时互联互通，初步实现建筑市场“数据一个库、监管一张网、管理一条线”的信息化监管目标。随着“四库一平台”的进一步完善，“人证分离”的挂靠现象将无处遁形。同时，人力资源社会保障部办公厅下发的《关于开展全民参保登记信息系统建设的通知》（人社厅发〔2015〕86 号）指出，2017 年底前实现对参加全民参保登记地区的数据全覆盖，这也将成为治理“挂靠”等不良现象的一把利器。

1Z303000

建设工程发承包法律制度

本章导学

建设工程发包是建设工程的建设单位（或总承包单位）将建设工程任务通过发包方式，交付给具有法定从业资格的单位完成，并按照合同约定支付报酬的行为，发包分为招标发包和直接发包。建设工程承包是具有法定从业资格的单位依法承揽建设工程任务，通过签订合同确立双方的权利与义务，按照合同约定取得相应报酬，并完成建设工程任务的行为。建设工程发承包法律制度包括建设工程招标投标制度、建设工程承包制度、建筑市场信用体系建设三节内容。通过近5年的考情分析可知，本章分值比重呈现下降趋势，2017年仅考了12分。随着《国务院办公厅关于促进建筑业持续健康发展的意见》《国务院办公厅关于全面治理拖欠农民工工资问题的意见》《国务院办公厅关于清理规范工程建设领域保证金的通知》《住房城乡建设部关于进一步推进工程总承包发展的若干意见》等一系列文件的颁布，本章内容将会做较多调整，估计2018年考试中，其分值比重将会有小幅上升。本章近5年考情分析和章节架构如下所示。

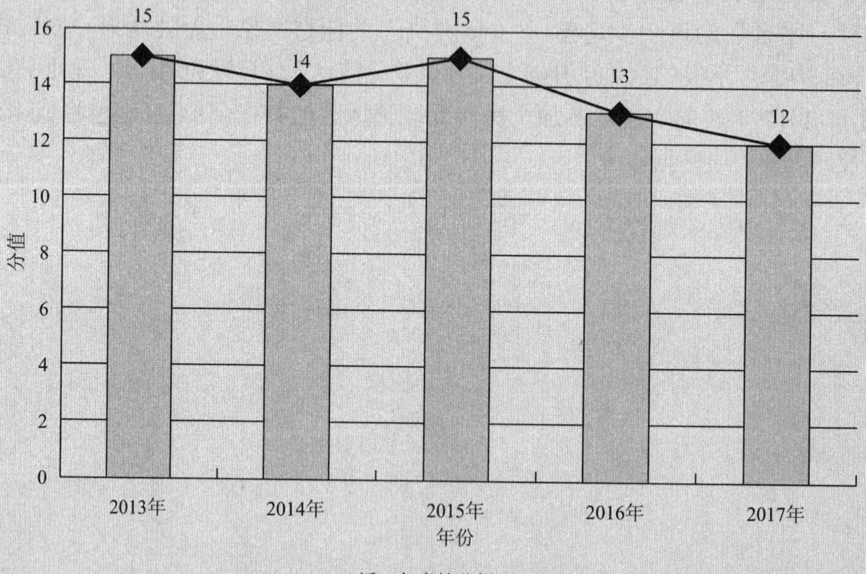

近5年考情分析

章节架构

	章节架构	近5年平均分值
1Z303000 建设工程发承包法律制度	1Z303010　建设工程招标投标制度	5.8
	1Z303020　建设工程承包制度	4.6
	1Z303030　建筑市场信用体系建设	3.4

1Z303010 建设工程招标投标制度

本节导学

建设工程招标投标是建设单位对拟建的建设工程项目通过法定的程序和方式吸引承包单位进行公平竞争，并从中选择条件优越者来完成建设工程任务的行为。这是在市场经济条件下常用的一种建设工程项目交易方式。建设工程招标投标制度是建设工程领域中一项非常重要的制度，也是一级建造师考试考查的重要知识点。近5年考情分析详见表1Z303010-1。

近5年考情分析　　表1Z303010-1

知识点	各年份分值				
	2013年	2014年	2015年	2016年	2017年
1Z303011　建设工程法定招标的范围、招标方式和交易场所	0	0	1	2	0
1Z303012　招标基本程序和禁止肢解发包、限制排斥投标人的规定	2	2	3	2	3
1Z303013　投标人、投标文件的法定要求和投标保证金	1	1	1	1	0
1Z303014　禁止串通投标和其他不正当竞争行为的规定	0	2	0	0	3
1Z303015　联合体投标的规定	1	0	0	0	0
1Z303016　中标的法定要求和招标投标投诉处理	1	1	1	0	1
1Z303017　违法行为应承担的法律责任	0	0	0	0	0

本节主要涉及法律文件为《招标投标法》《招标投标法实施条例》《工程建设项目招标范围的规模标准规定》等。

高频考点一　建设工程法定招标的范围、招标方式和交易场所

高频指数：★

考点解析

《中华人民共和国招标投标法》对必须招标的工程建设项目（包括项目的勘察、设计、施工、监理以及与工程建设有关的重要设备、材料等的采购）进行了规定，具体包括：①大型基础设施、公用事业等关系社会公共利益、公众安全的项目；②全部或者部分使用国有资金投资或者国家融资的项目；③使用国际组织或者外国政府贷款、援助资金的项目。

《工程建设项目招标范围和规模标准规定》进一步对上述三类项目范围进行了明确。同时在上述规定范围内的各类工程建设项目，包括项目的勘察、设计、施工、监理以及与

工程建设有关的重要设备、材料等的采购，达到下列标准之一的，必须进行招标：①施工单项合同估算价在人民币 200 万元以上的；②重要设备、材料等货物的采购，单项合同估算价在人民币 100 万元以上的；③勘察、设计、监理等服务的采购，单项合同估算价如在人民币 50 万元以上的；④单项合同估算价低于第①、②、③项规定的标准，但项目总投资额在人民币 3000 万元以上的。

由上述条款可知，只要符合上述条款的项目或者项目的相关环节采购，都必须依法招标。我国《招标投标法》只对特殊的建设项目允许不招标，如涉及国家安全、国家秘密、抢险救灾或者属于利用扶贫资金实行以工代赈、需要使用农民工等。同时，《招标投标法实施条例》还规定，除《招标投标法》规定可以不进行招标的特殊情况外，有下列情形之一的，可以不进行招标：①需要采用不可替代的专利或者专有技术；②采购人依法能够自行建设、生产或者提供；③已通过招标方式选定的特许经营项目投资人依法能够自行建设、生产或者提供；④需要向原中标人采购工程、货物或者服务，否则将影响施工或者功能配套要求；⑤国家规定的其他特殊情形。

真题再现

（**2015 年真题**）关于工程建设项目是否必须招标的说法，正确的是（　　）。

A. 使用国有企业事业单位自有资金的工程建设项目必须进行招标

B. 施工单项合同估算价为人民币 100 万元，但项目总投资额为人民币 2000 万元的工程建设项目必须进行招标

C. 需要采用专利或专有技术的建设工程项目可以不进行招标

D. 利用扶贫资金实行以工代赈、需要使用农民工的建设工程项目可以不进行招标

解析 使用国有企业事业单位自有资金，并且国有资产投资者实际拥有控制权的项目，属于全部或者部分使用国有资金投资项目的一类，必须进行招标。A 选项中的表述不全，故不正确。《工程建设项目招标范围和规模标准规定》规定，施工单项合同估算价在人民币 200 万元以上的，或者单项规模不达标但总投资额在人民币 3000 万元以上的，要求必须招标，故 B 选项错误。《招标投标法实施条例》规定需要采用不可替代的专利或者专有技术的可以不进行招标。这里特别注意“不可替代”，因此 C 选项错误。《招标投标法》规定涉及国家安全、国家秘密、抢险救灾或者属于利用扶贫资金实行以工代赈、需要使用农民工等可以不进行招标。**参考答案：D。**

（**2016 年真题**）关于电子招标投标的说法，正确的有（　　）。

A. 投标人在投标截止时间前可以撤回投标文件

B. 数据电文形式与纸质形式的招标投标活动具有同等法律效力

C. 投标截止时间后送达的投标文件，电子招标投标平台不得拒收

D. 依法必须进行公开招标项目的招标公告应当在电子招标投标交易平台和国家指定的招标公告媒介同步发布

E. 投标人应当在投标截止时间前完成投标文件的传输递交，但不可补充、修改投标文件

解析 投标人应当在投标截止时间前完成投标文件的传输递交，并可以补充、修改或者撤回投标文件，故A选项正确，E选项错误。《电子招标投标办法》规定，电子招标投标活动是指以数据电文形式，依托电子招标投标系统完成的全部或者部分招标投标交易、公共服务和行政监督活动。数据电文形式与纸质形式的招标投标活动具有同等法律效力，故B选项正确。投标截止时间前未完成投标文件传输的，视为撤回投标文件。投标截止时间后送达的投标文件，电子招标投标交易平台应当拒收，故C选项错误。依法必须进行公开招标项目的上述相关公告应当在电子招标投标交易平台和国家指定的招标公告媒介同步发布，故D选项正确。**参考答案：A、B、D。**

应试指引

招标范围及规模的知识点主要考查考生对于招标范围及规模的记忆和理解。《招投标法》作为上位法主要是规定必须招标的范围（也可以理解为必须招标的建设项目类型），而具体必须招标的规模则由《工程建设项目招标范围和规模标准规定》进一步明确。同时，《招标投标法》及《招标投标实施条例》还规定了可不招标的情形，上述所有内容总结见表1Z303010-2。

招标范围　　表1Z303010-2

情形	条款	来源
必须招标的建设项目类型	大型基础设施、公用事业等关系社会公共利益、公众安全的项目	《招标投标法》
	全部或者部分使用国有资金投资或者国家融资的项目	《招标投标法》
	使用国际组织或者外国政府贷款、援助资金的项目	《招标投标法》
必须招标的项目规模	施工单项合同估算价在人民币200万元以上的	《工程建设项目招标范围和规模标准规定》
	重要设备、材料等货物的采购，单项合同估算价在人民币100万元以上的	《工程建设项目招标范围和规模标准规定》
	勘察、设计、监理等服务的采购，单项合同估算价在人民币50万元以上的	《工程建设项目招标范围和规模标准规定》
	达不到上述规模，但项目总投资额在人民币3000万元以上的	《工程建设项目招标范围和规模标准规定》
可以不招标的情形	涉及国家安全、国家秘密、抢险救灾	《招标投标法》
	属于利用扶贫资金实行以工代赈、需要使用农民工	《招标投标法》
	需要采用不可替代的专利或者专有技术	《招标投标法实施条例》
	采购人依法能够自行建设、生产或者提供	《招标投标法实施条例》
	已通过招标方式选定的特许经营项目投资人依法能够自行建设、生产或者提供	《招标投标法实施条例》
	需要向原中标人采购工程、货物或者服务，否则将影响施工或者功能配套要求	《招标投标法实施条例》

疑难释义

由于2000年5月《工程建设项目招标范围和规模标准规定》(以下简称《规定》)设置的招标范围和规模标准是依据当时的经济社会发展水平和物价水平确定的，随着我国经济社会的不断发展，上述情况已发生了变化，《规定》设置的强制招标范围、标准限额显得过宽、过低，有些情况下增加了市场主体的负担，在当前招投标市场体系不断健全，建筑行业利润水平普遍较低的情况下，有必要对《规定》加以修改。因此，《必须招标的工程项目规定》经国务院批准，自2018年6月1日起实施。将《规定》中的必须招标的项目规模进行了修改，见表1Z303010-3。

《规定》修改对比　　表1Z303010-3

《工程建设项目招标范围和规模标准规定》(2000年5月)	《必须招标的工程项目规定》
施工单项合同估算价在200万元人民币以上的	施工单项合同估算价在400万元人民币以上的
重要设备、材料等货物的采购，单项合同估算价在100万元人民币以上的	重要设备、材料等货物的采购，单项合同估算价在200万元人民币以上的
勘察、设计、监理等服务的采购，单项合同估算价在50万元人民币以上的	勘察、设计、监理等服务的采购，单项合同估算价在100万元人民币以上的
单项合同估算价低于上述项规定的标准，但项目总投资额在人民币3000万元以上的	删除

需要考生注意的是，2018版建造师法规教材仍采用《工程建设项目招标范围和规模标准规定》(2000年5月)有关必须招标的规模规定。

高频考点二　招标基本程序和禁止肢解发包、限制排斥投标人的规定

高频指数：★★★★

考点解析

《招标投标法》规定：招标投标活动应当遵循公开、公平、公正和诚实信用的原则。招标基本程序的考点非常分散，几乎在每一个招标的流程中都会涉及，总结考点见表1Z303010-4。

招标基本程序考点　　表1Z303010-4

基本程序	重要知识点
履行项目审批手续	按照国家有关规定需要履行项目审批、核准手续的依法必须进行招标的项目，其招标范围、招标方式、招标组织形式应当报项目审批、核准部门审批、核准。项目审批、核准部门应当及时将审批、核准确定的招标范围、招标方式、招标组织形式通报有关行政监督部门
委托招标代理机构	招标代理机构应当具备下列条件：(1)有从事招标代理业务的营业场所和相应资金；(2)有能够编制招标文件和组织评标的相应专业力量；(3)有符合法定条件、可以作为评标委员会成员人选的技术、经济等方面的专家库

续上表

基本程序	重要知识点
编制招标文件及标底	（1）招标人对已发出的招标文件进行必要的澄清或者修改的，应当在招标文件要求提交投标文件截止时间至少15日前，以书面形式通知所有招标文件收受人； （2）招标人应当确定投标人编制投标文件所需要的合理时间，但是，依法必须进行招标的项目，自招标文件开始发出之日起至投标人提交投标文件截止之日止，最短不得少于20日； （3）澄清或者修改的内容可能影响资格预审申请文件或者投标文件编制的，招标人应当在提交资格预审申请文件截止时间至少3日前，或者投标截止时间至少15日前，以书面形式通知所有获取资格预审文件或者招标文件的潜在投标人；不足3日或者15日的，招标人应当顺延提交资格预审申请文件或者投标文件的截止时间。 （4）招标人应当在招标文件中载明投标有效期。投标有效期从提交投标文件的截止之日起算； （5）潜在投标人或者其他利害关系人对招标文件有异议的，应当在投标截止时间10日前提出。招标人应当自收到异议之日起3日内作出答复； （6）住房和城乡建设部2013年12月发布的《建筑工程施工发包与承包计价管理办法》中规定，国有资金投资的建筑工程招标的，应当设有最高投标限价；非国有资金投资的建筑工程招标的，可以设有最高投标限价或者招标标底； （7）全部使用国有资金投资或者以国有资金投资为主的建筑工程，应当采用工程量清单计价；非国有资金投资的建筑工程，鼓励采用工程量清单计价
发布招标公告或投标邀请书	（1）招标人不得以不合理的条件限制或者排斥潜在投标人，不得对潜在投标人实行歧视待遇； （2）资格预审文件或者招标文件的发售期不得少于5日
资格审查	（1）资格审查分为资格预审和资格后审； （2）依法必须进行招标的项目提交资格预审申请文件的时间，自资格预审文件停止发售之日起不得少于5日； （3）通过资格预审的申请人少于3个的，应当重新招标
开标	（1）开标应当在招标文件确定的提交投标文件截止时间的同一时间公开进行；开标地点应当为招标文件中预先确定的地点； （2）开标由招标人主持，邀请所有投标人参加； （3）投标人少于3个的，不得开标，招标人应当重新招标
评标	（1）依法必须进行招标的项目，其评标委员会由招标人的代表和有关技术、经济等方面的专家组成，成员人数为5人以上单数，其中技术、经济等方面的专家不得少于成员总数的三分之二； （2）评标委员会可以要求投标人对投标文件中含义不明确的内容做必要的澄清或者说明，但是澄清或者说明不得超出投标文件的范围或者改变投标文件的实质性内容。评标委员会应当按照招标文件确定的评标标准和方法，对投标文件进行评审和比较，设有标底的，应当参考标底； （3）评标委员会经评审，认为所有投标都不符合招标文件要求的，可以否决所有投标； （4）招标项目设有标底的，招标人应当在开标时公布。标底只能作为评标的参考，不得以投标报价是否接近标底作为中标条件，也不得以投标报价超过标底上下浮动范围作为否决投标的条件； （5）有下列情形之一的，评标委员会应当否决其投标：①投标文件未经投标单位盖章和单位负责人签字；②投标联合体没有提交共同投标协议；③投标人不符合国家或者招标文件规定的资格条件；④同一投标人提交两个以上不同的投标文件或者投标报价，但招标文件要求提交备选投标的除外；⑤投标报价低于成本或者高于招标文件设定的最高投标限价；⑥投标文件没有对招标文件的实质性要求和条件做出响应；⑦投标人有串通投标、弄虚作假、行贿等违法行为

续上表

基本程序	重要知识点
中标和签订合同	(1) 招标人根据评标委员会提出的书面评标报告和推荐的中标候选人确定中标人。招标人也可以授权评标委员会直接确定中标人; (2) 招标人和中标人应当自中标通知书发出之日起30日内,按照招标文件和中标人的投标文件订立书面合同; (3) 当事人就同一建设工程另行订立的建设工程施工合同与经过备案的中标合同实质性内容不一致的,应当以备案的中标合同作为结算工程价款的根据
终止招标	招标人终止招标的,应当及时发布公告,或者以书面形式通知被邀请的或者已经获取资格预审文件、招标文件的潜在投标人。已经发售资格预审文件、招标文件或者已经收取投标保证金的,招标人应当及时退还所收取的资格预审文件、招标文件的费用,以及所收取的投标保证金及银行同期存款利息

真题再现

(2013年真题)根据《工程建设项目施工招标投标办法》,下列情形应按废标处理的有(　　)。

A. 投标人未按照招标文件要求提交投标保证金

B. 投标文件逾期送达或者未送达指定地点

C. 投标文件未按招标文件要求密封

D. 投标文件无单位盖章并无单位负责人签字

E. 联合体投标未附联合体各方共同投标协议

解析《工程建设项目施工招标投标办法》(七部委〔2003〕30号令)规定,投标文件有下列情形之一的,招标人不予受理:①逾期送达的或者未送达指定地点的;②未按招标文件要求密封的。投标文件有下列情形之一的,由评标委员会初审后按废标处理:①无单位盖章并无法定代表人或法定代表人授权的代理人签字或盖章的;②未按规定的格式填写,内容不全或关键字迹模糊、无法辨认的;③投标人递交两份或多份内容不同的投标文件,或在一份投标文件中对同一招标项目报有两个或多个报价,且未声明哪一个有效,按招标文件规定提交备选投标方案的除外;④投标人名称或组织结构与资格预审时不一致的;⑤未按招标文件要求提交投标保证金的;⑥联合体投标未附联合体各方共同投标协议的。由上述知,按废标处理的情形只有A、D、E选项的情形,B、C选项的情形则属于招标人不予受理的情形。**参考答案:A、D、E。**

备注:《工程建设项目施工招标投标办法》(七部委〔2003〕30号令)在2013年经过修订,文号变更为九部委〔2013〕23号令。同时,新教材已经将这部分内容的表述改为:有下列情形之一的,评标委员会应当否决其投标。目前,九部委〔2013〕23号令颁布后,招投标体系里再无"废标"提法,均改为"否决其投标"或者"其投标被否决"。

(2014年真题)根据《招标投标法》,开标的主持者是(　　)。

A. 建设行政主管部门　　B. 招标代理机构

C. 招标人　　D. 投标人推选的代表

解析《招标投标法》规定，开标由招标人主持，邀请所有投标人参与。**参考答案：C。**

（2014 年真题）关于评标的说法，正确的是（　　）。

A. 招标委员会可以向招标人征询确定中标人的意向

B. 招标项目设有标底的，可以投标报价是否接近标底作为中标条件

C. 评标委员会成员拒绝在评标报告上签字的，视为不同意评标结果

D. 投标文件中有含义不明确的内容、明显文字或计算错误的，评标委员会可以要求投标人做出必要澄清、说明

解析 评标委员会成员不得私下接触投标人，不得收受投标人给予的财物或者其他好处，不得向招标人征询确定中标人的意向，不得接受任何单位或者个人明示或者暗示提出的倾向或者排斥特定投标人的要求，不得有其他不客观、不公正履行职务的行为，故 A 选项错误。招标项目设有标底的，招标人应当在开标时公布。标底只能作为评标的参考，不得以投标报价是否接近标底作为中标条件，也不得以投标报价超过标底上下浮动范围作为否决投标的条件。故 B 选项错误。评标报告应当由评标委员会全体成员签字。对评标结果有不同意见的评标委员会成员应当以书面形式说明其不同意见和理由，评标报告应当注明该不同意见。评标委员会成员拒绝在评标报告上签字又不书面说明其不同意见和理由的，视为同意评标结果，故 C 选项错误。投标文件中有含义不明确的内容、明显文字或者计算错误的，评标委员会认为需要投标人做出必要澄清、说明的，应当书面通知该投标人。投标人的澄清、说明应当采用书面形式，并不得超出投标文件的范围或者改变投标文件的实质性内容，故 D 选项正确。**参考答案：D。**

（2015 年真题）某高速公路项目进行招标，开标后允许（　　）。

A. 评标委员会要求投标人以书面形式澄清含义不明确的内容

B. 投标人再增加优惠条件

C. 投标人撤销投标文件

D. 招标人更改招标文件中说明的评标定标办法

解析 建设工程招标的基本程序主要包括：履行项目审批手续、委托招标代理机构、编制招标文件及标底、发布招标公告或投标邀请书、资格审查、开标、评标、中标和签订合同，以及终止招标等。评标过程中，评标委员会可以要求投标人对投标文件中含义不明确的内容作必要的澄清或者说明，但是澄清或者说明不得超出投标文件的范围或者改变投标文件的实质性内容。除了评标委员会要求澄清外，投标人不得再对投标文件及相关内容做任何修改。同时，评标委员会也不得接受投标人主动提出的澄清、说明。**参考答案：A。**

（2015 年真题）根据《招标投标法》和相关法律法规，下列评标委员会的做法中，正确的有（　　）。

A. 以所有招标都不符合招标文件的要求为由，否决所有投标

B. 拒绝招标人在评标时提出新的评标要求

C. 按照招标人的要求倾向特定投标人

D. 在评标报告中注明评标委员会成员对评标结果的不同意见

E. 以投标报价超过标底上下浮动范围为由否决投标

解析 根据《招标投标法》规定，评标委员会经评审，认为所有投标都不符合招标文件要求的，可以否决所有投标，故A选项正确。根据《招标投标法》规定，标委员会应当按照招标文件确定的评标标准和方法，对投标文件进行评审和比较。可知，评标委员会可以拒绝招标人在评标时提出的新的评标要求，故B选项正确。《招标投标法》规定，评标委员会成员应当客观、公正地履行职务，遵守职业道德。《招标投标法实施条例》规定，评标委员会成员不得私下接触投标人，不得收受投标人给予的财物或者其他好处，不得向招标人征询确定中标人的意向，不得接受任何单位或者个人明示或者暗示提出的倾向或者排斥特定投标人的要求，不得有其他不客观、不公正履行职务的行为，故C选项错误。《招标投标法实施条例》规定：对评标结果有不同意见的评标委员会成员应当以书面形式说明其不同意见和理由，评标报告应当注明该不同意见，故D选项正确。《招标投标法实施条例》规定，标底只能作为评标的参考，不得以投标报价是否接近标底作为中标条件，也不得以投标报价超过标底上下浮动范围作为否决投标的条件。故E选项错误。**参考答案：A、B、D。**

（**2016年真题**）关于评标的说法，正确的是（　　）。

A. 评标委员会认为所有投标都不符合招标文件要求的，可以否决所有投标

B. 招标项目设有标底的，可以以投标报价是否接近标底作为中标条件

C. 评标委员会成员拒绝在评标报告上签字的，视为不同意评标结果

D. 投标文件中有含义不明确的内容的，评标委员会可以口头要求投标人做出必要澄清，说明

解析 根据《招标投标法》规定，评标委员会经评审，认为所有投标都不符合招标文件要求的，可以否决所有投标，故A选项正确。招标项目设有标底的，招标人应当在开标时公布。标底只能作为评标的参考，不得以投标报价是否接近标底作为中标条件，也不得以投标报价超过标底上下浮动范围作为否决投标的条件。故B选项错误。评标报告应当由评标委员会全体成员签字。对评标结果有不同意见的评标委员会成员应当以书面形式说明其不同意见和理由，评标报告应当注明该不同意见。评标委员会成员拒绝在评标报告上签字又不书面说明其不同意见和理由的，视为同意评标结果，故C选项错误。投标文件中有含义不明确的内容、明显文字或者计算错误，评标委员会认为需要投标人做出必要澄清、说明的，应当书面通知该投标人，故D选项错误。**参考答案：A。**

（**2016年真题**）关于招标文件的说法，正确的是（　　）。

A. 招标人可以在招标文件中设定最高投标限价和最低投标限价

B. 潜在招标人对招标文件有异议的，应当在投标截止时间15日前提出

C. 招标人应当在招标文件中载明投标有效期，投标有效期从提交投标文件的截止之日算起

D. 招标人对已经发出的招标文件进行必要的澄清的，应当在投标截止时间至少10日之前，通知所有获取招标文件的潜在招标人

解析 招标人设有最高投标限价的，应当在招标文件中明确最高投标限价或者最高投标限价的计算方法。招标人不得规定最低投标限价，故A选项错误。潜在投标人或者其他利害关系人对招标文件有异议的，应当在投标截止时间10日前提出，故B选项错误。招标人对已发出的招标文件进行必要的澄清或者修改的，应当在招标文件要求提交投标文件截止时间至少15日前，以书面形式通知所有招标文件收受人，故D选项错误。

参考答案：C。

（2017年真题）关于评标规则的说法，正确的是（　　）。

A. 评标委员会成员的名单可在开标前予以公布

B. 投标文件未经投标单位盖章和负责人签字的，评标委员会应当否决其投标

C. 招标项目的标底应当在中标结果确定前公布

D. 评标委员会确定的中标候选人至少3个，并标明顺序

解析 评标委员会成员的名单在中标结果确定前应当保密，故A选项错误。招标项目设有标底的，招标人应当在开标时公布，故C选项错误。评标完成后，评标委员会应当向招标人提交书面评标报告和中标候选人名单。中标候选人应当不超过3个，并标明排序，故D选项错误。**参考答案：B。**

（2017年真题）根据《招标投标法实施条例》，招标人的下列行为中属于以不合理条件限制、排斥投标人的有（　　）。

A. 就同一招标项目向投标人提供有差别的项目信息的

B. 明示或暗示投标人，为特定投标人中标提供方便的

C. 授意投标人撤换、修改投标文件的

D. 限定或者指定特定的专利、商标、品牌的

E. 向特定投标人泄露标底的

解析 招标人有下列行为之一的，属于以不合理条件限制、排斥潜在投标人或者投标人：①就同一招标项目向潜在投标人或者投标人提供有差别的项目信息；②设定的资格、技术、商务条件与招标项目的具体特点和实际需要不相适应或者与合同履行无关；③依法必须进行招标的项目以特定行政区域或者特定行业的业绩、奖项作为加分条件或者中标条件；④对潜在投标人或者投标人采取不同的资格审查或者评标标准；⑤限定或者指定特定的专利、商标、品牌、原产地或者供应商；⑥依法必须进行招标的项目非法限定潜在投标人或者投标人的所有制形式或者组织形式；⑦以其他不合理条件限制、排斥潜在投标人或者投标人。

参考答案：A、D。

应试指引

本高频考点的所有知识点都零散在《招标投标法》和《招标投标法实施条例》里。这部分内容不仅在法规考试中涉及较多分值，在实务考试中有关招标投标案例的考查也会涉及。考生应熟悉表 1Z303010-4 的相关内容，特别是带下划线的一些关键的时间点和高频考查点。招标程序中的法定时间要求总结见表 1Z303010-5。

法定时间要求　　表 1Z303010-5

情　　形	时间要求
招标人发出（第一份）招标文件	提交投标文件截止时间 20 日前
招标人发售资格预审、招标文件	≥5 日
招标人澄清、修改招标文件	提交投标文件截止时间 15 日前
中标候选人公示	≥3 日
签订合同	≤发出中标通知书后 30 日

疑难释义

《招标投标法实施条例》第二十七条规定："招标人不得规定最低投标限价。"至于为何禁止最低投标限价，官方给出的解释是因为投标人的竞争能力和完成招标项目的个别成本具有很大差异，为了保证充分竞争，促进技术管理进步，节省采购成本，本条明确规定招标人不得设置最低投标限价，即不允许作出"低于最低限价的投标报价为无效投标"等规定。为了防止投标人以低于成本的报价竞争，可以通过对投标价格的分析论证来判断其是否低于成本，包括参考标底、其他投标人的报价，以及投标人的证明材料等，而不能统一设定最低限价。

在实践中，如果采用"最低投标价法"但又不能违反法律法规统一设定"最低限价"，这便会给如何界定承包商的投标价是否"低于成本的报价"界定带来很大的困难。可是，要采用"经评审的最低投标价法"就必须解决这个难题，各地区也尝试采用了一些方法。如在一些地区评标中由造价咨询单位根据预算定额规定和市场价格计算出工程造价，并根据不同性质的工程，确定最大可下浮浮动率。还有一些地区的做法是工程量清单配基价，将基价作为平均行业成本，再组织力量调查各类企业能够承担的最大下降幅度，将此下降幅度乘以基价，即可得出"最小的工程个别成本"，作为确定"低于成本的报价"的依据。实际上借鉴会计学、统计学等有关学科的原理和方法，特别是引入企业财务指标作为判定投标人的投标报价是否低于成本的依据，以增加界定投标人成本的客观性和科学性，不失为解决问题的一个思路。

高频考点三　投标人、投标文件的法定要求和投标保证金

高频指数：★★

考点解析

投标保证金是指投标人按照招标文件的要求向招标人出具的，以一定金额表示的投标责任担保。其实质是为了避免因投标人在投标有效期内随意撤回、撤销投标或中标后不能提交履约保证金和签署合同等行为而给招标人造成损失。投标保证金的考点非常集中，主要都在《招标投标实施条例》里，总结见表 1Z303010-6。

投标保证金考点汇总　　表 1Z303010-6

考点类型	条　款
有效期问题	投标保证金有效期应当与投标有效期一致
保证金的上限	投标保证金不得超过招标项目估算价的 2%
保证金的形式	现金或者支票形式，从其基本账户转出
招标人义务	不得挪用投标保证金
提出保证金的阶段	实行两阶段招标的，招标人要求投标人提交投标保证金的，应当在第二阶段提出
投标保证金的退还时间及利息	（1）招标人应当及时退还所收取的投标保证金及银行同期存款利息； （2）投标人撤回已提交的投标文件，招标人已收取投标保证金的，应当自收到投标人书面撤回通知之日起 5 日内退还； （3）招标人最迟应当在书面合同签订后 5 日内向中标人和未中标的投标人退还投标保证金及银行同期存款利息
投标保证金的没收	投标截止后投标人撤销投标文件的，招标人可以不退还投标保证金

真题再现

（2013 年真题）根据《招标投标法》，投标人补充、修改或者撤回已提交的投标文件，并书面通知招标人的时间期限应在（　　）。

A. 评标截止时间前　　B. 评标开始前

C. 提交投标文件的截止时间前　　D. 投标有效期内

解析《招标投标法》规定，投标人在招标文件要求投标文件的截止时间前，可以补充、修改或者撤回已提交的投标文件，并书面通知招标人。**参考答案：C。**

（2014 年真题）关于投标保证金的说法，正确的是（　　）。

A. 投标保证金有效期应当与投标有效期一致

B. 投标保证金不得超过招标项目估算价的 10%

C. 实行两阶段招标的，招标人要求投标人提交投标保证金的，应当在第一阶段提出

D. 投标截止后投标人撤销投标文件的，招标人应当退还投标保证金，但无需支付银行同期存款利息

解析《招标投标法实施条例》规定，投标保证金有效期应当与投标有效期一致，故A选项正确。《招标投标法实施条例》规定，招标人在招标文件中要求投标人提交投标保证金的，投标保证金不得超过招标项目估算价的2%，故B选项错误。《招标投标法实施条例》规定，实行两阶段招标的，招标人要求投标人提交投标保证金的，应当在第二阶段提出，故C选项错误。《招标投标法实施条例》规定，招标人终止招标，已经收取投标保证金的，招标人应当及时退还所收取的投标保证金及银行同期存款利息。投标人撤回已提交的投标文件，招标人已收取投标保证金的，应当自收到投标人书面撤回通知之日起5日内退还。投标截止后投标人撤销投标文件的，招标人可以不退还投标保证金，故D选项错误。**参考答案：A。**

（2015年真题）某工程施工招标项目估算价为5000万元，其投标保证金不得超过（　　）万元。

A. 80　　B. 100　　C. 150　　D. 200

解析《招标投标法实施条例》规定，招标人在招标文件中要求投标人提交投标保证金的，投标保证金不得超过招标项目估算价的2%。因此投标保证金计算的上限为：5000×2%=100（万元）。**参考答案：B。**

备注：2017年教材中新增了《工程建设项目施工招标投标办法》（七部委30号令）的相关规定，投标保证金不得超过项目估算价的2%，但最高不得超过80万元人民币。因此，结合两部法律法规的规定，本题在2017年之后的考试中参考答案应为80万。

（2016年真题）关于投标保证金的说法，正确的是（　　）。

A. 投标保证金有效期应当与投标有效期一致

B. 招标人最迟应在书面合同签订后10日内向中标人退还投标保证金

C. 投标截止后投标人撤销投标文件的，招标人应当返还投标保证金

D. 依法必须进行招标的项目的境内投标单位，以现金形式提交投标保证金的，可以从其任一账户转出

解析 投标保证金有效期应当与投标有效期一致，故A选项正确；招标人最迟应当在书面合同签订后5日内向中标人和未中标的投标人退还投标保证金及银行同期存款利息，故B选项错误。投标截止后投标人撤销投标文件的，投标保证金不予退回，所以C选项错误。依法必须进行招标的项目的境内投标单位，以现金或者支票形式提交的投标保证金应当从其基本账户转出。招标人不得挪用投标保证金，故D选项错误。**参考答案：A。**

应试指引

投标保证金的考点比较集中，也非常受出题老师青睐。几乎把教材里有关投标保证金的知识点都考了一遍，因此复习起来也非常有针对性。后期有关投标保证金的考点也主要集中在上述表1Z303010-6汇总的考点里。更大可能性的，是与招标基本程序的考点进行混组，增加解题的难度。本知识点需要特别注意的是，

应试指引

2017 年版，2018 年版教材新增了《工程建设项目施工招标投标办法》（七部委 30 号令）的相关规定，具体内容为：

2013 年经修改后发布的《工程建设项目施工招标投标办法》进一步规定，投标保证金不得超过项目估算价的 2%，但最高不超过 80 万元人民币。因此，在 2018 年考试中，若遇到投标保证金限额计算，如果涉及施工项目，应考虑 80 万限额。

例 1：某工程施工招标项目估算价为 5000 万元，其投标保证金不得超过（　　）万元。

A.80　　B.100　　C.150　　D.200

答案：A，即 Min{2%，80}=80（万元）。

例 2：某工程设计招标项目估算价为 5000 万元，其投标保证金不得超过（　　）万元。

A.80　　B.100　　C.150　　D.200

答案：B，即 5000×2%=100（万元）。

疑难释义

投标保证金的上限是否要以 80 万元为上限？

《招标投标法实施条例》规定：招标人在招标文件中要求投标人提交投标保证金的，投标保证金不得超过招标项目估算价的 2%。《工程建设项目施工招标投标办法》（七部委 30 号令）规定：投标保证金不得超过项目估算价的 2%，但最高不得超过 80 万元。那么到底是否要考虑 80 万元上限？

首先《招标投标法实施条例》属于行政法规，《工程建设项目施工招标投标办法》（七部委 30 号令）属于部门规章。根据法律位阶关系，很显然《招标投标法实施条例》属于《工程建设项目施工招标投标办法》（七部委 30 号令）的上位法。因此，下位法出现与上位法相抵触的条款，理应按上位法执行。《招标投标法实施条例》和《工程建设项目施工招标投标办法》（七部委 30 号令）有关投标保证金占项目估算价的比例是一致的，都是 2%，唯独不同的是《工程建设项目施工招标投标办法》（七部委 30 号令）多了一个 80 万元上限的规定。这 80 万元上限的规定并没有与上位法"投标保证金不得超过招标项目估算价的 2%"的条款相抵触，而是对上位法条款在特定项目（施工项目）的进一步限定。举例说明：如果某一个施工项目估算价为 5000 万元，按《招标投标法实施条例》计算，其投标保证金不得超过 5000×2%=100（万元）。但按《工程建设项目施工招标投标办法》（七部委 30 号令）规定，则投标保证金不得超过 80 万。很显然，只要不超过《工程建设项目施工招标投标办法》（七部委 30 号令）规定，那么肯定就不会超过《招标投标法实施条例》的相关规定。因此，可以认为《工程建设项目施工招标投标办法》（七部委 30 号令）是施工招标领域内对投标保证金更为严格的控制，更好地保护了投标人，而并非与上位法《招标投标法实施条例》有所冲突。当然，这里考生们应该注意的是，《工程建设项目施工招标投标办法》（七部委30号令）第二条说得很清楚：在中华人民共和国境内进行工程施工招标投标活动，适用本办法。因此，该部门规章只针对施工项目的招投标活动，非施工项目仍应该按照项目估算价2%上限的规定执行。

高频考点四　中标的法定要求和招标投标投诉处理

高频指数：★★

考点解析

表1Z303010-7将中标的法定要求进行了总结。

中标的法定要求知识点汇总　　表1Z303010-7

考点类型	条　款
公示中标候选人	（1）依法必须进行招标的项目，招标人应当自收到评标报告之日起3日内公示中标候选人，公示期不得少于3日； （2）投标人或者其他利害关系人对依法必须进行招标的项目的评标结果有异议的，应当在中标候选人公示期间提出
确定中标人	（1）招标人根据评标委员会提出的书面评标报告和推荐的中标候选人确定中标人。招标人也可以授权评标委员会直接确定中标人； （2）在确定中标人前，招标人不得与投标人就投标价格、投标方案等实质性内容进行谈判； （3）国有资金占控股或者主导地位的依法必须进行招标的项目，招标人应当确定排名第一的中标候选人为中标人。排名第一的中标候选人放弃中标、因不可抗力不能履行合同、不按照招标文件要求提交履约保证金，或者被查实存在影响中标结果的违法行为等情形，不符合中标条件的，招标人可以按照评标委员会提出的中标候选人名单排序依次确定其他中标候选人为中标人，也可以重新招标
中标通知书和报告招标投标情况	依法必须进行招标的项目，招标人应当自确定中标人之日起15日内，向有关行政监督部门提交招标投标情况的书面报告
履约保证金	履约保证金不得超过中标合同金额的10%

真题再现

（2013年真题）根据《招标投标实施条例》，国有资金占控股或主导地位的依法必须进行招标的项目，关于确定中标人的说法，正确的是（　　）。

A. 评标委员会应当确定投标价格最低的投标人为中标人

B. 评标委员会应当以最接近标底价格的投标人确定为中标人

C. 招标人应该确定排名第一的中标候选人为中标人

D. 招标人可以从评标委员会推荐的前三名中标候选人中确定中标人

解析《招标投标法实施条例》规定：国有资金占控股或者主导地位的依法必须进行招标的项目，招标人应当确定排名第一的中标候选人为中标人。**参考答案：C。**

（**2014 年真题**）根据《招标投标法实施条例》，国有资金占控股地位的依法必须进行招标的项目，关于如何确定中标人的说法，正确的是（　　）。

A. 招标人可以确定任何一名中标候选人为中标人

B. 招标人可以授权评标委员会直接确定中标人

C. 排名第一的中标候选人放弃中标，必须重新招标

D. 排名第一的中标候选人被查实不符合条件的，应当重新招标

解析《招标投标法实施条例》规定，国有资金占控股或者主导地位的依法必须进行招标的项目，招标人应当确定排名第一的中标候选人为中标人。A 选项的表述为可以确定，在表述上有瑕疵，故 A 选项错误。《招标投标法》规定，招标人根据评标委员会提出的书面评标报告和推荐的中标候选人确定中标人，招标人也可以授权评标委员会直接确定中标人，故 B 选项正确。《招标投标法实施条例》规定：排名第一的中标候选人放弃中标、因不可抗力不能履行合同、不按照招标文件要求提交履约保证金，或者被查实存在影响中标结果的违法行为等情形，不符合中标条件的，招标人可以按照评标委员会提出的中标候选人名单排序依次确定其他中标候选人为中标人，也可以重新招标，C 选项表述为必须重新招标，D 选项表述为应当重新招标，都属于表述有瑕疵，故 C、D 选项都错误。**参考答案：B。**

（**2015 年真题**）依法必须招标的建设项目，招标人应当自确定中标人之日起（　　）日内，向有关行政监督部门提交招标投标情况的书面报告。

A. 15　　B. 20　　C. 30　　D. 60

解析 依法必须进行招标的项目，招标人应当自确定中标人之日起 15 日内，向有关行政监督部门提交招标投标情况的书面报告。**参考答案：A。**

（**2017 年真题**）关于确定中标人的说法，正确的是（　　）。

A. 投标人不得授权评标委员会直接确定中标人

B. 排名第一的中标候选人放弃中标的，招标人必须重新招标

C. 确定中标人选前，招标人可以就投标价格与投标人进行谈判

D. 国有资金占控股地位的依法必须进行招标的项目，招标人应当确定排名第一的中标候选人为中标人

解析 招标人可以授权评标委员会直接确定中标人，故 A 选项错误。排名第一的中标候选人放弃中标、因不可抗力不能履行合同、不按照招标文件要求提交履约保证金，或者被查实存在影响中标结果的违法行为等情形，不符合中标条件的，招标人可以按照评标委员会提出的中标候选人名单排序依次确定其他中标候选人为中标人，也可以重新招标。因此，

招标人可以按候选人名单排序依次确定，也可以选择重新招标，故B选项表述错误。在确定中标人前，招标人不得与投标人就投标价格、投标方案等实质性内容进行谈判，故C选项错误。**参考答案：D。**

应试指引

本高频考点近几年的考试中主要集中在“确定中标人”这一环节。而公示中标候选人与履约保证金环节都没涉及。考生在后续复习中可以重点关注这两块近几年未考过的内容。

指引一： 出题时可以直接考查考生对数字的记忆，如中标候选人应自收到评标报告几日内进行公示？公示期不得少于几日？

知识点：依法必须进行招标的项目，招标人应当自收到评标报告之日起3日内公示中标候选人，公示期不得少于3日。

指引二： 出题时可以以直接问答的形式问投标人或者其他利害关系人对依法必须进行招标的项目的评标结果有异议的，应在什么阶段提出？或者提供一种错误选项，如：投标人或者其他利害关系人对依法必须进行招标的项目的评标结果有异议的，应当在中标候选人公示期间提出。

知识点：投标人或者其他利害关系人对依法必须进行招标的项目的评标结果有异议的，应当在评标期间提出。

指引三： 出题时可能会偷换概念，比如提供一种错误选项：履约保证金不得超过项目估算金额的10%，考生们应该学会辨析。

知识点：履约保证金不得超过中标合同金额的10%。

疑难释义

2017年8月29日，发改委发布关于《关于修改〈招标投标法〉〈招标投标法实施条例〉的决定》（征求意见稿）公开征求意见的公告。其中《实施条例》中有关中标方式变化较大，详见表1Z303010-8。

《招标投标法实施条例》修改前后对照 表1Z303010-8

现行条例	修改草案
第五十五条 国有资金占控股或者主导地位的依法必须进行招标的项目，招标人应当确定排名第一的中标候选人为中标人。排名第一的中标候选人放弃中标、因不可抗力不能履行合同、不按照招标文件要求提交履约保证金，或者被查实存在影响中标结果的违法行为等情形，不符合中标条件的，招标人可以按照评标委员会提出的中标候选人名单排序依次确定其他中标候选人为中标人，也可以重新招标。	**第五十五条 招标人根据评标委员会提出的书面评标报告和推荐的中标候选人确定中标人。招标人也可以授权评标委员会直接确定中标人，或者在招标文件中规定排名第一的中标候选人为中标人，并明确排名第一的中标候选人不能作为中标人的情形和相关处理规则。** **依法必须进行招标的项目，招标人根据评标委员会提出的书面评标报告和推荐的中标候选人自行确定中标人的，应当在向有关行政监督部门提交的招标投标情况书面报告中，说明其确定中标人的理由。**

注：条文中加框部分为修订草案删去内容，黑体字部分为修改内容。

与原条文相比，新的修改旨在将确定中标人的权利还于招标人。对于非必须招标的项目，修改稿鼓励招标人在招标文件中提前明确排名第一的候选人不得中标的情形、处理规则，此规定为招标人事后定标制造了限制。而对于必须招标的项目，招标人的自行定标需要向有关行政监督部门提交书面报告。因此，本次修改稿在一定程度上放开了原本对于招标人自行定标的限制。但出于保证建筑市场规范化发展的目的，仍对“自行定标”做了监管措施（必须招标项目需向监管部门提交书面报告并说明理由）。本次的修改未体现在2018版教材中，因此2018年考试仍以原条例作答。

1Z303020 建设工程承包制度

本节导学

建设工程承包制度包括总承包、共同承包、分包等制度。《建筑法》规定，承包建筑工程的单位应当持有依法取得的资质证书，并在其资质等级许可的业务范围内承揽工程。禁止建筑施工企业超越本企业资质等级许可的业务范围或者以任何形式用其他建筑施工企业的名义承揽工程。禁止建筑施工企业以任何形式允许其他单位或者个人使用本企业的资质证书、营业执照以本企业的名义承揽工程。本节知识点近5年考情分析见表1Z303020-1。从表中可以看出，建设工程总承包的规定、建设工程共同承包的规定、建设工程分包的规定是重点考查的三个知识点。

近5年考情分析　　表1Z303020-1

知识点	各年份分值				
	2013年	2014年	2015年	2016年	2017年
1Z303021 建设工程总承包的规定	1	2	0	1	1
1Z303022 建设工程共同承包的规定	1	1	1	0	1
1Z303023 建设工程分包的规定	3	3	2	3	1
1Z303024 违法行为应承担的法律责任	0	0	0	2	0

本节主要涉及的法律文件为《建筑法》《建筑工程施工转包违法分包等违法行为查处管理办法（试行）》《招标投标法》《建设工程质量管理条例》等。

高频考点一　建设工程总承包的规定

高频指数：★★

考点解析

总承包通常分为工程总承包和施工总承包两大类。工程总承包是指从事工程总承包的企业受建设单位的委托，按照工程总承包合同的约定，对工程项目的勘察、设计、采购、施工、试运行（竣工验收）等实行全过程或若干阶段的承包。施工总承包是指发包人将全部施工任务发包给具有施工总承包资质的建筑业企业，由施工总承包企业按照合同的约定向建设单位负责，承包完成施工任务。因此，前者是针对工程项目全过程（或若干阶段）的承包，后者只是对施工任务的承包。需要特别注意的是，我国对工程总承包不设立专门的资质。凡具有工程勘察、设计或施工总承包资质的企业，均可依法从事资质许可范围内相应等级的建设工程总承包业务。但是，承接施工总承包业务的，必须是取得施工总承包资质的企业，具体异同详见表 1Z303020-2。

工程总承包与施工总承包的区别　　表 1Z303020-2

项　　目	工程总承包	施工总承包
承包的阶段	全过程或者若干阶段	施工阶段任务
资质要求	无资质要求	施工总承包资质
总承包方式	EPC、D-B、E-P、PC 等	—
承包企业	施工、勘察、设计企业等	施工企业

《建筑法》规定：建筑工程总承包单位按照总承包合同的约定对建设单位负责，分包单位按照分包合同的约定对总承包单位负责。总承包单位和分包单位就分包工程对建设单位承担连带责任。《建设工程质量管理条例》进一步规定，建设工程实行总承包的，总承包单位应当对全部建设工程质量负责；建设工程勘察、设计、施工、设备采购的一项或者多项实行总承包的，总承包单位应当对其承包的建设工程或者采购的设备的质量负责。总承包单位依法将建设工程分包给其他单位的，分包单位应当按照分包合同的约定对其分包工程的质量向总承包单位负责，总承包单位与分包单位对分包工程的质量承担连带责任。

2018 年版教材关于建设工程总承包的规定增加了下列内容，考生需重点关注：

1. 带头采用工程总承包的工程及主要模式知识点概述

①装配式建筑原则上应采用工程总承包模式；②政府投资工程应完善建设管理模式，带头推行工程总承包；③工程总承包一般采用设计—采购—施工总承包或者设计—施工总承包。

2. 建设单位的项目管理

①建设单位可以自行对工程总承包项目进行管理，也可以委托项目管理单位；②项目管理单位可以是本项目的可行性研究、方案设计或者初步设计单位，也可以是其他工程设计、施工或者监理等单位，但项目管理单位不得与工程总承包企业具有利害关系。

3. 工程承包企业的基本要求（表 1Z303020-3）

工程承包企业的基本要求　　表 1Z303020-3

基本要求	具 体 内 容
企业资质要求	具有与工程规模相适应的工程设计或者施工资质
项目经理资格	工程建设类注册执业资格或高级专业技术职称，具有相关经历和相应工程业绩
分包行为	工程总承包企业可以在其资质范围内实行设计和施工，也可以根据合同约定或者经建设单位同意，将设计或施工业务择优分包给具有相应资质的企业

续上表

基本要求	具体内容
分包行为	仅具有设计资质的企业承接工程总承包项目时，应当将施工业务依法分包给具有相应施工资质的企业
	仅具有施工资质的企业承接工程总承包项目时，应当将设计业务依法分包给具有相应设计资质的企业
禁止行为	不得将工程总承包项目转包
	不得将工程总承包项目中的设计和施工业务一并或者分别分包
	自行施工的，不得将总承包项目工程主体结构的施工业务分包

真题再现

（2013 年真题）分包工程发生质量、安全、进度等问题给建设单位造成损失的，关于承担的说法，正确的是（　　）。

A. 分包单位只对总承包单位负责

B. 建设单位只能向给其造成损失的分包单位主张权利

C. 总承包单位赔偿金额超过其应承担份额的，有权向有责任的分包单位追偿

D. 建设单位与分包单位无合同关系，无权向分包单位主张权利

解析 总承包单位和分包单位就分包工程对建设单位承担连带责任。故建设单位既可以向分包单位主张权利，也可以向分包单位主张权利，故 A、B、D 选项错误。**参考答案：C。**

（2014 年真题）关于总承包单位与分包单位对建设工程承担质量责任的说法，正确的有（　　）。

A. 分包单位按照分包合同的约定对其分包工程的质量向总承包单位及建设单位负责

B. 分包单位对分包工程的质量负责，总承包单位未尽到相应监管义务的，承担相应的补充责任

C. 建设工程实行总承包的，总承包单位应当对全部建设工程质量负责

D. 当分包工程发生质量责任或者违约责任，建设单位可以向总承包单位或分包单位请求赔偿，总承包单位或分包单位赔偿后，有权就不属于自己责任的赔偿向另一方追偿

E. 当分包工程发生质量责任或者违约责任，建设单位应当向总承包单位请求赔偿，总承包单位赔偿后，有权要求分包单位赔偿

解析 分包单位按照分包合同的约定对其分包工程的质量向总承包单位负责，故 A 选项错误。总承包单位和分包单位就分包工程的质量对建设单位承担连带责任，故 B 选项错误。总承包单位和分包单位就分包工程的质量对建设单位承担连带责任，所以，建设单位可以向总承包单位或者分包单位请求赔偿，故 E 选项错误。**参考答案：C、D。**

（2016 年真题）关于工程总承包单位与工程项目管理的说法，正确的是（　　）。

A. 工程总承包单位不应与承担工程管理业务的另一方企业有隶属关系

B. 工程项目管理企业可以直接从事该工程项目的勘察、设计或施工

C. 工程项目管理企业可以与该工程项目的勘察、设计或施工等企业签订合同

D. 工程总承包单位可以在同一工程项目上同时承担工程总承包和工程项目管理业务

解析《关于培育发展工程总承包和工程项目管理企业的指导意见》规定，工程总承包单位可以接受建设单位委托，按照合同约定承担工程项目管理业务，但不应在同一个工程项目上同时承担工程总承包和工程项目管理业务，也不应与承担工程总承包或者工程项目管理业务的另一方企业有隶属关系或者其他利害关系。**参考答案：A。**

（2017 年真题）关于工程总承包的说法，正确的是（　　）。

A. 采购—施工总承包（P-C）是指工程总承包企业按照合同约定，承担工程项目采购和施工，并对承包工程的采购和施工的质量、安全、工期、造价负责

B. 工程总承包是指发包人将全部施工任务发包给具有工程总承包资质的企业由该企业按照合同的约定向建设单位负责，承包完成施工任务

C. 设计采购施工总承包（EPC）是指工程总承包企业按照合同约定，承担工程项目设计和施工，并对承包工程的设计和施工的质量、安全、工期、造价负责

D. 交钥匙总承包的施工必须由总承包企业自行完成

解析 采购—施工总承包是指工程总承包企业按照合同约定，承担工程项目的采购和施工，并对承包工程的采购和施工的质量、安全、工期、造价负责，故 A 选项正确。工程总承包是指从事工程总承包的企业受建设单位的委托，按照工程总承包合同的约定，对工程项目的勘察、设计、采购、施工、试运行（竣工验收）等实行全过程或若干阶段的承包。我国对工程总承包不设立专门的资质，故 B 选项错误。设计采购施工总承包是指工程总承包企业按照合同约定，承担工程项目的设计、采购、施工、试运行服务等工作，并对承包工程的质量、安全、工期、造价全面负责，故 C 选项错误。交钥匙总承包是设计采购施工总承包业务和责任的延伸，最终是向建设单位提交一个满足使用功能、具备使用条件的工程项目。总承包单位可以对其中部分业务进行分包，故 D 选项错误。**参考答案：A。**

应试指引

本高频考点主要考查总承包的方式以及总承包单位的责任。总承包的方式方面主要需要考生会辨析工程总承包与施工总承包的异同；总承包单位的责任方面则主要考查考生对总包、分包单位因分包工程质量所承担的责任分担问题。考试中往往通过微小地修改正确表述来设置干扰项，考生需要仔细审题。《国务院办公厅关于促进建筑业持续健康发展的意见》规定，装配式建筑原则上采用工程总承包模式。政府投资工程应完善建设管理模式，带头推行工程总承包。《住房城乡建设部关于进一步推进工程总承包发展的若干意见》规定，工程总承包一般采用设计—采购—施工总承包或者设计—施工总承包模式。可见，工程总承包已然或即将成为带头型的建设模式，2018 年版教材中对工程总承包模式方面的内容做了较多的调整和新增，考生应引起足够重视。

疑难释义

《房屋建筑和市政基础设施项目工程总承包管理办法（征求意见稿）》于2017年12月26日公开征求意见。如若《房屋建筑和市政基础设施项目工程总承包管理办法》顺利落地执行，将弥补我国在工程总承包方面管理办法的缺失。本书将征求意见稿中与2018年考试可能相关的重点内容做一个简单介绍，以期为考生做一个知识的提前储备。

1. 工程总承包的定义

工程总承包是指从事工程总承包的单位按照与建设单位签订的合同，对工程项目的设计、采购、施工等实行全过程或者若干阶段承包，并对工程的质量、安全、工期和造价等全面负责的工程建设组织实施方式。

2. 工程总承包单位条件

工程总承包单位应当具有与工程规模相适应的工程设计资质（仅具有建筑工程设计事务所资质除外）或者施工总承包资质，相应的财务、风险承担能力，同时具有相应的组织机构、项目管理体系、项目管理专业人员，以及与发包工程相类似的工程业绩。

工程总承包单位不得是工程总承包项目的代建单位、项目管理单位、监理单位、造价咨询单位、招标代理单位，也不得是与上述单位有利害关系的关联单位。

招标人公开发包前完成可行性研究报告、勘察设计文件的，发包前的可行性研究报告编制单位、勘察设计文件编制单位可以参与工程总承包项目的投标。

3. 工程总承包方式的适用项目

政府投资项目、国有资金占控股或者主导地位的项目应当优先采用工程总承包方式，采用建筑信息模型技术的项目应当积极采用工程总承包方式，装配式建筑原则上采用工程总承包方式。

建设范围、建设规模、建设标准、功能需求不明确等前期条件不充分的项目不宜采用工程总承包方式。

4. 工程总承包的主要方式

工程总承包一般采用设计—采购—施工总承包或者设计—施工总承包方式。建设单位也可以根据项目特点和实际需要，按照风险合理分担原则采用其他工程总承包方式。

5. 工程总承包单位的分包

工程总承包单位可根据合同约定或者经建设单位同意，将工程总承包合同中的设计或者施工业务分包给具有相应资质的单位。

6. 质量责任

建设单位存在迫使工程总承包单位以低于成本的价格承包，任意压缩合理工期，要求工程总承包单位违反工程建设强制性标准、降低建设工程质量等情形并导致工程质量事故的，建设单位应当承担质量责任。

工程总承包单位应当对其承包的全部建设工程质量负责，分包不免除工程总承包单位对全部建设工程所负的质量责任。

分包单位对其分包工程的质量负直接责任。

高频考点二　建设工程共同承包的规定

高频指数：★★

考点解析

共同承包是指由两个以上具备承包资格的单位共同组成非法人的联合体，以共同的名义对工程进行承包的行为。这是在国际工程发承包活动中较为通行的一种做法，可有效地规避工程承包风险。该考点主要涉及如下知识点：共同承包的适用范围、共同承包的资质、共同承包的责任，见表1Z303020-4。

共同承包相关知识点　　表1Z303020-4

考　点	知 识 点	释　义
共同承包的适用范围	《建筑法》规定，大型建筑工程或者结构复杂的建筑工程，可以由两个以上的承包单位联合共同承包	特指：大型建筑工程或结构复杂的建筑工程，因其投资额大、技术要求复杂和建设周期长，潜在风险较大。采用共同承包方式更有利增强抗风险能力
共同承包的资质	《建筑法》规定，两个以上不同资质等级的单位实行联合共同承包的，应当按照资质等级低的单位的业务许可范围承揽工程	为了杜绝越级承包或挂靠等问题，联合体只能按资质等级较低的单位的许可业务范围承揽工程
共同承包的责任	《招标投标法》规定，联合体中标的，联合体各方应当共同与招标人签订合同，就中标项目向招标人承担连带责任	建设单位有权向共同承包的任何一方请求赔偿，而被请求方不得拒绝，在其支付赔偿后可依据联合承包协议及有关各方过错大小，有权对超过自己应赔偿的那部分份额向其他方进行追偿

真题再现

（2013年真题）甲公司与乙公司组成联合体共同承包了某大型建筑工程的施工，关于该联合体承包行为的说法，正确的是（　　）。

A. 乙按照承担施工内容及工程量的比例对建设单位负责

B. 建设单位应当与甲、乙分别签订承包合同

C. 甲和乙就工程质量和安全对建设单位承担连带责任

D. 该行为属于肢解工程发包的违法行为

解析《建筑法》规定，大型建筑工程或者结构复杂的建筑工程，可以由两个以上的承包单位联合共同承包。《招标投标法》规定，联合体中标的，联合体各方应当共同与招标人签订合同，就中标项目向招标人承担连带责任。《建筑法》也规定，共同承包的各方对承包合同的履行承担连带责任。**参考答案：C。**

（2014 年真题）关于建设工程共同承包的说法，正确的是（　　）。

A. 中小型工程但技术复杂的，可以采取联合共同承包

B. 两个不同资质等级的单位实施联合共同承包的，应当按照资质等级高的单位的业务许可范围承揽工程。

C. 联合体各方应当与建设单位分别签订合同，就承包工程中各自负责的部分承担责任

D. 共同承担的各方就承包合同的履行对建设单位承担连带责任

解析《建筑法》规定，大型建筑工程或者结构复杂的建筑工程，可以由两个以上的承包单位联合共同承包。《建筑法》规定，两个以上不同资质等级的单位实行联合共同承包的，应当按照资质等级低的单位的业务许可范围承揽工程。《招标投标法》规定，联合体中标的，联合体各方应当共同与招标人签订合同，就中标项目向招标人承担连带责任。《建筑法》也规定，共同承包的各方对承包合同的履行承担连带责任。**参考答案：D。**

（2015 年真题）乙施工企业和丙施工企业联合共同承包甲公司的建筑工程项目，由于联合体管理不善，造成该建筑项目损失。关于共同承包责任的说法，正确的是（　　）。

A. 甲公司有权请求乙施工企业与丙施工企业承担连带责任

B. 乙施工企业和丙施工企业对甲公司各承担一半责任

C. 甲公司应该向过错较大的一方请求赔偿

D. 对于超过自己应赔偿的那部分份额，乙施工企业和丙施工企业都不能进行追偿

解析《招标投标法》规定，联合体中标的，联合体各方应当共同与招标人签订合同，就中标项目向招标人承担连带责任。《建筑法》也规定，共同承包的各方对承包合同的履行承担连带责任。共同承包各方应签订联合承包协议，明确约定各方的权利、义务以及相互合作、违约责任承担等条款。各承包方就承包合同的履行对建设单位承担连带责任。如果出现赔偿责任，建设单位有权向共同承包的任何一方请求赔偿，而被请求方不得拒绝，在其支付赔偿后可依据联合承包协议及有关各方过错大小，有权对超过自己应赔偿的那部分份额向其他方进行追偿。**参考答案：A。**

应试指引

本高频考点主要考查的知识点集中在如下几块内容：①何类工程可以采用联合共同承包方式；②联合共同承包的责任分配问题；③共同承包的资质确定问题。

只要搞清楚这三块内容，这个考点基本上就掌握了。

指引一：在何类工程可以采用联合共同承包方式的知识点考查中，可能会采取换概念的方式考查。如将大型建筑工程或者结构复杂的建筑工程替换成中小型建筑工程或者技术复杂的建筑工程等。

指引二：联合共同承包的责任分配问题的知识点考查中，可能会采用如下类似表述：联合体各自负责的部分承担责任或者联合体各自承担 50% 的责任等。

指引三：共同承包的资质确定问题的知识点考查中，往往会设置反向的选项迷惑考生，比如"联合体共同承包时，应按资质等级高的单位的业务许可范围"等。

疑难释义

1. 连带责任

连带责任是指在同一债权债务关系的两个以上的债务人中，任何一个债务人都负有向债权人履行全部债务的义务；债权人可以向其中任何一个或多个债务人请求履行债务，可以请求部分履行，也可以请求全部履行；负有连带责任的债务人不得以债务人之间对债务分担比例有约定而拒绝履行部分或全部债务。连带债务人中一人或多人履行了全部债务后，其他连带债务人对债权人的履行义务即行解除。而对连带债务人内部关系而言，清偿债务超过按照债务人之间的协议约定应由自己承担的份额的债务人，有权要求其他连带债务人偿还他们各自应当承担的份额。《民法总则》规定，两人以上依法承担连带责任的，权利人有权请求部分或者全部连带责任人承担责任。连带责任人的责任份额根据各自责任大小确定；难以确定责任大小的，平均承担责任。实际承担责任超过自己责任份额的连带责任人，有权向其他连带责任人追偿。我国有关工程总分包、联合承包的连带责任，均属于法定连带责任。

依此规定，发包方可要求参加联合承包的任何一方履行承包合同的全部义务，联合承包的各方不得拒绝。这对于维护联合承包形式中发包方的正当权益，避免联合承包各方相互推卸责任，加强各方的配合协作，是很有必要的。对联合共同承包的承包方责任问题，在国际上被广泛采用的由国际咨询工程师联合会编写的《土木工程施工合同条件》（即“菲迪克条款”）中也明确规定：“如果承包商是由两家或两家以上组成的联营体，所有各家将为履行该合同条款共同并各自对雇主承担责任，并且应当推举一家作为有权管辖该联营体的领导人”。此处所规定的共同与各自责任，与《建筑法》所规定的“连带责任”有相同的含义。

2. 联合共同承包

联合共同承包是指由两个以上的单位共同组成非法人的联合体，以该联合体的名义承包某项建筑工程的承包形式。在联合承包形式中，由参加联合的各承包单位共同组成的联合体作为一个单一的承包主体，与发包方签订承包合同，承担履行合同义务的全部责任。在联合体内部，则由参加联合体的各方以协议约定各自在联合承包中的权利、义务，包括联合体的管理方式及共同管理机构的产生办法、各方负责承担的工程任务的范围、利益分享与风险分担的办法等。至于由两个以上的单位共同投资组成一个法人实体，由该法人实体承包工程项目，与发包方订立承包合同，则属于该法人实体的单独承包，不是本条所说的联合共同承包。

高频考点三　建设工程分包的规定

高频指数：★★★★

考点解析

建设工程施工分包可分为专业工程分包与劳务作业分包。其中专业分包需通过合同约定或者经建设单位同意才可以分包给他人完成，劳务可以直接分包。专业工程和劳务作业均需由相应资质的单位进行承接。

建筑工程总承包单位可以将承包工程中的部分工程发包给具有相应资质条件的分包单位。总承包单位如果要将所承包的工程再分包给他人，应当依法告知建设单位并取得认可。这种认可应当依法通过两种方式：①在总承包合同中规定分包的内容；②在总承包合同中没有规定分包内容的，应当事先征得建设单位的同意。需要说明的是，分包工程须经建设单位认可，并不等于建设单位可以直接指定分包人。

禁止承包单位将其承包的全部建筑工程转包给他人，禁止承包单位将其承包的全部建筑工程肢解以后以分包的名义分别转包给他人。施工总承包的，建筑工程主体结构的施工必须由总承包单位自行完成。总承包单位承包工程后可以全部自行完成，也可以将其中的部分工程分包给其他承包单位完成，但依法只能分包部分工程，并且是非主体、非关键性工作；如果是施工总承包，其主体结构的施工则须由总承包单位自行完成，违法分包的情形见表1Z303020-5。

违法分包情形一览　　表1Z303020-5

违法分包情形	依　据
总承包单位将建设工程分包给不具备相应资质条件的单位的	《建设工程质量管理条例》
建设工程总承包合同中未有约定，又未经建设单位认可，承包单位将其承包的部分建设工程交由其他单位完成的	
施工总承包单位将建设工程主体结构的施工分包给其他单位的	
分包单位将其承包的建设工程再分包的	
施工单位将工程分包给个人的	《建筑工程施工转包违法分包等违法行为认定查处管理办法（试行）》
施工单位将工程分包给不具备相应资质或安全生产许可的单位的	
施工合同中没有约定，又未经建设单位认可，施工单位将其承包的部分工程交由其他单位施工的	
施工总承包单位将房屋建筑工程的主体结构的施工分包给其他单位的，钢结构工程除外	
专业分包单位将其承包的专业工程中非劳务作业部分再分包的	
劳务分包单位将其承包的劳务再分包的	
劳务分包单位除计取劳务作业费用外，还计取主要建筑材料款、周转材料款和大中型施工机械设备费用的	

真题再现

（2013年真题）根据《建设工程质量管理条例》，下列分包情形中，不属于违法分包的是（　　）。

A. 施工总承包合同中未有约定，承包单位又未经建设单位认可，就将其全部劳务作业交由劳务单位完成

B. 总承包单位将工程分包给不具备相应资质条件的单位

C. 施工总承包单位将工程主体结构的施工分包给其他单位

D. 分包单位将其承包的专业工程进行专业分包

解析《建设工程质量管理条例》规定，违法分包是指下列行为：①总承包单位将建设工程分包给不具备相应资质条件的单位的；②建设工程总承包合同中未有约定，又未经建设单位认可，承包单位将其承包的部分建设工程交由其他单位完成的；③施工总承包单位将建设工程主体结构的施工分包给其他单位的；④分包单位将其承包的建设工程再分包的。故B、C、D选项均为违法分包情况。**参考答案：A。**

（**2013年真题**）根据《建筑法》，关于建筑工程分包的说法，正确的有（　　）。

A. 建筑工程的分包单位必须在其资质等级许可的业务范围内承揽工程

B. 资质等级较低的分包单位可以超越一个等级承接分包工程

C. 建设单位指定的分包单位，总承包单位必须采用

D. 严禁个人承揽分包工程业务

E. 劳务作业分包不经建设单位认可

解析《建筑法》规定，建筑工程总承包单位可以将承包工程中的部分工程发包给具有相应资质条件的分包单位，但是，除总承包合同中约定的分包外，必须经建设单位认可。承包工程的单位须持有依法取得的资质证书，并在资质等级许可的业务范围内承揽工程。这一规定同样适用于工程分包单位。不具备资质条件的单位不允许承包建设工程，也不得承接分包工程。《房屋建筑和市政基础设施工程施工分包管理办法》还规定，严禁个人承揽分包工程业务。《房屋建筑和市政基础设施工程施工分包管理办法》中明确规定，建设单位不得直接指定分包工程承包人。对于建设单位推荐的分包单位，总承包单位有权做出拒绝或者采用的选择。**参考答案：A、D、E。**

（**2014年真题**）关于施工企业资质序列的说法，正确的是（　　）。

A. 专业承包企业可以将所承接的专业工程再次分包给其他专业承包企业

B. 专业承包企业可以将所承接的劳务作业依法分包给劳务分包企业

C. 劳务分包企业只能承接施工总承包企业分包的劳务作业

D. 劳务分包企业可以承接施工总承包企业或专业承包企业或其他劳务分包企业分包的劳务作业

解析 专业承包企业不可将所承接的专业工程再次分包给其他专业承包企业，故A选项错误。劳务分包企业不仅能承接施工总承包企业分包的劳务作业，也能承包专业承包企业的劳务作业，故C选项错误。劳务分包不能再次分包，故D选项错误。**参考答案：B。**

（**2014年真题**）关于建设工程分包的说法，正确的有（　　）。

A. 总承包单位可以按照合同约定将建设工程部分非主体、非关键性工作分包给其他企业

B. 总承包单位可以将全部建设工程拆分成若干部分后全部分包给其他施工企业

C. 总承包单位可以将建设工程主体结构中技术较为复杂的部分分包给其他企业

D. 总承包单位经建设单位同意后，可以将建设工程的关键性工作分包给其他企业

解析《建筑法》规定，建筑工程总承包单位可以将承包工程中的部分工程发包给具有相应资质条件的分包单位。禁止承包单位将其承包的全部建筑工程转包给他人，禁止承包单位将其承包的全部建筑工程肢解以后以分包的名义分别转包给他人。施工总承包的，建筑工程主体结构的施工必须由总承包单位自行完成。《招标投标法》也规定，中标人按照合同约定或者经招标人同意，可以将中标项目的部分非主体、非关键性工作分包给他人完成。

参考答案：A。

（**2014 年真题**）关于建设工程分包的说法，正确的是（　　）。

A. 分包单位没有资质要求

B. 分包单位不得再次分包

C. 分包单位由总包单位自由确定

D. 分包的工作内容没有限制

解析 承包工程的单位须持有依法取得的资质证书，并在资质等级许可的业务范围内承揽工程。这一规定同样适用于工程分包单位。不具备资质条件的单位不允许承包建设工程，也不得承接分包工程。除总承包合同中约定的分包外，必须经建设单位认可。《建筑法》规定，禁止分包单位将其承包的工程再分包。《招标投标法》也规定，接受分包的人不得再次分包。

参考答案：B。

（**2015 年真题**）根据《建设工程质量管理条例》，下列分包的情形中，属于违法分包的有（　　）。

A. 总承包单位将部分工程分包给不具有相应资质的单位

B. 未经建设单位认可，施工总承包单位将劳务作业分包给有相应资质的劳务分包企业

C. 未经建设单位认可，承包单位将部分工程交由他人完成

D. 分包单位将其承包的工程再分包

E. 施工总承包单位将承包工程的主体结构分包给了具有先进技术的其他单位

解析《建设工程质量管理条例》规定，违法分包是指下列行为：①总承包单位将建设工程分包给不具备相应资质条件的单位的；②建设工程总承包合同中未有约定，又未经建设单位认可，承包单位将其承包的部分建设工程交由其他单位完成的；③施工总承包单位将建设工程主体结构的施工分包给其他单位的；④分包单位将其承包的建设工程再分包的。存在下列情形之一的，属于违法分包（以下内容是今年新版教材增加的）：①施工单位将工程分包给个人的；②施工单位将工程分包给不具备相应资质或安全生产许可的单位的；③施工合同中没有约定，又未经建设单位认可，施工单位将其承包的部分工程交由其他单位施工的；④施工总承包单位将房屋建筑工程的主体结构的施工分包给其他单位的，钢结构工程除外；⑤专业分包单位将其承包的专业工程中非劳务作业部分再分包的；⑥劳务分包单位将其承包的劳务再分包的；⑦劳务分包单位除计取劳务作业费用外，还

计取主要建筑材料款、周转材料款和大中型施工机械设备费用的；⑧法律法规规定的其他违法分包行为。**参考答案：A、C、D、E。**

（2016 年真题）关于分包工程的说法，正确的是（　　）。

A. 分包工程承包人在提供分包工程履约担保后，不得要求分包工程发包人提供分包工程付款担保

B. 中标人可以自行决定将中标项目的部分非主体、非关键性工作分包给他人完成

C. 中标人和分包人就分包项目向招标人根据各自过错承担相应的责任

D. 施工总承包的，建筑工程主体结构的施工必须由总承包单位完成

解析 2014 年 8 月住房和城乡建设部经修改后发布的《房屋建筑和市政基础设施工程施工分包管理办法》规定，分包工程发包人可以就分包合同的履行，要求分包工程承包人提供分包工程履约担保；分包工程承包人在提供担保后，要求分包工程发包人同时提供分包工程付款担保的，分包工程发包人应当提供，故 A 选项错误。《招标投标法》也规定，中标人按照合同约定或者经招标人同意，可以将中标项目的部分非主体、非关键性工作分包给他人完成，故 B 选项错误。中标人应当就分包项目向招标人负责，接受分包的人就分包项目承担连带责任，故 C 选项错误。**参考答案：D。**

（2016 年真题）施工总承包单位分包工程应当经过建设单位认可，符合法律规定的认可方式有（　　）。

A. 总承包合同中约定分包的内容

B. 建设单位指定分包人

C. 总承包合同没有约定分包内容的，事先征得建设单位同意

D. 劳务分包合同由建设单位确认

E. 总承包单位在建设单位推荐的分包人中选择

解析 总承包单位如果要将所承包的工程再分包给他人，应当依法告知建设单位并取得认可。这种认可应当依法通过两种方式：①在总承包合同中规定分包的内容；②在总承包合同中没有规定分包内容的，应当事先征得建设单位的同意。**参考答案：A、C。**

（2017 年真题）关于工程再分包的说法，正确的是（　　）。

A. 专业分包单位可将其承包的专业工程再分包

B. 专业分包单位不得将其承包工程中的非劳务作业部分再分包

C. 劳务分包单位可以将其承包的劳务工作再分包

D. 专业分包单位可以将非主体、非关键性的工作再分包给他人

解析《建筑法》规定，禁止分包单位将其承包的工程再分包。《招标投标法》也规定，接受分包的人不得再次分包。《房屋建筑和市政基础设施工程施工分包管理办法》中规定，除专业承包企业可以将其承包工程中的劳务作业发包给劳务分包企业外，专业分包工程承包人和劳务作业承包人都必须自行完成所承包的任务。**参考答案：B。**

应试指引

本高频考点是建设工程承包制度这一节的重点内容，历年考试也喜欢从这块出题。可以将这部分知识点总结为：①分包需合同约定或者经建设单位同意；②分包只能分包非主体、非关键性工作；③分包工程不能再分包（分包劳务作业的除外）；④所有分包工程均需由相应资质的单位承包完成；⑤总包单位和分包单位就分包工程对建设单位承担连带责任。

疑难释义

违法分包是违反法律强制性规定的将部分工程或者劳务作业交由他人完成的行为，包括：①建设工程总承包合同中未有约定，又未经建设单位认可，总承包企业将专业工程交由其他单位完成；②将建设工程分包给不具备相应资质条件的施工企业；③总承包人将建设工程主体结构的施工分包给其他单位；④分承包人将其承包的建设工程再分包。

转包是承包人承揽工程后，不履行合同义务将该工程转让于第三人的行为，包括：①承包单位将其承包的全部建筑工程转包给他人；②承包单位将其承包的全部建筑工程肢解以后以分包的名义分别转包给他人；③将工程分包后，未在施工现场设立项目管理机构和派驻相应人员，并未对该工程的施工活动进行组织管理。

转包与违法分包的区别主要体现为：①转包情形下，原承包合同的承包主体发生了变化；②转包的对象是施工合同的全部工程，而违法分包仅指分包主体工程或者关键性工作或者其他一些符合违法分包的情形，但该违法分包的工程仍是承发包合同中的一部分。

1Z303030 建筑市场信用体系建设

本节导学

2014 年 6 月国务院印发的《社会信用体系建设规划纲要（2014—2020 年）》指出，推进工程建设市场信用体系建设，建立企业和从业人员信用评价结果与资质审批、执业资格注册、资质资格取消等审批审核事项的关联管理机制。建立科学、有效的建设领域从业人员信用评价机制和失信责任追溯制度，将肢解发包、转包、违法分包、拖欠工程款和农民工工资等列入失信责任追究范围。本节知识点近 5 年考情分析见表 1Z303030-1。

近 5 年考情分析　　表 1Z303030-1

知识点	各年份分值				
	2013 年	2014 年	2015 年	2016 年	2017 年
1Z303031　建筑市场诚信行为信息的分类	1	0	0	0	0
1Z303032　建筑市场施工单位不良行为记录认定标准	2	0	3	0	1
1Z303033　建筑市场诚信行为的公布和奖惩机制	2	2	3	2	1
1Z303034　建筑市场主体诚信评价的基本规定	0	0	0	0	0

本节主要涉及的法律文件为《建筑市场诚信行为信息管理办法》《注册建造师执业管理办法（试行）》《全国建筑市场各方主体不良行为记录认定标准》《招标投标违法行为记录公告暂行办法》《建筑业企业资质管理规定》《注册建造师管理规定》等。

高频考点一　建筑市场施工单位不良行为记录认定标准

高频指数：★★

考点解析

2007 年 1 月建设部发布了《全国建筑市场各方主体不良行为记录认定标准》，此外，《注册建造师执业管理办法（试行）》中，对注册建造师的不良行为也制定了具体认定标准。在建造师考试中，主要考查的是施工单位不良行为记录的认定标准，分为资质不良行为认定标准，承揽业务不良行为认定标准，工程质量不良行为认定标准，工程安全不良行为认定标准，拖欠工程款或工人工资不良行为认定标准 5 大类，41 个项目。而考试主要考查 41 项具体行为表现的认定归类。这 41 项行为的记忆难度很大，但考试往往只考对这 41 项行为的辨析，基于此，本书将容易混淆的几种行为表现进行归类总结，见表 1Z303030-2。

容易混淆的几种不良行为　　表 1Z303030-2

类　型	行为表现	认　定
涉及建筑材料	在施工中偷工减料的，使用不合格建筑材料、建筑构配件和设备的	工程质量不良行为
	未对建筑材料、建筑构配件、设备和商品混凝土进行检测	工程质量不良行为
	使用国家明令淘汰、禁止使用的危及施工安全的工艺、设备、材料的	工程安全不良行为
无资质承接业务	未取得资质证书承揽工程的，或超越本单位资质等级承揽工程的	资质不良行为
	委托不具有相应资质的单位承担施工现场安装、拆卸施工起重机械和整体提升脚手架、模板等自升式架设设施的	工程安全不良行为
作业人员考核培训	按照国家规定需要持证上岗的技术工种的作业人员未经培训、考核，未取得证书上岗，情节严重的	资质不良行为
	主要负责人、项目负责人、专职安全生产管理人员、作业人员或特种作业人员，未经安全教育培训或经考核不合格即从事相关工作的	工程安全不良行为

真题再现

（2013 年真题）施工单位的下列行为符合工程安全不良行为认定标准的有（　　）。

A. 在施工起重机械和整体提升脚手架、模板等自升式架设设施验收合格后未按照规定登记的

B. 在尚未竣工的建筑物内设置员工集体宿舍的

C. 未对因建设工程施工可能造成损害的毗邻建筑物、构筑物和地下管线等采取专项预防措施的

D. 使用未经验收或验收不合格的施工起重机械和整体提升脚手架、模板等自升式架设设施的

E. 未按照节能设计进行施工的

解析 选项 E 属于工程质量不良行为，其余选项均为工程安全不良行为。**参考答案：A、B、C、D。**

（2015 年真题）根据《全国建筑市场各方主体不良行为记录》，属于承揽业务不良行为的是（　　）。

A. 允许其他单位或个人以本单位名义承揽工程的

B. 不履行保修义务或者拖延改造保修义务的

C. 将承包的工程转包或者违法分包的

D. 未按照节能设计进行施工的

解析 选项 A 属于资质不良行为。选项 B 属于工程质量不良行为。选项 D 属于工程质量不良行为。选项 C 属于承揽业务不良行为。**参考答案：C。**

（2015 年真题）根据《全国建筑市场各方主体不良行为记录认定标准》，属于施工单位不良行为的有（　　）。

A. 未履行注册建造师职责造成环境事故的

B. 以欺骗手段取得资质证书承揽工程的

C. 未在规定期限内办理资质变更手续的

D. 不按照与招标人订立的合同履行义务，情节严重的

E. 对建筑安全事故隐患不采取措施予以消除的

解析 施工单位的不良行为记录认定标准分为五大类：①资质不良；②承揽业务不良；③工程质量不良；④工程安全不良；⑤拖欠工程款或者工人工资。A 选项属于注册建造师不良行为，其余选项都属于施工单位不良行为。**参考答案：B、C、D、E。**

（2017 年真题）根据《全国建筑市场各方主体不良行为记录认定标准》，关于施工企业不良行为记录的说法，正确的是（　　）。

A. 超越本单位资质承揽工程的行为属于承揽业务不良行为

B. 工程竣工验收后，不向建设单位出具质量保证书的行为属于工程安全不良行为

C. 委托不具有相应资质的单位承担施工现场拆卸施工起重机械的行为属于资质不良行为

D. 将承包的工程转包或违法分包的行为属于承揽业务不良行为

解析 选项 A 属于资质不良行为。选项 B 属于工程质量不良行为。选项 C 属于工程安全不良行为。**参考答案：D。**

应试指引

本高频考点涉及的记忆量非常大，如果考生刻意去死记硬背，不仅需花精力，效果反倒不好。通过对历年真题的分析可知，考试考查的范围不会超过这四十一项行为内容，同时真题选项的设置均是通过容易混淆的不良行为认定归类问题。因此，考生只需对这些不良行为的归类能加以辨析即可。表1Z303030-2对几项较容易混淆的不良行为进行归纳总结供考生参考。

高频考点二　建筑市场诚信行为的公布和奖惩机制

高频指数：★★★★

考点解析

建筑市场诚信行为的公布主要考查的是公布的时限，总结见表1Z303030-3。

建筑市场诚信行为公布时限　　表1Z303030-3

建筑市场行为记录	公布期限	备注
不良市场诚信行为	一般为6个月至3年	行政处罚决定做出后7日内
良好市场诚信行为	一般为3年	—
不良行为的整改有实效的，经企业申请	最短不得少于3个月	省、自治区和直辖市建设行政主管部门负责审查整改结果
对于拒不整改或整改不力	可延长	省、自治区和直辖市建设行政主管部门负责审查整改结果
招标投标违法行为	6个月	招标投标违法行为行政处理决定作出之日起20个工作日内对外进行记录公告

《建筑市场诚信行为信息管理办法》规定：属于《全国建筑市场各方主体不良行为记录认定标准》范围的不良行为记录除在当地发布外，还将由住房和城乡建设部统一在全国公布，公布期限与地方确定的公布期限相同。

行政处理决定在被行政复议或行政诉讼期间，公告部门依法不停止对违法行为记录的公告，但行政处理决定被依法停止执行的除外。原行政处理决定被依法变更或撤销的，公告部门应当及时对公告记录予以变更或撤销，并在公告平台上予以声明。

真题再现

（2013年真题）建筑市场不良行为信息公布期限一般是（　　）。

A.1个月至2年　　B.2个月至1年　　C.3个月至2年　　D.6个月至3年

解析《建筑市场诚信行为信息管理办法》规定，建筑市场诚信行为记录信息的公布时间为行政处罚决定做出后7日内，公布期限一般为6个月至3年，良好行为记录信息公布期限一般为3年。**参考答案：D。**

（2013 年真题）招标投标违法行为的行政处理决定在被行政复议或行政诉讼期间，关于公告的说法，正确的是（　　）。

A. 原则上不停止公告，但行政处理决定依法停止执行的除外

B. 公告部门一律不停止对违法行为记录的公告

C. 依照当事人申请可停止公告

D. 公告部门可自行决定是否停止公告

解析 行政处理决定在被行政复议或行政诉讼期间，公告部门依法不停止对违法行为记录的公告，但行政处理决定被依法停止执行的除外。**参考答案：A。**

（2014 年真题）关于建筑市场诚信行为信息公告变更的说法，正确的是（　　）。

A. 对发布有误的信息，由发布该信息的省、自治区和直辖市建设行政主管部门提出修改意见，并报国务院建设行政主管部门批准

B. 被公告的招标投标当事人认为公告记录与行政处理决定的相关内容不符合，可向公告部门提出书面符合申请

C. 行政处理决定在被行政复议或者行政诉讼期间，公告部门依法不停止对违法行为的记录的公告，但行政处理决定被依法停止执行的除外

D. 原行政处理决定被依法变更或撤销的，公告部门应当及时对公告记录予以变更或撤销，无需再公告平台上予以声明

解析《建筑市场诚信行为信息管理办法》规定，对发布有误的信息，由发布该信息的省、自治区和直辖市建设行政主管部门进行修正，根据被曝光单位对不良行为的整改情况，调整其信息公布期限，保证信息的准确和有效。《招标投标违法行为记录公告暂行办法》规定，被公告的招标投标当事人认为公告记录与行政处理决定的相关内容不符的，可向公告部门提出书面更正申请，并提供相关证据。行政处理决定在被行政复议或行政诉讼期间，公告部门依法不停止对违法行为记录的公告，但行政处理决定被依法停止执行的除外。原行政处理决定被依法变更或撤销的，公告部门应当及时对公告记录予以变更或撤销，并在公告平台上予以声明。**参考答案：C。**

（2014 年真题）关于建筑市场诚信行为公布的说法，正确的是（　　）。

A. 不良行为记录应当在当地发布，社会影响恶劣的，还应当在全国发布

B. 诚信行为信息包括良好行为记录和不良行为记录，两种信息记录都应当公布

C. 省、自治区和直辖市建设行政主管部门负责审查整改结果，对整改确有实效的，可取消不良行记录信息的公布

D. 不良行为记录在地方的公布期限应长于全国公布期限

解析《建筑市场诚信行为信息管理办法》规定，属于《全国建筑市场各方主体不良行为记录认定标准》范围的不良行为记录除在当地发布外，还将由住建部统一在全国公布，公布期限与地方确定的公布期限相同。省、自治区和直辖市建设行政主管部门负责审查整改结果，对整改确有实效的，由企业提出申请，经批准，可缩短其不良行为记录信息公布期限，

但公布期限最短不得少于3个月，同时将整改结果列于相应不良行为记录后，供有关部门和社会公众查询。**参考答案：B。**

（2015年真题）根据《建筑市场诚信行为信息管理办法》，良好行为记录信息的公布期限一般为（　　）。

A. 6个月　　B. 1年　　C. 2年　　D. 3年

解析《建筑市场诚信行为信息管理办法》规定，建筑市场诚信行为记录信息的公布时间为行政处罚决定做出后7日内，公布期限一般为6个月至3年；良好行为记录信息公布期限一般为3年。**参考答案：D。**

（2015年真题）根据《建筑市场诚信行为信息管理办法》，建筑市场诚信行为公告可修正或变更的情形有（　　）。

A. 行政处罚决定在被行政复议期间的
B. 行政处罚决定被依法停止执行的
C. 行政处罚决定经行政诉讼被撤销的
D. 行政处罚决定经行政复议被撤销的
E. 行政处罚决定因行政执法监督被变更的

解析 行政处罚决定经行政复议、行政诉讼以及行政执法监督被变更或被撤销，应及时变更或删除该不良记录，并在相应诚信信息平台上予以公布，同时应依法妥善处理相关事宜，所以C、D、E选项正确。行政处理决定在被行政复议或者行政诉讼期间，公告部门依法不停止对违法行为的记录的公告，但行政处理决定被依法停止执行的除外，所以B选项正确。**参考答案：B、C、D、E。**

（2016年真题）关于建筑市场行为公布的说法，正确的是（　　）。

A. 行政处理决定在被行政复议或者行政诉讼期间，公告部门应当停止对违法行为记录的公告
B. 招标投标违法行为记录公告涉及国家秘密、商业秘密和个人隐私的记录一律不得公开
C. 原行政处理决定被依法变更或撤销的，公告部门应当及时对公告记录予以变更或撤销，无需在公告平台上予以声明
D. 企业整改经审核确实有效的，可以缩短其不良行为记录信息公布期限，但公布期限最短不得少于3个月

解析 行政处理决定在被行政复议或行政诉讼期间，公告部门依法不停止对违法行为记录的公告，故A选项错误。招标投标违法行为记录公告不得公开涉及国家秘密、商业秘密、个人隐私的记录。但是，经权利人同意公开或者行政机关认为不公开可能对公共利益造成重大影响的涉及商业秘密、个人隐私的违法行为记录，可以公开，故B选项错误。行政处罚决定经行政复议、行政诉讼以及行政执法监督被变更或被撤销，应及时变更或删除该不良记录，并在相应诚信信息平台上予以公布，同时应依法妥善处理相关事宜，故

C 选项错误。**参考答案：D。**

（2016 年真题）按照《建筑业企业资质管理规定》，企业未按照规定要求提供企业信用档案信息的，由县级以上地方人民政府住房城乡建设主管部门或者其他有关部门给予警告，责令限期改正，逾期未改正的，可以（　　）。

A. 降低资质等级　　B. 撤回资质证书

C. 处以相应罚款　　D. 吊销资质证书

解析《建筑业企业资质管理规定》中规定，建筑业企业未按照本规定要求提供建筑业企业信用档案信息的，由县级以上地方人民政府建设主管部门或者其他有关部门给予警告，责令限期改正；逾期未改正的，可处以 1000 元以上 1 万元以下的罚款。**参考答案：C。**

（2017 年真题）根据《招标投标违法行为记录公告暂行办法》，关于建筑市场诚信行为公告的说法，正确的是（　　）。

A. 招标投标违法行为记录公告在任何情况下都不得公开涉及国家秘密、商业秘密和个人隐私的记录

B. 对于取消担任评标委员会成员资格的行政处理决定应当给予公告

C. 被公告的招标投标当事人认为公告记录与行政处理决定的相关内容不符的，可向公告部门提出书面更正申请，公告部门应在接到申请后停止公告

D. 行政处理决定在被行政复议或行政诉讼期间，公告部门应暂停对违法行为记录的公告

解析 招标投标违法行为记录公告不得公开涉及国家秘密、商业秘密、个人隐私的记录。但是，经权利人同意公开或者行政机关认为不公开可能对公共利益造成重大影响的涉及商业秘密、个人隐私的违法行为记录，可以公开，故 A 选项错误。《招标投标违法行为记录公告暂行办法》规定，被公告的招标投标当事人认为公告记录与行政处理决定的相关内容不符的，可向公告部门提出书面更正申请，并提供相关证据。公告部门接到书面申请后，应在 5 个工作日内进行核对。公告的记录与行政处理决定的相关内容不一致的，应当给予更正并告知申请人；公告的记录与行政处理决定的相关内容一致的，应当告知申请人，故 C 选项错误。行政处理决定在被行政复议或行政诉讼期间，公告部门依法不停止对违法行为记录的公告，但行政处理决定被依法停止执行的除外，故 D 选项错误。**参考答案：B。**

应试指引

本高频考点主要考查建筑市场诚信行为的公布制度，包括公布的时限、公布的内容、公告的变更等。考点看似分散，但考查的重点却非常集中。表 1Z303030-3 中的几个关键时间点需要考生谨记。通过对近 5 年的真题分析可以看出，本知识点的命题趋势不再局限于仅考某一个点，而是将公布的时限、公布的内容、公告的变更等几个点揉到一个考题中，如 2017 年真题，这种综合性的考查方式势必会继续延用，因此考生在准备 2018 年考试时应更注重知识点的综合。

疑难释义

《国务院办公厅关于全面治理拖欠农民工工资问题的意见》中规定，建立健全企业失信联合惩戒机制，加强对企业失信行为的部门协同监管和联合惩戒，对拖欠工资的失信企业，由有关部门在政府资金支持、政府采购、招标投标、生产许可、履约担保、资质审核、融资贷款、市场准入、评优评先等方面依法依规予以限制，使失信企业在全国范围内“一处违法、处处受限”，提高企业失信违法成本。

1Z304000
建设工程合同和劳动合同法律制度

本章导学

本章主要介绍建设工程合同和劳动合同法律制度，包括建设工程合同制度、劳动合同及劳动关系制度、相关合同制度等。本章分值在近 5 年的考试中波动较大，最高 2015 年涉及 24 分，最低 2016 年才涉及 13 分，整整相差了 11 分之多。

值得注意的是，《国务院办公厅关于全面治理拖欠农民工工资问题的意见》《最高人民法院关于审理民间借贷案件适用法律若干问题的规定》等文件的实施，将对劳动争议解决、劳务派遣以及借款合同方面的知识点做相应调整。本章近 5 年考情分析和章节架构如下所示。

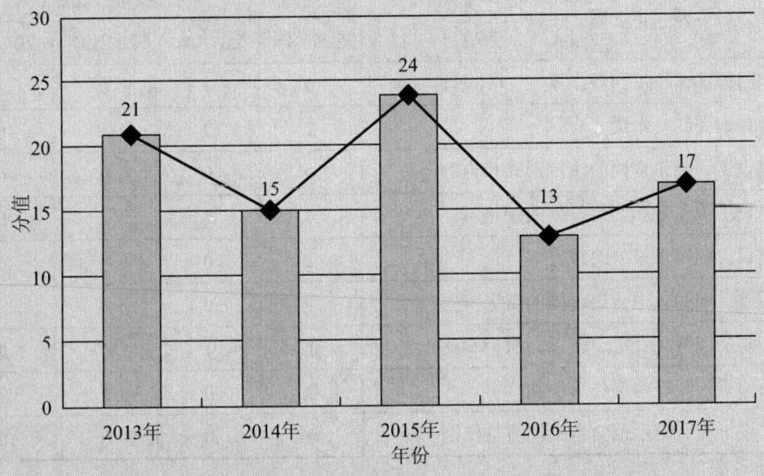

建设工程合同和劳动合同法律制度近 5 年考情分析

章节架构

	章节架构	近 5 年平均分值
1Z304000 建设工程合同和劳动合同法律制度	1Z304010　建设工程合同制度	9
	1Z304020　劳动合同及劳动关系制度	4.2
	1Z304030　相关合同制度	4.8

1Z304010　建设工程合同制度

本节导学

建设工程合同是承包人进行工程建设，发包人支付价款的合同。建设工程合同可分为建设工程勘察合同、建设工程设计合同、建设工程施工合同等。合同可以分为以下六类：①有名合同与无名合同：建设工程合同属于有名合同；②双务合同与单务合同：建设工程合同属于双务合同；③诺成合同与实践合同：建设工程合同属于诺成合同；④要式合同与不要式合同：建设工程合同属于要式合同；⑤有偿合同与无偿合同：建设工程合同属于有偿合同；⑥主合同与从合同：建设工程合同属于主合同，发包人与承包人签订的履约保证合同为从合同。本节近5年考情分析详见表1Z304010-1。

近5年考情分析　　表1Z304010-1

知识点	各年份分值				
	2013年	2014年	2015年	2016年	2017年
1Z304011　合同的法律特征和订立原则	0	1	0	1	0
1Z304012　合同的要约与承诺	2	2	1	0	1
1Z304013　建设工程施工合同的法定形式和内容	0	0	0	0	0
1Z304014　建设工程工期和支付价款的规定	4	2	2	0	1
1Z304015　建设工程赔偿损失的规定	2	0	3	0	0
1Z304016　无效合同和效力待定合同的规定	1	0	4	0	3
1Z304017　合同的履行、变更、转让、撤销和终止	1	1	3	3	3
1Z304018　违约责任及违约责任的免除	2	0	1	1	0
1Z304019　建设工程合同示范文本的性质与作用	0	0	0	0	0

本节主要涉及的法律文件为《合同法》《最高人民法院关于审理建设工程施工合同纠纷案件适用法律问题的解释》《建筑工程施工发包与承包计价管理办法》等。

高频考点一　合同的要约与承诺

高频指数：★★

考点解析

1. 要约

《合同法》规定：要约是希望和他人订立合同的意思表示。内容具体确定，表明经受要约人承诺，要约人即受该意思表示约束。

《合同法》规定：要约到达受要约人时生效。如投标人向招标人发出的投标文件，自到达招标人时起生效。要约的有效期间由要约人在要约中规定。要约人如果在要约中定有存续期间，受要约人必须在此期间内承诺。要约可以撤回，但撤回要约的通知应当在要约到达受要约人之前或者与要约同时到达受要约人。要约可以撤销，但撤销要约的通知应当在受要约人发出承诺通知之前到达受要约人。

有下列情形之一的，要约不得撤销：①要约人确定了承诺期限或者以其他形式明示要约不可撤销；②受要约人有理由认为要约是不可撤销的，并已经为履行合同做了准备工作。

2. 要约邀请

《合同法》规定：要约邀请是希望他人向自己发出要约的意思表示。寄送的价目表、拍卖公告、招标公告、招股说明书、商业广告等为要约邀请。

3. 承诺

承诺通知到达要约人时生效。承诺不需要通知的，根据交易习惯或者要约的要求做出承诺的行为时生效。承诺的内容应当与要约的内容一致。受要约人对要约的内容做出实质性变更的，为新要约。有关合同标的、数量、质量、价款或者报酬、履行期限、履行地点和方式、违约责任和解决争议方法等的变更，是对要约内容的实质性变更。

真题再现

（2013 年真题）下列情形导致要约失效的有（　　）。

A. 拒绝要约的通知到达要约人

B. 要约人依法撤销要约

C. 要约人依法撤回要约

D. 承诺期限届满，受要约人未作出承诺

E. 受要约人对要约的内容作出实质性变更

解析《合同法》第 20 条规定，有下列情形之一的，要约失效：①拒绝要约的通知到达要约人；②要约人依法撤销要约；③承诺期限届满，受要约人未作出承诺；④受要约人对要约的内容作出实质性变更。**参考答案：A、B、D、E。**

备注：新版教材删除了该部分内容。

（2014 年真题）根据《合同法》，撤回要约的通知应当（　　）。

A. 在要约到达受要约人之后到达受要约人

B. 在受要约人发出承诺之前到达受要约人

C. 在受要约人发出承诺同时到达受要约人

D. 在要约到达受要约人之前到达受要约人

E. 与与要约同时到达受要约人

解析 要约可以撤回，当撤回要约的通知应当在要约到达受要约人之前或者与要约同时到达受要约人。要约可以撤销，当撤销要约的通知应当在受要约人发出承诺通知书之前到达受要约人。**参考答案：D、E。**

（2015 年真题）甲公司向乙公司购买了一批钢材，双方约定采用合同书的方式订立合同，由于施工进度紧张，在甲公司的催促之下，双方在未签字盖章之前，乙公司将钢材送到了甲公司，甲公司接受并投入工程使用。甲、乙公司之间的买卖合同（　　）。

A. 无效　　B. 成立　　C. 可变更　　D. 可撤销

解析《合同法》第 32 条规定："当事人采用合同书形式订立合同的，自双方当事人签字或者盖章时合同成立"。第 37 条还规定："采用合同书形式订立合同，在签字或者盖章之前，当事人一方已经履行主要义务，对方接受的，该合同成立"。**参考答案：B。**

（2017 年真题）2017 年 3 月 1 日甲施工企业向乙钢材商发出采购单购买一批钢材，要求乙在 3 月 5 日前承诺。3 月 1 日，乙收到甲的采购单，3 月 2 日，甲再次发函至乙取消本次采购。乙收到两份函件后，3 月 4 日，乙发函至甲表示同意履行 3 月 1 日的采购单。关于该案的说法，正确的是（　　）。

A. 甲 3 月 2 日的行为属于要约邀请

B. 乙 3 月 4 日的行为属于新要约

C. 甲的要约已经撤销

D. 甲乙之间买卖合同成立

解析 有下列情形之一的，要约不得撤销：①要约人确定了承诺期限或者以其他形式明示要约不可撤销；②受要约人有理由认为要约是不可撤销的，并已经为履行合同作了准备工作。因此，甲发给乙的要约在 3 月 5 日承诺截止日期前不能撤销。同时，乙在 3 月 4 日，即承诺截止日期前做出了承诺，故甲乙之间买卖合同成立。**参考答案：D。**

应试指引

本高频考点主要考查要约、要约邀请、承诺三个合同订立阶段的基本概念。其中容易产生混淆的是要约和要约邀请。通过历年的真题可以看出，考试往往结合实际案例对要约和要约邀请进行区分性考查。具体来说，要约是希望和他人订立合同的意思表示，要约邀请是希望他人向自己发出要约的意思表示。都是意思表示，但两者的效果不同。要约相对人一旦做出承诺，则双方合同成立。但要约邀请的相对人如若希望订立合同，则需向对方发出要约。结合建设工程的招标程序，可以将招标公告、投标文件、中标通知书分别视为要约邀请、要约和承诺，详见表 1Z304010-2。

对应关系　　　　表 1Z304010-2

招标行为	≌	要约邀请
投标行为	≌	要约
中标公告	≌	承诺

高频考点二　建设工程工期和支付价款的规定

高频指数：★★★

考点解析

1. 建设工程工期

开工日期包括计划开工日期和实际开工日期。计划开工日期是指合同协议书约定的开工日期。实际开工日期是指监理人按照约定发出的符合法律规定的开工通知中载明的开工日期。

2004 年 10 月发布的《最高人民法院关于审理建设工程施工合同纠纷案件适用法律问题的解释》规定，当事人对建设工程实际竣工日期有争议的，按照以下情形分别处理：①建设工程经竣工验收合格的，以竣工验收合格之日为竣工日期；②承包人已经提交竣工验收报告，发包人拖延验收的，以承包人提交验收报告之日为竣工日期；③建设工程未经竣工验收，发包人擅自使用的，以转移占有建设工程之日为竣工日期。

2. 工程价款的支付

招标工程的合同价款由发包人、承包人依据中标通知书中的中标价格在协议书内约定。非招标工程的合同价款由发包人、承包人依据工程预算书在协议书内约定。价款的争议情形及处理方法详见表 1Z304010-3。

争议情形及处理方法　　表 1Z304010-3

争议情形	处理方法
视为发包人认可承包人的单方结算价	当事人约定，发包人收到竣工结算文件后，在约定期限内不予答复，视为认可竣工结算文件的，按照约定处理。承包人请求按照竣工结算文件结算工程价款的，应予支持
对工程量有争议的工程款结算	当事人对工程量有争议的，按照施工过程中形成的签证等书面文件确认。承包人能够证明发包人同意其施工，但未能提供签证文件证明工程量发生的，可以按照当事人提供的其他证据确认实际发生的工程量
欠付工程款的利息支付	当事人对欠付工程价款利息计付标准有约定的，按照约定处理；没有约定的，按照中国人民银行发布的同期同类贷款利率计息
工程垫资的处理①	当事人对垫资和垫资利息有约定，承包人请求按照约定返还垫资及其利息的，应予支持，但是约定的利息计算标准高于中国人民银行发布的同期同类贷款利率的部分除外
承包人工程价款的优先受偿权②	全款或大部分款项购房人 > 承包人 > 抵押债权人 > 普通债权人

注：①当事人对垫资没有约定的，按照工程欠款处理。当事人对垫资利息没有约定，承包人请求支付利息的，不予支持。
②建设工程承包人行使优先权的期限为 6 个月，自建设工程竣工之日或者建设工程合同约定的竣工之日起计算。

真题再现

（2013年真题）关于发包人收到竣工结算文件后，在约定期限内不予答复，视为认可竣工结算文件的说法，正确的是（　　）。

A. 必须在合同中有此约定，才可作为结算依据

B. 这是法定的视为认可竣工结算文件的情形

C. 即使合同通用条款中有此约定，也不能作为结算依据

D. 此约定即使写入合同中，也属无效合同条款

解析《最高人民法院关于审理建设工程施工合同的纠纷案件适用法律问题的解释》规定，当事人约定，发包人收到结算文件后，在约定期限内不予答复，视为认可竣工结算文件的，按照约定处理。**参考答案：A。**

（2013年真题）乙施工单位通过招标程序中标了甲方开发公司的一个施工项目。签约前，甲要求让利5%，否则不签约施工合同。后双方按中标价签订了备案合同，同时签订了让利5%的补充协议。竣工结算时，甲按让利协议扣减结算总价5%，乙以自己亏损为由不同意让利并向法院提起诉讼，要求按中标价结算。下列说法正确的是（　　）。

A. 应以备案合同作为结算工程价款的依据

B. 该补充协议属于可撤销合同

C. 应以补充协议作为结算工程价款依据

D. 乙方行为构成合同违约

解析 2004年10月发布的《最高人民法院关于审理建设工程施工合同纠纷案件适用法律问题的解释》第二十一条规定："当事人就同一建设工程另行订立的建设工程施工合同与经过备案的中标合同实质性内容不一致的，应当以备案的中标合同作为结算工程价款的根据"。因此，招标人与中标人另行签订合同的行为属违法行为，所签订的合同是无效合同。
参考答案：A。

（2013年真题）建设工程竣工前，当事人对工程质量发生争议，经鉴定工程质量合格，关于竣工日期的说法正确的有（　　）。

A. 应当以合同约定的竣工日期作为竣工日期

B. 应当以鉴定合格日期为竣工日期

C. 鉴定日期为顺延工期的期间

D. 应当以申请鉴定日期作为竣工日期

E. 应当以提交竣工验收报告的日期为竣工日期

解析 2014年10月发布的《最高人民法院关于审理建设工程施工合同纠纷案件适用法律问题的解释》当事人对建设工程实际竣工日期有争议的，按照以下情形分别处理：①建设工程竣工经验收合格的，以竣工验收合格之日为竣工日期；②承包人已经提交竣工验收报告，发包人拖延验收的，以承包人提交验收报告之日为竣工日期；③建设工程未经竣工验收，发包人

擅自使用的，以转移占有建设工程之日为竣工日期。同时还规定，建设工程竣工前，当事人对工程质量发生争议，工程质量经鉴定合格的，鉴定期间为顺延工期期间。**参考答案：C、E。**

（2014 年真题）某商品房开发工程因故停建，承包人及时起诉要求结算工程款并胜诉。法院在对该项目进行拍卖执行中，有许多债权人主张权利。各债权人的清偿顺序依法应为（　　）。

A. 承包人、抵押权人、普通债权人、全款购房人

B. 抵押债权人、普通债权人、全款购房人、承包人

C. 普通债权人、全款购房人、承包人、抵押债权人

D. 全款购房人、承包人、抵押债权人、普通债权人

解析《最高人民法院关于建设工程价款优先受偿权问题的批复》中规定，①人民法院在审理房地产纠纷案件和办理执行案件中，应当依照《合同法》第 286 条的规定，认定建筑工程的承包人的优先受偿权优于抵押权和其他债权。②消费者交付购买商品房的全部或者大部分款项后，承包人就该商品房享有的工程价款优先受偿权不得对抗买受人。③建筑工程价款包括承包人为建设工程应当支付的工作人员报酬、材料款等实际支出的费用，不包括承包人因发包人违约所造成的损失。④建设工程承包人行使优先权的期限为 6 个月，自建设工程竣工之日或者建设工程合同约定的竣工之日起计算。**参考答案：D。**

（2014 年真题）承包人已经提交竣工验收报告，发包人拖延验收的，竣工日期（　　）。

A. 以合同约定的竣工日期为准

B. 相应顺延

C. 以承包人提交竣工报告之日为准

D. 以实际通过的竣工验收之日为准

解析 同 2013 年真题解析。**参考答案：C。**

（2015 年真题）某建筑公司与某开发公司签订了一份建设工程施工合同，合同约定由建筑公司预先垫付 20% 的工程款，但没有约定利息的计算方法。后两公司就工程款支付发生争议，建筑公司诉至人民法院，要求开发公司支付工程款并偿还垫付工程款的利息，人民法院应（　　）。

A. 对该诉讼请求全部予以支持

B. 对工程款诉讼请求予以支持，对利息诉讼请求不予支持

C. 对该诉讼请求全部不予支持

D. 对工程款诉讼请求不予支持，对利息诉讼请求予以支持

解析《最高人民法院关于审理建设工程施工合同纠纷案件适用法律问题的解释》规定，当事人对垫资和垫资利息有约定，承包人请求按照约定返还垫资及其利息的，应予支持，但是约定的利息计算标准高于中国人民银行发布的同期同类贷款利率的部分除外。当事人对垫资没有约定的，按照工程欠款处理。当事人对垫资利息没有约定，承包人请求支付利息的，不予支持。**参考答案：B。**

（2015 年真题）某建设工程施工合同约定工程开工、竣工日期分别为 2013 年 3 月 1 日和

2014年10月1日，2014年10月20日工程实际竣工。由于发包人未按约定支付工程款，承包人欲行使工程价款优先受偿权，其最迟必须在（　　）前行使。

A. 2013年9月1日　　B. 2015年4月1日

C. 2015年4月20日　　D. 2015年10月20日

解析 2002年6月发布的《最高人民法院关于建设工程价款优先受偿权问题的批复》中规定，建设工程承包人行使优先权的期限为6个月，自建设工程竣工之日或者建设工程合同约定的竣工之日起计算。本题的实际竣工日期是2014年10月20日，故优先受偿权应在2015年4月20日前行使。**参考答案：C。**

（**2017年真题**）根据《最高人民法院关于审理建设工程施工合同纠纷案件适用法律问题的解释》，关于解决工程价款结算争议的说法，正确的是（　　）。

A. 欠付工程款的利息从当事人起诉之日起算

B. 当事人约定垫资利息，承包人请求按照约定支付利息的，不予支持

C. 建设工程承包人行使优先权的期限自转移占有建设工程之日起计算

D. 当事人对欠付工程款利息计付标准没有约定的，按照中国人民银行发布的同期同类贷款利率计息

解析《最高人民法院关于审理建设工程施工合同纠纷案件适用法律问题的解释》规定，当事人对欠付工程价款利息计付标准有约定的，按照约定处理；没有约定的，按照中国人民银行发布的同期同类贷款利率计息。**参考答案：D。**

应试指引

本高频考点主要考查实务中工期、价款发生争议时的解决方式。主要依据是《最高人民法院关于审理建设工程施工合同纠纷案件适用法律问题的解释》，也是诉讼中法院审理建设工程施工合同案件时的审判依据，极具实务性。关于该部分内容，建议考生以《最高人民法院关于审理建设工程施工合同纠纷案件适用法律问题的解释》为准，对相应的规定反复阅读熟悉，特别是价款争议处理方面。

疑难释义

开工日期是发包人与承包人在协议书中约定，承包人开始进场施工的绝对或相对的日期。建设工程合同中，开工日期一般都是确定的，但实务中也时常发生“开工日期”的争议。实践中，建设工程的开工日期主要有：①建设工程施工合同约定的开工日期；②施工许可证上载明的开工日期；③开工申请书中注明的开工日期；④建设单位或者监理单位指令的开工日期；⑤建筑施工企业实际进场的开工日期等。如此多的开工日期一旦出现异议，该如何认定开工日期成了实践中一个比较突出的“疑难问题”。一种观点认为，应当依据建设行政主管部门颁布的《建筑工程施工许可证》载明的日期作为开工日期。因为此处的开工日期具有行政审批的合法性，换言之，此处的开工日期是得到行政主管部门认可具备

开工条件后批准的日期。另一种观点认为，应当以建设单位签发的《开工报告》上明确的开工日期为认定的开工日期。还有一种观点则认为，应当从全案利益平衡的角度，综合全案的事实分不同情况进行认定。

《建设工程施工合同（示范文本）》（GF—2017—0201）通用条款第 7.3.2 条规定："发包人应按照法律规定获得工程施工所需的许可。经发包人同意后，监理人发出的开工通知应符合法律规定。监理人应在计划开工日期 7 天前向承包人发出开工通知，工期自开工通知中载明的开工日期起算"。

建设工程有施工许可证或者开工报告的，应当以施工许可证或者开工报告日期为实际开工日期。如果建设工程不能按照施工许可证或开工报告记载的日期开工的，应当以实际开工日期为准。如果合同约定或者施工许可证记载的日期与施工单位实际进场的日期不一致的，应当按照施工单位实际进场的日期为开工日期。开工日期的确定要坚持实事求是的原则，以合同约定及施工许可证记载的日期为基准，以签发《开工报告》记载的日期作为凭证，综合工程的客观实际情况，以最接近开工实际情况的日期作为开工日期。

高频考点三　建设工程赔偿损失的规定

高频指数：★★

考点解析

承担赔偿损失责任的构成要件是：①具有违约行为；②造成损失后果；③违约行为与财产等损失之间有因果关系；④违约人有过错，或者虽无过错，但法律规定应当赔偿。

《合同法》规定，当事人一方不履行合同义务或者履行合同义务不符合约定，给对方造成损失的，损失赔偿额应当相当于因违约所造成的损失，包括合同履行后可以获得的利益，但不得超过违反合同一方订立合同时预见到或者应当预见到的因违反合同可能造成的损失。

赔偿损失范围包括直接损失和间接损失。直接损失是指财产上的直接减少。间接损失（又称所失利益）是指失去的可以预期取得的利益。可以预期取得的利益（也称可得利益）是指利润而不是营业额。

《合同法》规定：当事人一方违约后，对方应当采取适当措施防止损失的扩大；没有采取适当措施致使损失扩大的，不得就扩大的损失要求赔偿。当事人因防止损失扩大而支出的合理费用，由违约方承担。

建设工程施工合同中的赔偿损失情况见表 1Z304010-4。

建设工程施工合同中的赔偿损失　　表 1Z304010-4

类　别	内　容
发包人应当承担的赔偿损失	未及时检查隐蔽工程造成的损失
	未按照约定提供原材料、设备等造成的损失
	因发包人原因致使工程中途停建、缓建造成的损失
	提供图纸或者技术要求不合理且怠于答复等造成的损失
	中途变更承揽工作要求造成的损失
	要求压缩合同约定工期造成的损失
	验收违法行为造成的损失
承包人应当承担的赔偿损失	转让、出借资质证书等造成的损失
	转包、违法分包造成的损失
	偷工减料等造成的损失
	与监理单位串通造成的损失
	不履行保修义务造成的损失
	保管不善造成的损失
	合理使用期限内造成的损失

真题再现

（2013 年真题）建设工程以赔偿损失方式承担违约责任的构成要件包括（　　）。

A. 违反职业道德规范

B. 造成损失后果

C. 具有违约行为

D. 违反建筑企业内部文件

E. 违约行为与财产等损失之间有因果关系

解析 承担赔偿损失责任的构成要件是：①具有违约行为；②造成损失后果；③违约行为与财产等损失之间有因果关系；④违约人有过错，或者虽无过错，但法律规定应当赔偿。**参考答案：B、C、E。**

（2015 年真题）甲施工企业与乙水泥厂签订水泥供应合同，在约定的履行日期届满时，水泥厂未能按时供应水泥。由于甲施工企业没有采取适当措施寻找货源，致使损失扩大。对于扩大的损失应该由（　　）。

A. 乙水泥厂承担　B. 双方连带责任　C. 双方按比例承担　D. 甲施工企业承担

解析《合同法》规定，当事人一方违约后，对方应当采取适当措施防止损失的扩大；没有采取适当措施致使损失扩大的，不得就扩大的损失要求赔偿。当事人因防止损失扩大而支出的合理费用，由违约方承担。**参考答案：D。**

（2015 年真题）根据《合同法》，发包人应当承担赔偿损失责任的情形有（　　）。

A. 未及时检查隐蔽工程造成的损失

B. 偷工减料造成的损失
C. 验收违法行为造成的损失
D. 中途变更承包工作要求造成的损失
E. 提供图纸或者技术要求不合理且怠于答复造成的损失

解析 本题考查的是建设工程赔偿损失的规定。发包人应承担的赔偿损失有：①未及时检查隐蔽工程造成的损失；②未按照约定提供原材料、设备等造成的损失；③因发包人原因导致使工程中途停建、缓建造成的损失；④提供图纸或者技术要求不合理且怠于答复等造成的损失；⑤中途变更承揽工作要求造成的损失；⑥要求压缩合同约定工期造成的损失；⑦验收违法行为造成的损失。**参考答案**：A、C、D、E。

应试指引

本高频考点主要考查赔偿损失的构成要件、范围、限制以及建设工程施工合同中的赔偿损失。赔偿损失的限制方面，主要涉及可预见性原则和采取措施防止损失扩大的义务，即可预见表示：只有当违约所造成的损害是违约方在订约时可以预见的情况下，方能认为损害结果与违约行为之间具有因果关系，违约方才应当对这些损害承担赔偿责任。采取措施防止损失扩大的义务表示：当事人一方违约后，对方应当采取适当措施防止损失的扩大，没有采取适当措施致使损失扩大的，不得就扩大的损失要求赔偿。通过对历年真题的分析发现：只有2013年和2015年对该部分内容有过考查，其他年份均未涉及，故2018年涉及该部分内容的可能性较大。

高频考点四　无效合同和效力待定合同的规定

高频指数：★★★

考点解析

1. 无效合同

无效合同情形归类汇总见表1Z304010-5。

无效合同情形　　表1Z304010-5

类　型	情　形
无效合同	一方以欺诈、胁迫的手段订立合同，损害国家利益
	恶意串通，损害国家、集体或者第三人利益
	以合法形式掩盖非法目的
	损害社会公共利益
	违反法律、行政法规的强制性规定

续上表

类　型	情　形
无效的免责条款	造成对方人身伤害的
	因故意或者重大过失造成对方财产损失的
建设工程无效施工合同的主要情形	承包人未取得建筑施工企业资质或者超越资质等级的
	没有资质的实际施工人借用有资质的建筑施工企业名义
	建设工程必须进行招标而未招标或者中标无效

《最高人民法院关于审理建设工程施工合同纠纷案件适用法律问题的解释》规定：建设工程施工合同无效，但建设工程经竣工验收合格，承包人请求参照合同约定支付工程价款的，应予支持。

建设工程施工合同无效，且建设工程经竣工验收不合格的，按照以下情形分别处理：

（1）修复后的建设工程经竣工验收合格，发包人请求承包人承担修复费用的，应予支持；

（2）修复后的建设工程经竣工验收不合格，承包人请求支付工程价款的，不予支持。

《合同法》规定，无效的合同或者被撤销的合同自始没有法律约束力。合同部分无效，不影响其他部分效力的，其他部分仍然有效。

合同无效、被撤销或者终止的，不影响合同中独立存在的有关解决争议方法的条款的效力。

2. 效力待定合同

效力待定合同的判别与转化见表1Z304010-6。

效力待定合同的判定与转化　　表1Z304010-6

类　别	情　形	如何转为有效合同
效力待定合同	限制行为能力人订立的合同	经法定代理人追认后[①]
	无权代理人订立的合同	被代理人追认
	无权处分行为	权利人追认或者无处分权的人订立合同后取得处分权的

注：[①]纯获利益的合同或者与其年龄、智力、精神健康状况相适应而订立的合同，不受此限。

真题再现

（2013年真题）某施工总承包单位与分包单位在分包合同中约定，分包施工中出现任何安全事故，均由分包单位承担，该约定（　　）。

A. 因显失公平而无效

B. 由于分包单位自愿签署而有效

C. 仅对总承包单位和分包单位有效

D. 因违反法律、法规强制性规定而无效

解析《合同法》规定，有下列情形之一的，合同无效：①一方以欺诈、胁迫的手段订立合同，损害国家利益；②恶意串通，损害国家、集体或者第三人利益；③以合法形式掩盖非法目的；④损害社会公共利益；⑤违反法律、行政法规的强制性规定。按照《建筑法》规定，总承包单位和分包单位就分包工程对建设单位承担连带责任，题干中的约定违反法律法规强制性规定。**参考答案：D。**

（2015 年真题）甲公司将施工机械借给乙公司使用，乙公司在甲公司不知情的情况下将该施工机械卖给知悉上述情况的丙公司，关于乙、丙公司之间施工机械买卖合同效力的说法，正确的是（　　）。

A. 有效　　B. 可变更或撤销　　C. 无效　　D. 效力待定

解析 有下列情形之一，合同无效：①一方以欺诈、胁迫手段订立合同，损害国家利益；②恶意串通，损害国家、集体或第三人的利益；③以合法形式掩盖非法目的；④损害社会公共利益；⑤违反法律、行政法规的强制性规定。**参考答案：C。**

（2015 年真题）下列建设工程合同中，属于无效合同的有（　　）。

A. 施工企业超越资质等级订立的合同

B. 发包人胁迫施工企业订立的合同

C. 没有资质的实际施工人借用有资质的建筑施工企业名义订立的合同

D. 供应商欺诈施工单位订立的采购合同

E. 施工企业与发包人订立的重大误解合同

解析 考查同上题。B、D 选项未损害国家利益，属于可撤销合同，E 选项为重大误解也属于可撤销合同。**参考答案：A、C。**

（2015 年真题）包工头张某借用某施工企业的资质与甲公司签订建设工程施工合同。施工结束后，工程竣工验收质量合格，张某要求按照合同约定支付工程款遭到对方拒绝，遂诉至法院。关于该案处理的说法，正确的是（　　）。

A. 合同无效，不应支付工程款

B. 合同无效，应参照合同约定支付工程款

C. 合同有效，应按照合同约定支付工程款

D. 合同有效，应参照合同约定支付工程款

解析 建设工程施工合同具有下列情形之一的，应当根据《合同法》第 52 条第 5 项的规定（即违反法律、行政法规的强制性规定），认定无效：①承包人未取得建筑施工企业资质或者超越资质等级的；②没有资质的实际施工人借用有资质的建筑施工企业名义的；③建设工程必须进行招标而未招标或者中标无效的。《最高人民法院关于审理建设工程施工合同纠纷案件适用法律问题的解释》规定，建设工程施工合同无效，但建设工程经竣工验收合格，承包人请求参照合同约定支付工程价款的，应予支持。**参考答案：B。**

（2017 年真题）乙施工企业租用甲建设单位的设备后擅自将该设备出售给了丙公司，甲知悉此事后，与乙商议以该设备的转让价格抵消了部分工程款。关于乙丙之间设备买卖合同效力的说法，正确的是（　　）。

A. 效力待定　　B. 有效　　C. 部分有效　　D. 可撤销

解析 该买卖合同意思表示真实，内容和形式也没有违反了法律、行政法规的强制性规定和社会公共利益，故该买卖合同有效。**参考答案：B。**

应试指引

本高频考点主要考查无效合同和效力待定合同的主要情形。合同无效的情形有五条，其中三条都是侵害了利益（国家利益、集体或第三人利益、社会公共利益），其余两条中，一条是以合法形式掩盖非法目的，另一条则是违反法律、行政法规的强制性规定。由最后一条“违反法律、行政法规的强制性规定”的无效合同情形衍生出《最高人民法院关于审理建设工程施工合同纠纷案件适用法律问题的解释》有关建设工程施工合同无效的具体情形：①承包人未取得建筑施工企业资质或者超越资质等级的；②没有资质的实际施工人借用有资质的建筑施工企业名义的；③建设工程必须进行招标而未招标或者中标无效的，即《司法解释》中提及的三种无效情形，违背了《建筑法》和《招标投标法》效力性的强制性规定。

高频考点五　合同的履行、变更、转让、撤销和终止

高频指数：★★★★

考点解析

1. 合同权利义务的转让

债权人可以将合同的权利全部或者部分转让给第三人，见表 1Z304010-7，但有下列情形之一的除外：①根据合同性质不得转让；②按照当事人约定不得转让；③依照法律规定不得转让。

合同权利义务的转让　　表 1Z304010-7

合同权利的转让	应当通知债务人，未经通知，该转让对债务人不发生效力
合同义务的转让	债务人将合同的义务全部或者部分转移给第三人的，应当经债权人同意
合同中权利和义务的一并转让	当事人一方经对方同意，可以将自己在合同中的权利和义务一并转让给第三人

2. 可撤销合同

《合同法》规定：下列合同，当事人一方有权请求人民法院或者仲裁机构变更或者撤销：①因重大误解订立的；②在订立合同时显失公平的；③一方以欺诈、胁迫的手段或者乘人之危，使对方在违背真实意思的情况下订立的合同，受损害方有权请求人民法院或者仲裁机构变更或者撤销。当事人请求变更的，人民法院或者仲裁机构不得撤销。

值得注意的是，在欺诈、胁迫、乘人之危的合同中，仅受害方可以行使撤销权；但在显失公平、重大误解的合同中，当事人双方均可行使撤销权。撤销权的除斥期间为一年，

自撤销权人知道或者应当知道撤销事由之日起算。

3. 合同的终止

合同的解除分为两大类：约定解除合同和法定解除合同。有下列情形之一的，当事人可以解除合同：①因不可抗力致使不能实现合同目的；②在履行期限届满之前，当事人一方明确表示或者以自己的行为表明不履行主要债务；③当事人一方延迟履行主要债务，经催告后在合理期限内仍未履行；④当事人一方延迟履行债务或者有其他违约行为致使不能实现合同目的；⑤法律规定的其他情形。

真题再现

（2013 年真题）根据《合同法》，允许单方解除合同的情形是（　　）。

A．由于不可抗力致使合同不能履行　　B．法定代表人变更

C．当事人一方发生合并、分立　　D．当事人一方违约

解析 合同的解除分为两大类：约定解除合同和法定解除合同。《合同法》第 94 条规定，有下列情形之一的，当事人可以解除合同：①因不可抗力致使不能实现合同目的；②在履行期限届满之前，当事人方明确表示或者以自己的行为表明不履行主要债务；③当事人一方延迟履行主要债务，经催告后在合理期限内仍未履行；④当事人一方延迟履行债务或者有其他违约行为致使不能实现合同目的；⑤法律规定的其他情形。法定解除是法律直接规定解除合同的条件，当条件具备时，解除权人可直接行使解除权；约定解除则是双方的法律行为，单方行为不能导致合同的解除。**参考答案：A。**

（2014 年真题）可撤销的建设工程施工合同，有权撤销的机构是（　　）。

A. 人民法院　　B. 建设行政主管部门　　C. 工商行政主管部门　　D. 监理单位

解析 需要注意的是，行使撤销权应当在知道或者应当知道撤销事由之日起一年内行使，并应当向人民法院或者仲裁机构申请。**参考答案：A。**

（2015 年真题）根据《合同法》，债权人将合同中的权利转让给第三人的，（　　）。

A. 需经债权人同意，且需办理公证手续

B. 无需经债务人同意，也不必通知债务人

C. 无需债务人同意，但需办理公证手续

D. 无需经债权人同意，但需通知债务人

解析《合同法》规定，债权人转让权利的，应当通知债务人。未经通知，该转让对债务人不发生效力。《合同法》规定，债务人将合同的义务全部或者部分转移给第三人的，应当经债权人同意。**参考答案：D。**

（2015 年真题）下列情形中，发包人可以请求人民法院解除建设工程施工合同的有（　　）。

A. 承包人明确表示不履行合同主要义务的

B. 承包人已经完成的建设工程质量不合格，并拒绝修复的
C. 承包人在合同约定的期限内没有完工的
D. 承包人将承包的建设工程非法转包的
E. 承包人将承包的建设工程违法分包的

解析 本题考查的是合同的终止。发包人请求解除建设工程施工合同的情形：①明确表示或者以行为表明不履行合同主要义务的；②合同约定的期限内没有完工，且在发包人催告的合理期限内仍未完工的；③已经完成的建设工程质量不合格，并拒绝修复的；④将承包的建设工程非法转包、违法分包的。**参考答案：A、B、D、E。**

（2016 年真题）甲公司以国产设备为样品，谎称进口设备，与乙施工企业订立设备买卖合同后乙施工企业知悉实情。关于该合同争议处理的说法，正确的有（　　）。
A. 买卖合同被撤销后，有关争议解决条款也随之无效
B. 乙施工企业有权自主决定是否行使撤销权
C. 乙施工企业有权自合同订立之日起 1 年内主张撤销该合同
D. 该买卖合同被法院撤销后，则该合同自始没有法律约束力
E. 乙施工企业有权自知道设备为国产之日起 1 年内主张撤销该合同

解析 合同部分无效，不影响其他部分效力的，其他部分仍然有效。合同无效、被撤销或者终止的，不影响合同中独立存在的有关解决争议方法的条款的效力，故 A 选项错误。具有撤销权的当事人知道撤销事由后明确表示或者以自己的行为放弃撤销权，则撤销权消灭，故 B 选项正确。行使撤销权应当在知道或者应当知道撤销事由之日起一年内行使，并应当向人民法院或者仲裁机构申请，故 C 选项错误，E 选项正确。《合同法》规定，无效的合同或者被撤销的合同自始没有法律约束力，故 D 选项正确。**参考答案：B、D、E。**

（2017 年真题）乙施工企业向甲建设单位主张支付工程款，甲以工程质量不合格为由拒绝支付，乙将其工程款的债权转让给丙并通知了甲。丙向甲主张该债权时，甲仍以质量原因拒绝支付。关于该案中债权转让的说法，正确的是（　　）。
A. 乙的债权属于法定不得转让的债权
B. 甲可以向丙行使因质量原因拒绝支付的抗辩
C. 乙转让债权应当经过甲同意
D. 乙转让债权的通知可以不用通知甲

解析《合同法》规定，债务人接到债权转让通知后，债务人对让与人的抗辩，可以向受让人主张。**参考答案：B。**

（2017 年真题）下列施工合同中，属于可撤销合同的有（　　）。
A. 施工合同订立时，工程款支付条款显失公平
B. 另行签订的与备案中标合同的实质性内容不一致
C. 承包人对合同的价款有重大误解的

D. 发包人胁迫承包人签订的

E. 承包人将部分工程违法分包的

解析《合同法》规定，下列合同，当事人一方有权请求人民法院或者仲裁机构变更或者撤销：①因重大误解订立的；②在订立合同时显失公平的；③一方以欺诈、胁迫的手段或者乘人之危，使对方在违背真实意思的情况下订立的合同，受损害方有权请求人民法院或者仲裁机构变更或者撤销。当事人请求变更的，人民法院或者仲裁机构不得撤销。**参考答案：A、C、D。**

应试指引

本高频考点主要考查合同的转让、撤销和终止相关概念。由近5年真题分析可知，该知识点在考试中倾向于采用实际案例的形式进行考查。如在2017年考查的可撤销合同知识点中，不再仅仅考查具体的单一条款，而是通过实例方式，体现条款的有关规定，考查形式越来越灵活，这也需要考生对知识点掌握不仅要熟悉，更主要是理解。

疑难释义

欺诈与重大误解的区别：

重大误解人的错误认识往往源于误解人自己的疏忽或缺乏经验等自身原因，而受欺诈人的错误认识来自相对人的欺诈行为，如捏造虚假情况或隐瞒真实情况。

例1：欺诈情形

某手表厂家为纪念新中国成立60周年特制纪念手表100只，每只售价2万元。在电视广告里宣称该纪念表为金表并镶嵌钻石。部分消费者购买后，发现该纪念表为镀金表，镶嵌的钻石其实为水晶，手表成本约为1200元。为此，消费者以该手表厂家欺诈为由向法院申请撤销原买卖合同。

例2：重大误解情形

某家具商场购得一批新式沙发，价格为每组2000元，售货员在制作价格标牌时，误将2000元写成了200元。次日，甲、乙两人来逛商场，发现同样的沙发在别的地方卖近2200元，而该商场居然只有200元，觉得价格非常便宜，便一人买了一组。家具商场得知这一情况后派人找到了甲、乙两人，并要求甲、乙两人退货或补足价款，但遭到拒绝。遂将甲、乙两人诉至法院，以重大误解为由，向法院申请撤销原买卖合同。

1Z304020 劳动合同及劳动关系制度

本节导学

劳动合同是在市场经济体制下，用人单位与劳动者进行双向选择、确定劳动关系、明确双方权利与义务的协议，是保护劳动者合法权益的基本依据。本节近 5 年的考情分析见表 1Z304020-1。

近 5 年考情分析 表 1Z304020-1

知 识 点	各年份分值				
	2013 年	2014 年	2015 年	2016 年	2017 年
1Z304021 劳动合同订立的规定	0	3	1	0	0
1Z304022 劳动合同的履行、变更、解除和终止	4	0	1	0	1
1Z304023 合法用工方式与违法用工模式的规定	0	0	1	1	1
1Z304024 劳动保护的规定	0	0	2	2	0
1Z304025 劳动争议的解决	0	1	0	1	2
1Z304026 违法行为应承担的法律责任	0	0	0	0	0

本节主要涉及法律文件为《劳动合同法》《劳动派遣暂行规定》《社会保险法》《劳动争议调解仲裁法》等。

高频考点 劳动合同的履行、变更、解除和终止

高频指数：★★

考点解析

劳动合同的解除，是指当事人双方提前终止劳动合同、解除双方权利义务关系的法律行为，可分为协商解除、法定解除和约定解除三种情况。劳动合同解除及不得解除劳动合同的情形见表 1Z304020-2、表 1Z304020-3。

合同的解除 表 1Z304020-2

解除方	随时解除合同的情形	提前 30 日以书面形式通知的情形
劳动者	用人单位以暴力、威胁或者非法限制人身自由的手段强迫劳动者劳动的，或者用人单位违章指挥、强令冒险作业危及劳动者人身安全的	未按照劳动合同约定提供劳动保护或者劳动条件的
		未及时足额支付劳动报酬的
		未依法为劳动者缴纳社会保险费的
		用人单位的规章制度违反法律、法规的规定，损害劳动者权益的
		因《劳动合同法》第 26 条第 1 款规定的情形致使劳动合同无效的
用人单位	在试用期间被证明不符合录用条件的	劳动者患病或者非因工负伤，在规定的医疗期满后不能从事原工作，也不能从事由用人单位另行安排的工作的
	严重违反用人单位的规章制度的	劳动者不能胜任工作，经过培训或者调整工作岗位，仍不能胜任工作的

续上表

解除方	随时解除合同的情形	提前30日以书面形式通知的情形
用人单位	严重失职，营私舞弊，给用人单位造成重大损害的	劳动合同订立时所依据的客观情况发生重大变化，致使劳动合同无法履行，经用人单位与劳动者协商，未能就变更劳动合同内容达成协议的
	劳动者同时与其他用人单位建立劳动关系，对完成本单位的工作任务造成严重影响，或者经用人单位提出，拒不改正的	—
	因《劳动合同法》第26条第1款第1项规定的情形致使劳动合同无效的	—
	被依法追究刑事责任的	—

不得解除劳动合同的情形 表1Z304020-3

情形	记忆关键词
从事接触职业病危害作业的劳动者未进行离岗前职业健康检查，或者疑似职业病病人在诊断或者医学观察期间的	病
在本单位患职业病或者因工负伤并被确认丧失或者部分丧失劳动能力的	残
患病或者非因工负伤，在规定的医疗期内的	医
女职工在孕期、产期、哺乳期的	孕
在本单位连续工作满16年，且距法定退休年龄不足5年的	老

真题再现

(2013年真题) 根据《劳动合同法》，劳动者的下列情形中，用人单位不得解除劳动合同的是（　　）。

A. 在试用期间被证明不符合录用条件的

B. 严重违反用人单位的规章制度

C. 患病或非因工负伤，在规定的医疗期内的

D. 被依法追究刑事责任的

解析《劳动合同法》第42条规定，劳动者有下列情形之一的，用人单位不得依照该法第40条、第41条的规定解除劳动合同的第3点：患病或者非因工负伤，在规定的医疗期内的。

参考答案：C。

(2013年真题) 劳动者可以立即解除劳动合同且无需事先告知用人单位的情形是（　　）。

A. 用人单位未按照劳动合同约定提供劳动保护或者劳动条件

B. 用人单位以暴力、威胁或者非法限制人身自由的手段强迫劳动者劳动

C. 用人单位未及时足额支付劳动报酬

D. 用人单位制定的规章制度违反法律、法规的规定，损害劳动者的权益

解析 用人单位以暴力、威胁或者非法限制人身自由的手段强迫劳动者劳动的，或者用人单位违章指挥、强令冒险作业危及劳动者人身安全的，劳动者可以立即解除劳动合同，不

需事先告知用人单位。**参考答案：D。**

（2013年真题）根据《劳动合同法》，用人单位有权实施经济性裁员的情形有（　　）。

A. 依照企业破产法规定进行重整的

B. 生产经营发生严重困难的

C. 股东会意见严重分歧导致董事会主要成员交换的

D. 企业转产、重大技术革新或者经营方式调整，经变更劳动合同后，仍需裁减人员的

E. 因劳动合同订立时所依据的客观经济情况发生重大变化，致使劳动合同无法履行的

解析 有下列情形之一，需要裁减人员20人以上或者裁减不足20人但占企业职工总数10%以上的，用人单位提前30日向工会或者全体职工说明情况，听取工会或者职工的意见后，裁减人员方案经向劳动行政部门报告，可以裁减人员：①依照企业破产法规定进行重整的；②生产经营发生严重困难的；③企业转产、重大技术革新或者经营方式调整，经变更劳动合同后，仍需裁减人员的；④其他因劳动合同订立时所依据的客观经济情况发生重大变化，致使劳动合同无法履行的。**参考答案：A、B、D、E。**

（2015年真题）根据《劳动合同法》，劳动者不能胜任工作，经过培训或者调整工作岗位，仍不能胜任工作，用人单位决定解除劳动合同的，需要提前（　　）以书面形式通知劳动者本人。

A. 10日　　B. 15日　　C. 20日　　D. 30日

解析《劳动合同法》第40条规定，有下列情形之一的，用人单位提前30日以书面形式通知劳动者本人或者额外支付劳动者1个月工资后，可以解除劳动合同：①劳动者患病或者非因工负伤，在规定的医疗期满后不能从事原工作，也不能从事由用人单位另行安排的工作的；②劳动者不能胜任工作，经过培训或者调整工作岗位，仍不能胜任工作的；③劳动合同订立时所依据的客观情况发生重大变化，致使劳动合同无法履行，经用人单位与劳动者协商，未能就变更劳动合同内容达成协议的。**参考答案：D。**

（2017年真题）劳动者的下列情形中，用人单位可以随时解除劳动合同的是（　　）。

A. 在试用期后被证明不符合录用条件

B. 严重违反用人单位的规章制度

C. 被起诉有大量欠债

D. 经常生病不能从事岗位工作

解析《劳动合同法》第39条规定，劳动者有下列情形之一的，用人单位可以解除劳动合同：①在试用期间被证明不符合录用条件的；②严重违反用人单位的规章制度的；③严重失职，营私舞弊，给用人单位造成重大损害的；④劳动者同时与其他用人单位建立劳动关系，对完成本单位的工作任务造成严重影响，或者经用人单位提出，拒不改正的；⑤因《劳动合同法》第26条第1款第1项规定的情形致使劳动合同无效的；⑥被依法追究刑事责任的。**参考答案：B。**

应试指引

本高频考点的考查重点在于劳动合同的解除。对于合同解除的适用情形，总结为表 1Z304020-4。

合同的解除　　表 1Z304020-4

劳动合同解除	协商解除	劳动者先提出	无经济补偿
		单位先提出	有经济补偿
	劳动者辞职	单位无过错	预告解除，无经济补偿
		单位有过错	随时通知解除或无通知解除，有经济补偿
	单位辞退劳动者	劳动者无过错	预告解除，支付经济补偿
		劳动者有过错	随时解除，无需支付经济补偿
		经济性裁员	支付经济补偿

1Z304030 相关合同制度

本节导学

同建设工程活动关系密切的相关合同，主要是承揽合同、买卖合同、借款合同、租赁合同、融资租赁合同、运输合同、委托合同等。需要注意的是，2018 年版教材依据《最高人民法院关于审理民间借贷案件适用法律若干问题的规定》对借款合同部分内容做了较大修订，即明确了所谓的"两线三区"，见表 1Z304030-1。借款合同自 2013 年考查过一次后，就再未考查过，2018 年版教材对借款合同相关内容进行了修订，考生应引起重视。本节近 5 年考情分析见表 1Z304030-2。

借款合同的利息知识点　　表 1Z304030-1

具体情形		结果
自然之间的借款合同对支付利息没有约定或者约定不明确的		视为不支付利息
借贷双方约定的利率未超过年利率 24%，出借人请求借款人按照约定的利率支付利息的		人民法院应予以支持
借贷双方约定的利率超过年利率 36%		超过部分的利息约定无效。借款人请求出借人返还已支付的超过年利率 36% 部分的利息的，人民法院应予支持
借贷双方逾期利率有约定的，从其约定，以不超过年利率 24% 为限	未约定逾期利率或者约定不明的	既未约定借期内的利率，也未约定逾期利率，出借人主张借款人自逾期还款之日起按照年利率 6% 支付资金占用期间利息的，人民法院应予支持
		约定了借期内的利率但未约定逾期利率，出借人主张借款人自逾期还款之日起按照借期内的利率支付资金占用期间利息的，人民法院应予支持

近5年考情分析　　表 1Z304030-2

知识点	各年份分值				
	2013年	2014年	2015年	2016年	2017年
1Z304031　承揽合同的法律规定	1	3	1	0	1
1Z304032　买卖合同的法律规定	2	0	1	3	1
1Z304033　借款合同的法律规定	2	0	0	0	0
1Z304034　租赁合同的法律规定	0	0	1	0	0
1Z304035　融资租赁合同的法律规定	0	0	2	1	0
1Z304036　运输合同的法律规定	0	0	0	0	2
1Z304037　仓储合同的法律规定	0	2	0	0	1
1Z304038　委托合同的法律规定	0	0	0	0	0

本节主要涉及法律文件为《合同法》《最高人民法院关于审理民间借贷案件适用法律若干问题的规定》等。

高频考点一　承揽合同的法律规定

高频指数：★★

考点解析

1. 承揽合同当事人的权利义务（表 1Z304030-3）

承揽合同当事人的权利义务　　表 1Z304030-3

	按照合同约定完成承揽工作的义务	释　义
承揽人的义务	材料检验的义务	如果定作人提供材料的，承揽人应当对定作人提供的材料及时检验，发现不符合约定时，应当及时通知定作人更换、补齐或者采取其他补救措施。承揽人不得擅自更换定作人提供的材料，不得更换不需要修理的零部件
	通知和保密的义务	承揽人发现定作人提供的图纸或者技术要求不合理的，应当及时通知定作人。承揽人应当按照定作人的要求保守秘密，未经定作人许可，不得留存复制品或者技术资料
	接受监督检查和妥善保管工作成果等的义务	承揽人在工作期间，应当接受定作人必要的监督检验
	交付符合质量要求工作成果的义务	—
定作人的义务	按照约定提供材料和协助承揽人完成工作的义务	—
	支付报酬的义务	定作人应当按照约定的期限支付报酬。对支付报酬的期限没有约定或者约定不明确的，可以协议补充；不能达成补充协议的，按照合同有关条款或者交易习惯确定。对于不能达成补充协议，也不能按照合同有关条款或者交易习惯确定的，定作人应当在承揽人交付工作成果时支付；工作成果部分交付的，定作人应当相应支付
	依法赔偿损失的义务	—
	验收工作成果的义务	—

2. 承揽合同的解除

定作人可以随时解除承揽合同，造成承揽人损失的，应当赔偿损失。

根据《合同法》的规定：双方当事人可以协商解除合同。当事人一方解除合同的，只限于两种情况：一是发生不可抗力致使合同目的无法实现；二是对方当事人严重违约。除此之外，当事人擅自解除合同的，应当承担违约责任。但在承揽合同中，定作人除了享有上述法定的解除权外，还享有随时解除合同的权利。这是由承揽合同的性质所决定。因为，承揽合同是定作人为了满足其特殊需求而订立，承揽人是根据定作人的指示进行工作，如果定作人于合同成立后由于种种原因不再需要承揽人完成工作的，允许定作人解除合同。但是，定作人解除合同的前提是赔偿承揽人的损失。

真题再现

（2013 年真题）根据《合同法》，关于定作人权利和义务的说法，正确的是（　　）。

A. 定作人有权随时解除承揽合同，造成损失的应当赔偿

B. 没有约定报酬支付期限的，定作人应当先行预付

C. 报酬约定不清的，定作人有权拒付

D. 因定作人提供的图纸不合理导致损失的，定作人与承揽人承担连带责任

解析 定作人可以随时解除承揽合同，造成承揽人损失的，应当赔偿损失，故 A 选项正确。定作人应当按照约定的期限支付报酬。对支付报酬的期限没有约定或者约定不明确的，可以协议补充；不能达成补充协议的，按照合同有关条款或者交易习惯确定。对于不能达成补充协议，也不能按照合同有关条款或者交易习惯确定的，定作人应当在承揽人交付工作成果时支付；工作成果部分交付的，定作人应当相应支付，故 B、C 选项错误。承揽人发现定作人提供的图纸或者技术要求不合理的，在通知定作人后，因定作人怠于答复等原因造成承揽人损失的，定作人应当赔偿损失，故 D 选项错误。

参考答案：A。

（2014 年真题）定作合同对于支付报酬的期限没有约定或者约定不明，又不能达成补充协议，按照合同有关条款或者交易习惯也不能确定的，定作人应当在（　　）支付报酬。

A. 合同生效后

B. 交付工作成果时

C. 完成工作成果 50% 后

D. 完成全部工作成果前

解析 对支付报酬的期限没有约定或者约定不明确的，可以协议补充；不能达成补充协议的，按照合同有关条款或者交易习惯确定。对于不能达成补充协议，也不能按照合同有关条款或者交易习惯确定的，定作人应当在承揽人交付工作成果时支付；工作成果部分交付的，定作人应当相应支付。**参考答案：B。**

（2014年真题）当事人另有约定的除外，承揽合同的承揽人应当以自己的（　）完成主要工作。

A. 设备　　B. 技术　　C. 材料

D. 资金　　E. 劳力

解析 承揽人须以自己的设备、技术和劳力完成所承揽的工作。**参考答案：A、B、E。**

（2015年真题）承揽合同中，关于承揽人义务的说法，正确的是（　）。

A. 承揽人发现定作人提供的材料不符合约定的，可以自行更换

B. 共同承揽人对定作人承担按份责任

C. 未经定作人许可，承揽人不得留存复制品或技术资料

D. 承揽人在工作期间，不必接受定作人必要的监督检验

解析 定作人提供材料的，承揽人应当对定作人提供的材料及时检验，发现不符合约定时，应当及时通知定作人更换、补齐或者采取其他补救措施。故A选项错误。共同承揽人对定作人承担连带责任，但当事人另有约定的除外。故B选项错误。承揽人应当按照定作人的要求保守秘密，未经定作人许可，不得留存复制品或者技术资料，故C选项正确。承揽人在工作期间，应当接受定作人必要的监督检验，故D选项错误。**参考答案：C。**

（2017年真题）某施工企业与预制构件厂签订了预制构件加工合同，构件加工过程中施工企业要求变更构件设计，对方同意变更。但加工构件超过60%时，该施工企业提出解除合同。关于该施工企业权利的说法，正确的是（　）。

A. 可随时解除合同　　B. 享有留置权

C. 不得单方变更设计　　D. 可请求法院撤销合同

解析 定作人可以随时解除承揽合同，造成承揽人损失的，应当赔偿损失。**参考答案：A。**

应试指引

本高频考点重点考查承揽合同当事人的权利义务以及承揽合同的解除。承揽合同当事人权利义务的规定可参照表1Z304030-2的总结进行掌握。承揽合同是定作人为了满足其特殊需求而订立的，承揽人是根据定作人的指示进行工作，如果定作人于合同成立后由于种种原因不再需要承揽人完成工作，允许定作人解除合同。因此，考生应注意，定作人可以随时解除承揽合同，造成承揽人损失的，应当赔偿损失。

疑难释义

建设工程合同属于特殊形式的承揽合同，但由于建设工程的重要性，以及对建设工程合同的特殊性规定，《合同法》把建设工程合同从承揽合同中分离出来并单独加以

规定。但同时，《合同法》又规定，建设工程合同章节中没有规定的，适用承揽合同的有关规定。

建设工程合同与一般的承揽合同的区分有助于解决“管辖权”“工程价款优先受偿权”等司法实务问题。建设工程合同与一般的承揽合同的异同点较多，本书选取几个较大的不同点进行简述：

（1）合同主体资格要求不同。建设工程合同对合同主体具有严格的限制，发包人建设工程合同的发包人一般为法人或其他组织（但我国现行法律并未排斥自然人的发包人地位），承包人也只能是具有从事工程勘察、设计、施工相应资格的法人；而一般的承揽合同的承包人可以是法人，也可以是自然人，承揽合同的主体取决于当事人，并无强制性规定。

（2）合同的标的物不同。建设工程合同的标的物是建设工程，建设工程包括土木建筑工程、安装工程和装修工程三类工程。承揽合同的标的没有限制。

（3）合同的形式不同。建设工程合同是要式合同，承揽合同的形式没有规定。

（4）行政监管不同。因建设工程涉及公共利益，故国家从项目立项开始，对建设工程的招标、订立合同、工程实施、竣工验收等全过程都实行了严格的监督和管理。而承揽合同中，标的涉及范围较广，相对价值相对较小，主要涉及合同当事人之间的利益，合同的订立、履行一般不会受到行政监管。

高频考点二　买卖合同的法律规定

高频指数：★★★

考点解析

1. 交付的方式（表 1Z304030-4）

支付的方式　　表 1Z304030-4

交付方式	释　义
现实交付	标的物由出卖人直接交付给买受人
简易交付	标的物在订立合同之前已为买受人占有，合同生效即视为完成交付
占有改定	买卖双方特别约定，合同生效后标的物仍然由出卖人继续占有，但其所有权已完成法律上的转移
指示交付	合同成立时，标的物为第三人合法占有，买受人取得了返还标的物请求权
拟制交付	出卖人将标的物的权利凭证（如仓单、提单）交给买受人，以代替标的物的现实交付

2. 出卖人和买受人的义务（表 1Z304030-5）

出卖人和买受人的义务　　表 1Z304030-5

出卖人义务	按照约定的期限交付标的物	对于不能达成补充协议，也不能按照合同有关条款或者交易习惯确定的，债务人可以随时履行，债权人也可以随时要求履行，但应当给对方必要的准备时间
	按照约定的地点交付标的物	对于不能达成补充协议，也不能按照合同有关条款或者交易习惯确定的，适用下列规定： ①标的物需要运输的，出卖人应当将标的物交付给第一承运人以运交给买受人； ②标的物不需要运输，出卖人和买受人订立合同时知道标的物在某一地点的，出卖人应当在该地点交付标的物； ③不知道标的物在某一地点的，应当在出卖人订立合同时的营业地交付标的物
	按照约定的质量交付标的物	对于不能达成补充协议，也不能按照合同有关条款或者交易习惯确定的，按照国家标准、行业标准履行； 没有国家标准、行业标准的，按照通常标准或者符合合同目的的特定标准履行
	按照约定的包装方式交付标的物	对于不能达成补充协议，也不能按照合同有关条款或者交易习惯确定的，应当按照通用的方式包装，没有通用方式的，应当采取足以保护标的物的包装方式。
买方义务	约定的数额支付价款	对于不能达成补充协议，也不能按照合同有关条款或者交易习惯确定的，按照订立合同时履行地的市场价格履行
	约定的地点支付价款	对于不能达成补充协议，也不能按照合同有关条款或者交易习惯确定的，买受人应当在出卖人的营业地支付，但约定支付价款以交付标的物或者交付提取标的物单证为条件的，在交付标的物或者交付提取标的物单证的所在地支付
	约定的时间支付价款	对于不能达成补充协议，也不能按照合同有关条款或者交易习惯确定的，买受人应当在收到标的物或者提取标的物单证的同时支付

3. 标的物毁损灭失风险的承担（表 1Z304030-6）

标的物毁损灭失风险的承担　　表 1Z304030-6

情　形	风险承担	一方违约的情形
标的物毁损、灭失的风险	交付之前，出卖人承担；交付之后，买受人承担	因买受人的原因致使标的物不能按照约定的期限交付的，买受人应当自违反约定之日起承担标的物毁损、灭失的风险
出卖人出卖交由承运人运输的在途标的物	毁损、灭失的风险自合同成立时起由买受人承担	合同成立时出卖人知道或者应当知道标的物已经毁损、灭失却未告知买受人的，出卖人应当负担标的物毁损、灭失的风险
需要运输的标的物	出卖人将标的物交付给第一承运人后，标的物毁损、灭失的风险由买受人承担	买受人违反约定没有收取的，标的物毁损、灭失的风险自违反约定之日起由买受人承担

真题再现

（2013 年真题）出卖人将标的物的权利凭证交给买受人，以替代标的物的现实交付，该种交付方式称为（　　）。

A. 简易交付　　B. 占有决定　　C. 指示交付　　D. 拟制交付

解析 拟制交付是指出卖人将标的物的权利凭证（如仓单、提单）交给买受人，以代替标的物的现实交付。**参考答案：D。**

（2013 年真题）根据《合同法》，分期付款的买受人未支付到期价款的最低金额达到全部价款的（　　），出卖人即有权要求买受人支付全部价款或者解除合同。

A. 1/3　　B. 1/2　　C. 1/5　　D. 2/3

解析 分期付款的买受人未支付到期价款的金额达到全部价款的五分之一的，出卖人有权要求买受人支付全部价款或者解除合同。出卖人解除合同的，可以向买受人要求支付该标的物的使用费。**参考答案：C。**

（2015 年真题）在买卖合同中，出卖人出卖交由承运人运输的在途标的物，除当事人另有约定的以外，毁损、灭失的风险自（　　）时起由买受人承担。

A. 合同成立　　B. 标的物交付　　C. 合同生效　　D. 支付货款

解析 出卖人出卖交由承运人运输的在途标的物，除当事人另有约定的以外，毁损、灭失的风险自合同成立时起由买受人承担。**参考答案：A。**

（2016 年真题）甲施工企业从乙公司购进一批水泥，乙公司为甲施工企业代办托运。在运输过程中，甲施工企业与丙公司订立合同将这批水泥转让丙公司，水泥在运输途中因山洪暴发火车出轨受到损失。该案中水泥的损失应由（　　）。

A. 丙公司承担　　B. 甲施工企业承担

C. 乙公司承担　　D. 甲施工企业和丙公司分担

解析 对于需要运输的标的物，当事人没有约定交付地点或者约定不明确，出卖人将标的物交付给第一承运人后，标的物毁损、灭失的风险由买受人承担。**参考答案：A。**

（2016 年真题）关于买卖合同的说法，正确的有（　　）。

A. 标的物在交付之前产生的孳息，归出卖人所有

B. 试用期间届满，试用买卖的买受人对是否购买标的物未做表示的，视为购买

C. 买受人已经支付标的物总价款的 75% 以上的，出卖人无权要求取回标的物

D. 因标的物的主物不符合约定而解除合同的，解除合同的效力不及于从物

E. 标的物在订立合同之前已为买受人占有的，合同生效的时间为交付时间

解析 标的物在交付之前产生的孳息，归出卖人所有，交付之后产生的孳息，归买受人所有，故 A 选项正确。试用买卖的买受人在试用期内可以购买标的物，也可以拒绝购买。试用期间届满，买受人对是否购买标的物未作表示的，视为购买，故 B 选项正确。《最高人民法院关于审理买卖合同纠纷案件适用法律问题的解释》第三十六条规定，买受人已经支付标的物总价款的百分之七十五以上，出卖人主张取回标的物的，人民法院不予支持。故 C 选项正确。因标的物的主物不符合约定而解除合同的，解除合同的效力及于从物。因标

的物的从物不符合约定被解除的，解除的效力不及于主物，故D选项错误。《合同法》第一百四十条规定，标的物在订立合同之前已为买受人占有的，合同生效的时间为交付时间，故E选项正确。**参考答案：A、B、C、E。**

（2017年真题）某设备租赁公司将一台已经出租给某劳务公司的钢筋切割机转让给某施工企业，该切割机租赁还有3个月到期。转让合同约定当切割机租赁期限结束时劳务公司将其交付给该施工企业。该买卖合同中切割机的交付方式为（　　）。

A. 简易交付　　B. 拟制交付

C. 指示交付　　D. 占有改定

解析 指示交付是指合同成立时，标的物为第三人合法占有，买受人取得了返还标的物请求权。**参考答案：C。**

应试指引

本高频考点主要考查交付方式的应用和标的物毁损灭失风险的承担。其中，交付方式的考查越来越灵活，考生需要理解各种交付方式的实际应用，而不是仅记住定义。标的物毁损灭失风险的承担方面，总结见表1Z304030-7。

标的物毁损灭失风险的承担　　表1Z304030-7

动产风险负担的基本原则	交付主义
在途风险由出卖人承担	送货上门的
回途风险由买受人承担	自提的
自合同生效时风险归买受人承担	简易交付的
办完托运、邮寄手续后由买受人承担	代办托运、邮寄的

疑难释义

风险是指非由于任何一方当事人的过错而导致的标的物的毁损灭失。可以从以下两点对此进行理解：①确实发生了标的物的毁损灭失这一事实；②发生的原因是非基于当事人的过错，否则就不是风险，而属于过错导致的损失。

例1：合同履行中的风险

小王经人介绍准备向金店老版小李购置一枚金戒指，价值3万元。约定2017年8月12日下午，小李将金戒指送至小王住处。不料，小王因忘记有此约定而外出，小李交付未果，只能返回。返还途中，突遇暴乱，不幸自己也身陷其中，导致金戒指丢失。

例2：过错导致的损失

小王经人介绍准备向金店老版小李购置一枚金戒指，价值3万元。约定2017年8月12日下午，小李将金戒指送至小王住处。不料，小王因忘记有此约定而外出，小李交付未果，只能返回。返还途中，小李骑电动车走上了机动车道，还逆向行驶，不料被机动车撞伤，金戒指在碰撞过程中丢失。

1Z305000

建设工程施工环境保护、节约能源和文物保护法律制度

本章导学

本章主要考查施工现场环境保护制度、施工节约能源制度、施工文物保护制度。

从近 5 年考情分析图中可以看出，本章每年的分值均较低，特别是 2013 年仅考了 5 分，2017 年也就考了 7 分。由于分值占比较低，考点零碎繁杂，不易掌握，因此本章常被一些辅导机构戏称为“鸡肋知识”。本章近 5 年考情分析和章节架构如下所示。

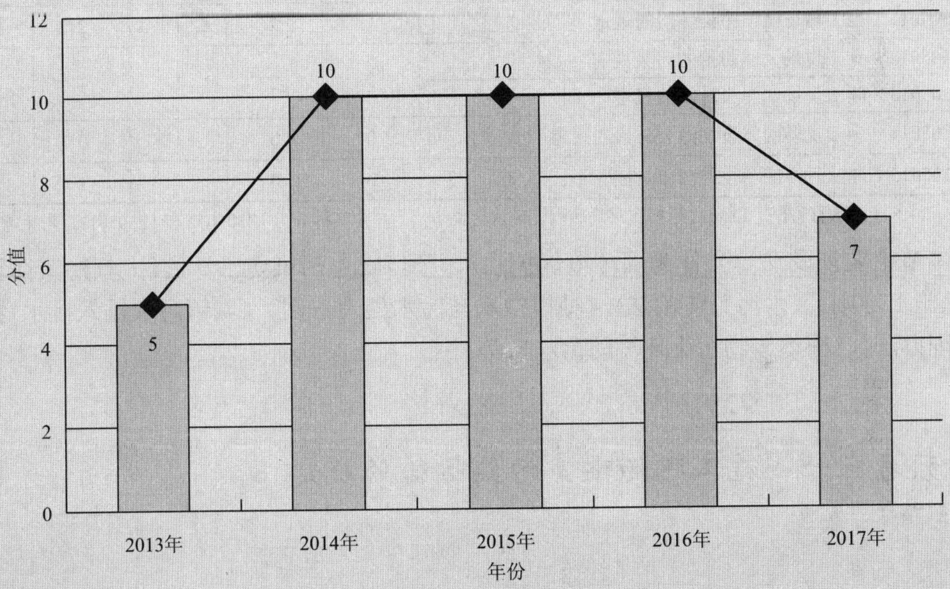

近 5 年考情分析

章节架构

	章 节 架 构	近 5 年平均分值
1Z305000 建设工程施工环境保护、节约能源和文物保护法律制度	1Z305010　施工现场环境保护制度	2.8
	1Z305020　施工节约能源制度	3.4
	1Z305030　施工文物保护制度	2.2

值得注意的是，根据 2017 年 6 月 27 日第十二届全国人民代表大会常务委员会第二十八次会议《关于修改〈中华人民共和国水污染防治法〉的决定》第二次修正，新《水污染防治法》将于 2018 年 1 月 1 日正式实施，因此 2018 年新版教材将对相关内容进行调整，需考生引起重视。

1Z305010 施工现场环境保护制度

本节导学

施工现场环境保护制度包括施工现场噪声污染防治的规定，施工现场废气、废水污染防治的规定，施工现场固体废物污染防治的规定，违法行为应承担的法律责任四部分内容，近5年考情分析详见表1Z305010-1。通过近5年考情分析可知，施工现场噪声污染防治的规定是考查的重点。

近5年考情分析　　表1Z305010-1

知识点	各年份分值				
	2013年	2014年	2015年	2016年	2017年
1Z305011　施工现场噪声污染防治的规定	1	2	1	2	0
1Z305012　施工现场大气防治的污染规定 1Z305013　施工现场水污染防治的规定	0	2	1	1	0
1Z305014　施工现场固体废物污染防治的规定	0	0	1	0	1
1Z305015　违法行为应承担的法律责任	0	0	0	1	0

注：2018年版教材将原“1Z305012 施工现场废气、废水污染防治的规定”拆分为1Z305012和1Z305013，考生需注意。

本节主要涉及法律文件为《环境保护法》《环境噪声污染防治法》《大气污染防治法》《绿色施工导则》《水污染防治法》《城镇排水与污水处理条例》《城镇污水排入排水管网许可管理办法》《固体废物污染环境防治法》等。

高频考点一　施工现场噪声污染防治的规定

高频指数：★★

考点解析

施工噪声，是指在建设工程施工过程中产生的干扰周围生活环境的声音。现如今，因施工噪声引起的法律纠纷日渐增多。

《建筑施工场界环境噪声排放标准》规定，建筑施工过程中场界环境噪声不得超过规定的排放限值。建筑施工场界环境噪声排放限值，昼间为70dB（A），夜间为55dB（A）。夜间噪声最大声级超过限值的幅度不得高于16dB（A）。昼间是指6:00至22:00之间的时段；夜间是指22:00至次日6:00之间的时段。

《环境噪声污染防治法》规定，在城市市区噪声敏感建筑物集中区域内，禁止夜间进行产生环境噪声污染的建筑施工作业，但抢修、抢险作业和因生产工艺上要求或者特殊需要必须连续作业的除外。因特殊需要必须连续作业的，必须有县级以上人民政府或者其有关主管部门的证明。以上规定的夜间作业，必须公告附近居民。

所谓噪声敏感建筑物集中区域是指医疗区、文教科研区和以机关或者居民住宅为主的区域。所谓噪声敏感建筑物是指医院、学校、机关、科研单位、住宅等需要保持安静的建筑物。

建设项目的环境噪声污染防治设施必须与主体工程同时设计、同时施工、同时投产使用。

真题再现

（2013 年真题）根据《环境噪声污染防治法》，在城市市区噪声敏感建筑物集中区域内，不能在夜间进行产生环境噪声污染的建筑施工作业的是（　　）作业。

A. 抢修　　B. 抢险　　C. 抢工期　　D. 生产工艺要求必须连续

解析《环境噪声污染防治法》规定，在城市市区噪声敏感建筑物集中区域内，禁止夜间进行产生环境噪声污染的建筑施工作业，但抢修、抢险作业和因生产工艺上要求或者特殊需要必须连续作业的除外。因特殊需要必须连续作业的，必须有县级以上人民政府或者其有关主管部门的证明。以上规定的夜间作业，必须公告附近居民。**参考答案：C。**

（2014 年真题）关于施工现场环境噪声污染防治的说法，正确的有（　　）。

A. 在城市市区噪声敏感建筑物集中区域内，禁止夜间进行产生环境噪声污染的建筑施工作业

B. 科研单位的建筑物属于噪声敏感建筑物

C. 建筑施工场界环境噪声排放限值与时间段无关

D. 环保行政管理部门有权对排放环境噪声的施工单位进行现场检查

E. “夜间”是指 22: 00 至次日 8: 00 之间的时段

解析《环境噪声污染防治法》规定，在城市市区噪声敏感建筑物集中区域内，禁止夜间进行产生环境噪声污染的建筑施工作业，但抢修、抢险作业和因生产工艺上要求或者特殊需要必须连续作业的除外。所谓噪声敏感建筑物集中区域，是指医疗区、文教科研区和以机关或者居民住宅为主的区域。所谓噪声敏感建筑物是指医院、学校、机关、科研单位、住宅等需要保持安静的建筑物。建筑施工场界环境噪声排放限值，昼间为 70dB（A），夜间为 55dB（A）。《环境噪声污染防治法》规定，县级以上人民政府环境保护行政主管部门和其他环境噪声污染防治工作的监督管理部门、机构，有权依据各自的职责对管辖范围内排放环境噪声的单位进行现场检查。夜间是指 22: 00 至次日 6: 00 之间的时段。**参考答案：B、D。**

（2015 年真题）在某城市市区噪声敏感建筑集中区域进行可能造成环境噪声污染的施工作业，下列说法正确的是（　　）。

A. 禁止夜间进行建筑施工作业

B. 因特殊需要必须连续作业的，必须有县级以上地方人民政府建设行政主管部门的证明

C. 因特殊需要必须连续作业的，必须事先告知附近居民并获得其同意

D. 禁止夜间进行产生环境噪声污染的建筑施工作业，但因特殊需要必须连续作业的除外

解析《环境噪声污染防治法》规定，在城市市区噪声敏感建筑物集中区域内，禁止夜间进行产生环境噪声污染的建筑施工作业，但抢修、抢险作业和因生产工艺上要求或者特殊需要必须连续作业的除外。因特殊需要必须连续作业的，必须有县级以上人民政府或者其有关主管部门的证明。以上规定的夜间作业，必须公告附近居民。**参考答案：D。**

（**2016 年真题**）根据《环境噪声污染防治法》，关于对产生环境噪声污染的企业事业单位监管的说法，正确的有（　　）。

A. 产生环境噪声污染的企业事业单位，拆除或者闲置环境噪声污染防治设施的，必须事先报批

B. 征收的超标准排污费可以用于污染的防治

C. 在噪声敏感建筑物集中区域内造成严重环境噪声污染的企业事业单位，限期治理

D. 产生环境噪声污染的单位，应当采取措施进行治理，并按照国家规定缴纳超标准排污费

E. 限期治理是由省级人民政府按国务院规定的权限决定

解析《环境噪声污染防治法》规定，产生环境噪声污染的企业事业单位，必须保持防治环境噪声污染的设施的正常使用；拆除或者闲置环境噪声污染防治设施的，必须事先报经所在地的县级以上地方人民政府环境保护行政主管部门批准。产生环境噪声污染的单位，应当采取措施进行治理，并按照国家规定缴纳超标准排污费。征收的超标准排污费必须用于污染的防治，不得挪作他用。对于在噪声敏感建筑物集中区域内造成严重环境噪声污染的企业事业单位，限期治理。被限期治理的单位必须按期完成治理任务。产生环境噪声污染的单位，应当采取措施进行治理，并按照国家规定缴纳超标准排污费。征收的超标准排污费必须用于污染的防治，不得挪作他用。**参考答案：A、B、C、D。**

应试指引

本高频考点考查的相对比较零散，未有重复，不易把握重点。从近 5 年的真题分析中可知，2013 ～ 2016 年连续 4 年均考查过的知识点均集中在“施工现场环境噪声污染的防治”方面，其中关于使用机械设备可能产生环境噪声污染的申报要求详见表 1Z305010-2。对于建设项目环境噪声污染的防治未曾涉及。

关于使用机械设备可能产生环境噪声污染的申报要求　　表 1Z305010-2

<table>
<tr><td>抢修、抢险</td><td rowspan="2">需申报，不需持证明</td><td rowspan="3">需公告附近居民</td></tr>
<tr><td>生产工艺上要求连续作业</td></tr>
<tr><td>特殊需要必须连续的作业</td><td>需申报，需持证明</td></tr>
</table>

2018 年备考时，考生可关注一下建设项目环境噪声污染的防治部分内容，如建设项目的环境噪声污染防治设施必须与主体工程同时设计、同时施工、同时投产使用。实例：建设经过已有的噪声敏感建筑物集中区域的高速公路和城市高架、轻轨道路，有可能造成环境噪声污染的，应当设置声屏障或者采取其他有效的控制环境噪声污染的措施。

高频考点二　施工现场废气、废水污染防治的规定

高频指数：★★

考点解析

2018年版教材将该知识点拆分为“施工现场大气污染防治的规定”、“施工现场水污染防治的规定”两个知识点，考生需注意。

1. 大气污染的防治（表1Z305010-3，表1Z305010-4）

建设单位和施工单位在治理扬尘方面的责任　表1Z305010-3

建设单位的责任	内　容
将防治扬尘污染的费用列入工程造价，并在施工承包合同中明确施工单位扬尘污染防治责任	（1）应当制定具体的施工扬尘污染防治实施方案； （2）施工单位应当在施工工地设置硬质围挡，并采取覆盖、分段作业、择时施工、洒水抑尘、冲洗地面和车辆等有效防尘降尘措施； （3）施工单位应当在施工工地公示扬尘污染防治措施、负责人、扬尘监督管理主管部门等信息

《绿色施工导则》的注意事项及关键点　表1Z305010-4

注意事项	关键点
运送土方、垃圾、设备及建筑材料等，不污损场外道路	施工现场出口应设置洗车槽
土方作业阶段，采取洒水、覆盖等措施，达到作业区目测扬尘高度小于1.5m，不扩散到场区外	作业区目测扬尘高度小于1.5m
结构施工、安装装饰装修阶段，作业区目测扬尘高度小于0.5m	作业区目测扬尘高度小于0.5m
施工现场非作业区达到目测无扬尘的要求	对现场易飞扬物质采取有效措施
构筑物机械拆除前，做好扬尘控制计划	—
构筑物爆破拆除前，做好扬尘控制计划	选择风力小的天气进行爆破作业
在场界四周隔挡高度位置测得的大气总悬浮颗粒物（TSP）月平均浓度与城市背景值的差值不大于0.08mg/m^3	差值不大于0.08 mg/m^3

2. 水污染的防治（表1Z305010-5）

2017年6月经修改后公布的《水污染防治法》规定：水污染防治应当坚持预防为主、防治结合、综合治理的原则。水污染防治的相关知识点总结见表1Z305010-5。

水污染防治　表1Z305010-5

向水体排放的禁止性规定	例　外
禁止向水体排放油类、酸液、碱液或者剧毒废液	—
禁止在水体清洗装贮过油类或者有毒污染物的车辆和容器	—
禁止向水体排放、倾倒放射性固体废物或者含有高放射性和中放射性物质的废水	向水体排放含低放射性物质的废水，应当符合国家有关放射性污染防治的规定和标准

续上表

向水体排放的禁止性规定	例　外
禁止向水体排放、倾倒工业废渣、城镇垃圾和其他废弃物	—
禁止将含有汞、镉、砷、铬、铅、氰化物、黄磷等的可溶性剧毒废渣向水体排放、倾倒或者直接埋入地下	—

注：在饮用水水源保护区内，禁止设置排污口。在风景名胜区水体、重要渔业水体和其他具有特殊经济文化价值的水体的保护区内，不得新建排污口。

真题再现

（2014 年真题）根据《大气污染防治法》，我国颁发主要大气污染物排放许可证的机构是（　　）。

A. 国务院环保部门

B. 各级地方政府环保部门

C. 酸雨控制区内的人民政府环保部门

D. 大气污染排放总量控制区内的人民政府

解析《大气污染防治法》第 15 条：大气污染物总量控制区有关地方人民政府依照国务院规定的条件和程序，按照公开、公平、公正的原则，核定企业事业单位的主要大气污染物排放总量，核发主要大气污染物排放许可证。**参考答案：D。**

备注：本题超纲。

（2014 年真题）关于施工现场大气污染防治的说法，正确的是（　　）。

A. 重点是防治排放物污染

B. 爆破作业须选择风力小的天气进行，做好计划

C. 结构施工阶段，作业区的目测扬尘高度小于 1m

D. 施工现场非作业区达到目测扬尘高度 0.5m

解析施工现场大气污染的防治，重点是防治扬尘污染，故 A 选项错误。选择风力小的天气进行爆破作业，故 B 选项正确。结构施工、安装装饰装修阶段，作业区目测扬尘高度小于 0.5m，故 C 选项错误。施工现场非作业区达到目测无扬尘的要求，故 D 选项错误。**参考答案：B。**

（2015 年真题）根据《水污染防治法》，企业事业单位发生事故或者其他突发性事件，造成或者可能造成水污染事故的，应当立即启动本单位的应急预案，采取应急措施，并向（　　）的县级以上地方人民政府或者环境保护主管部门报告。

A. 单位所在地　　B. 污染影响地

C. 单位等级地　　D. 事故发生地

解析《水污染防治法》规定，企业事业单位发生事故或者其他突发性事件，造成或者可能造成水污染事故的，应当立即启动本单位的应急方案，采取应急措施，并向事故发生地的县级以上地方人民政府或者环境保护主管部门报告。**参考答案：D。**

（2016 年真题）根据《城镇污水排入排水管网许可管理办法》，关于向城镇排水设施排放污水的说法，正确的是（　　）。

A. 城镇排水主管部门实施排水许可不得收费

B. 施工作业需要排水的，由施工企业申请领取排水许可证

C. 排水许可证的有效期，由建设主管部门根据工期确定

D. 排水户应当按照实际需要的排水类别、总量排放污水

解析 城镇排水主管部门实施排水许可不得收费，故 A 选项正确。各类施工作业需要排水的，由建设单位申请领取排水许可证，故 B 选项错误。因施工作业需要向城镇排水设施排水的，排水许可证的有效期，由城镇排水主管部门根据排水状况确定，但不得超过施工期限，故 C 选项错误。排水户应当按照排水许可证确定的排水类别、总量、时限、排放口位置和数量、排放的污染物项目和浓度等要求排放污水，故 D 选项错误。**参考答案：A。**

（2017 年真题）根据《水污染防治法》，关于施工现场水污染防治的说法，正确的是（　　）。

A. 禁止利用无防渗漏措施的沟渠输送含有毒污染物的废水

B. 在具有特殊经济文化价值的水体保护区内，禁止设置排污口

C. 禁止向水体排放含低放射性物质的废水

D. 禁止向水体排放生活污水

解析 在饮用水水源保护区内，禁止设置排污口。在风景名胜区水体、重要渔业水体和其他具有特殊经济文化价值的水体的保护区内，不得新建排污口，故 B 选项错误。禁止向水体排放、倾倒放射性固体废物或者含有高放射性和中放射性物质的废水。向水体排放含低放射性物质的废水，应当符合国家有关放射性污染防治的规定和标准，故 C 选项错误。向水体排放生活污水并未禁止，故 D 选项错误。**参考答案：A。**

应试指引

本高频考点主要考查大气污染和水污染的防治。其中，大气污染防治主要考查扬尘治理方面的相关规定。水污染的防治主要考查向水体禁止排放的污染物和城镇污水排放的相关规定。从近 5 年真题分析来看，2014 年考查的是大气污染治理方面的知识点，2015 年~2017 年考查的是水污染防治方面的知识点。《全国人民代表大会常务委员会关于修改的决定》已由中华人民共和国第十二届全国人民代表大会常务委员会第二十八次会议于 2017 年 6 月 27 日通过并公布，自 2018 年 1 月 1 日起施行，对《水污染防治法》进行了较大的修订，因此在备考时，考生应重点关注水污染防治方面的相关内容。

1Z305020 施工节约能源制度

本节导学

节约资源是我国的基本国策。国家实施节约与开发并举、把节约放在首位的能源发展

战略。本节近 5 年考情分析详见表 1Z305020-1。

近 5 年考情分析 表 1Z305020-1

知识点	各年份分值				
	2013 年	2014 年	2015 年	2016 年	2017 年
1Z305021 施工合理使用与节约能源的规定	3	4	3	2	3
1Z305022 施工节能技术进步和激励措施的规定	0	0	0	0	0
1Z305023 违法行为应承担的法律责任	0	0	0	2	0

本节主要涉及法律文件为《节约能源法》《循环经济促进法》《绿色施工导则》等。

高频考点 施工合理使用与节约能源的规定

高频指数：★★★★★

考点解析

1. 合理使用与节约能源的一般规定

用能单位应当加强能源计量管理，按照规定配备和使用经依法检定合格的能源计量器具。用能单位应当建立能源消费统计和能源利用状况分析制度，对各类能源的消费实行分类计量和统计，并确保能源消费统计数据真实、完整。任何单位不得对能源消费实行包费制。

2. 建筑节能的规定

《节约能源法》规定：国家实行固定资产投资项目节能评估和审查制度。不符合强制性节能标准的项目，依法负责项目审批或者核准的机关不得批准或者核准建设；建设单位不得开工建设；已经建成的，不得投入生产、使用。各单位的节能义务见表 1Z305020-2。

各单位的节能义务 表 1Z305020-2

类别	内容
施工图审查机构的节能义务	施工图设计文件审查机构应当按照民用建筑节能强制性标准对施工图设计文件进行审查；经审查不符合民用建筑节能强制性标准的，县级以上地方人民政府建设主管部门不得颁发施工许可证
建设单位的节能义务	建设单位不得明示或者暗示设计单位、施工单位违反民用建筑节能强制性标准进行设计、施工，不得明示或者暗示施工单位使用不符合施工图设计文件要求的墙体材料、保温材料、门窗、采暖制冷系统和照明设备
设计单位、施工单位、工程监理单位的节能义务	设计单位、施工单位、工程监理单位及其注册执业人员，应当按照民用建筑节能强制性标准进行设计、施工、监理

3. 施工节能的规定

非传统水源利用：①优先采用中水搅拌、中水养护，有条件的地区和工程应收集雨水养护；②处于基坑降水阶段的工地，宜优先采用地下水作为混凝土搅拌用水、养护用水、冲洗用水和部分生活用水；③现场机具、设备、车辆冲洗，喷洒路面，绿化浇灌等用水，优先采用非传统水源，尽量不使用市政自来水；④大型施工现场，尤其是雨量充沛地区的大型施工现场建立雨水收集利用系统，充分收集自然降水用于施工和生活中适宜的部位；⑤力争施工中非传统水源和循环水的再利用量大于30%。

真题再现

（2013年真题）关于用能单位加强能源计量管理的说法，错误的是（　　）。

A. 按照规定配备和使用经依法检定合格的能源计量器具

B. 建立能源消费统计和能源利用状况分析制度

C. 对各类能源消耗实行分类计量和统计

D. 对能源消费应实行包费制

解析 用能单位应当加强能源计量管理，按照规定配备和使用经依法检定合格的能源计量器具。用能单位应当建立能源消费统计和能源利用状况分析制度，对各类能源的消费实行分类计量和统计，并确保能源消费统计数据真实、完整。任何单位不得对能源消费实行包费制。**参考答案：D。**

（2013年真题）根据民用建筑节能管理规定，关于各单位执行建筑节能强制性标准说法正确的有（　　）。

A. 经审查不符合民用建筑节能强制性标准的，不得颁发施工许可证

B. 对不符合民用建筑节能强制性标准的，不得出具竣工验收合格报告

C. 建设单位不得以任何理由要求施工单位修改经审查合格的节能设计文件

D. 施工单位进行施工时，不得违反审查合格的设计文件和建筑节能施工标准

E. 民用建筑在改建、扩建时，设计单位不得对原建筑进行节能改造

解析 施工图设计文件审查机构应当按照民用建筑节能强制性标准对施工图设计文件进行审查；经审查不符合民用建筑节能强制性标准的，县级以上地方人民政府建设主管部门不得颁发施工许可证，故A选项正确。建设单位组织竣工验收，应当对民用建筑是否符合民用建筑节能强制性标准进行查验；对不符合民用建筑节能强制性标准的，不得出具竣工验收合格报告，故B选项正确。建设单位不得明示或者暗示设计单位、施工单位违反民用建筑节能强制性标准进行设计、施工，不得明示或者暗示施工单位使用不符合施工图设计文件要求的墙体材料、保温材料、门窗、采暖制冷系统和照明设备，故C选项正确。设计单位、施工单位、工程监理单位及其注册执业人员，应当按照民用建筑节能强制性标准进行设计、施工、监理，故D选项正确。实施既有建筑节能改造，应当符合民用建筑节能强制性标准，优先采用遮阳、改善通风等低成本改造措施。既有建筑围护结构的改造和供热系统的改造应当同步进行，故E选项错误。**参考答案：A、B、C、D。**

（2014年真题）根据《节约能源法》，房地产开发企业在销售房屋时，应当向购买人明示所售房屋的节能信息有（　　）。

A. 能效标识　　　　B. 节能措施

C. 质重保修书

D. 建筑节能标准

解析《节约能源法》第36条：房地产开发企业在销售房屋时，应当向购买人明示所售房屋的节能措施、保温工程保修期等信息，在房屋买卖合同、质量保证书和使用说明书中载明，并对其真实性、准确性负责。**参考答案：B。**

备注：超纲题。

（2014年真题）根据《节约能源法》，用能产品的生产者、销售者，按照国家有关节能产品认证的规定，向经国务院认可监督管理部门认可的从事节能产品认证的机构提出节能产品认证申请，所依据的原则是（　　）。

A. 自愿原则

B. 强制原则

C. 限制原则

D. 申请原则

解析《节约能源法》第20条：用能产品的生产者、销售者，可以根据自愿原则，按照国家有关节能产品认证的规定，向经国务院认证认可监督管理部门认可的从事节能产品认证的机构提出节能产品认证申请，经认证合格后，取得节能产品认证证书，可以在用能产品或者其他包装物上使用节能产品认证标志。**参考答案：A。**

备注：超纲题。

（2014年真题）根据《绿色施工导则》水源利用中，应当优先采用（　　）。

A. 地下水作为混凝土搅拌用水

B. 市政自来水作为混凝土冲洗用水

C. 中水搅袢

D. 中水饮用

E. 收集雨水养护

解析 非传统水源利用：①优先采用中水搅拌、中水养护，有条件的地区和工程应收集雨水养护；②处于基坑降水阶段的工地，宜优先采用地下水作为混凝土搅拌用水、养护用水、冲洗用水和部分生活用水；③现场机具、设备、车辆冲洗，喷洒路面，绿化浇灌等用水，优先采用非传统水源，尽量不使用市政自来水；④大型施工现场，尤其是雨量充沛地区的大型施工现场建立雨水收集利用系统，充分收集自然降水用于施工和生活中适宜的部位；⑤力争施工中非传统水源和循环水的再利用量大于30%。**参考答案：A、C、E。**

（2015年真题）根据《绿色施工导则》，处于基坑降水阶段的工地，宜优先采用（　　）作为混凝土搅拌用水、养护用水、冲洗用水和部分生活用水。

A. 地下水

B. 市政自来水

C. 雨水

D. 中水

解析 非传统水源利用：①优先采用中水搅拌、中水养护，有条件的地区和工程应收集雨水养护。②处于基坑降水阶段的工地，宜优先采用地下水作为混凝土搅拌用水、养护用水、冲洗用水和部分生活用水。**参考答案：A。**

（2015 年真题）关于建设单位、设计单位、施工单位在建筑活动中节能义务的说法，正确的有（　　）。

A. 设计单位应当按照民用建筑节能强制性标准进行设计

B. 建设单位不得明示或者暗示设计单位、施工单位违反民用建筑节能强制性标准进行设计、施工

C. 建设单位组织竣工验收，对不符合民用建筑节能强制性标准的民用建筑，不得出具竣工验收合格报告

D. 建设单位应当负责采购墙体材料、保温材料、门窗、采暖制冷系统和照明设备，并保证其符合施工图设计文件要求

E. 施工单位可以对进入施工现场的墙体材料、保温材料、门窗、采暖制冷系统和照明设备进行查验；不符合施工图设计文件要求的，不得使用

解析 设计单位、施工单位、工程监理单位及其注册执业人员，应当按照民用建筑节能强制性标准进行设计、施工、监理，故 A 选项正确。建设单位不得明示或者暗示设计单位、施工单位违反民用建筑节能强制性标准进行设计、施工，不得明示或者暗示施工单位使用不符合施工图设计文件要求的墙体材料、保温材料、门窗、采暖制冷系统和照明设备，故 B 选项正确。建设单位组织竣工验收，应当对民用建筑是否符合民用建筑节能强制性标准进行查验；对不符合民用建筑节能强制性标准的，不得出具竣工验收合格报告，故 C 选项正确。按照合同约定由建设单位采购墙体材料、保温材料、门窗、采暖制冷系统和照明设备的，建设单位应当保证其符合施工图设计文件要求，D 选项表述不正确，故 D 选项错误。施工单位应当对进入施工现场的墙体材料、保温材料、门窗、采暖制冷系统和照明设备进行查验；不符合施工图设计文件要求的，不得使用，E 选项表述不正确，故 E 选项错误。**参考答案：A、B、C。**

（2016 年真题）根据《绿色施工导则》，关于临时用地指标和临时用地保护的说法，正确的是（　　）。

A. 根据施工规模及现场条件等因素合理确定设施的占地指标，临时设施的占地面积应该按用地指标所需的一半面积设计

B. 要求平面布置合理、紧凑，在满足环境、职业健康与安全及文明施工要求的前提下尽可能减少废弃地和死角，临时设施占地面积有效利用率大于 80%

C. 应对深基坑施工方案进行优化，减少土方开挖和回填量，最大限度地减少对土地的扰动，保护周边自然生态环境

D. 利用和保护施工用地范围内原有绿色植被，对于施工周期较短的现场，可按建筑永久绿化的要求，安排场地新建绿化。

解析 临时用地保护：①应对深基坑施工方案进行优化，减少土方开挖和回填量，最大限度地减少对土地的扰动，保护周边自然生态环境；②红线外临时占地应尽量使

用荒地、废地，少占用农田和耕地。工程完工后，及时对红线外占地恢复原地形、地貌，使施工活动对周边环境的影响降至最低；③利用和保护施工用地范围内原有绿色植被。对于施工周期较长的现场，可按建筑永久绿化的要求，安排场地新建绿化。**参考答案：C。**

（2016年真题）关于建筑节能的说法，正确的是（　　）。

A. 已经建成的项目，2年后方可投入生产、使用

B. 在新建建筑和既有建筑节能改造中，必须使用节能建筑材料和节能设备

C. 在具备太阳能利用条件的地区，地方人民政府可以要求必须安装使用太阳能热水系统

D. 不符合强制性节能标准的项目，建设单位不得开工建设

解析《节约能源法》规定，不符合强制性节能标准的项目，依法负责项目审批或者核准的机关不得批准或者核准建设；建设单位不得开工建设；已经建成的，不得投入生产、使用。**参考答案：D。**

（2017年真题）根据建筑节能的有关规定，合同约定由建设单位采购墙体材料、保温材料、门窗、采暖制冷系统和照明设备的，建设单位应当保证其符合（　　）要求。

A. 企业标准　　B. 地方标准

C. 施工图设计文件　　D. 建筑节能任意性标准

解析 按照合同约定由建设单位采购墙体材料、保温材料、门窗、采暖制冷系统和照明设备的，建设单位应当保证其符合施工图设计文件要求。**参考答案：C。**

（2017年真题）根据《绿色施工导则》，关于水资源利用的说法，正确的有（　　）。

A. 优先采用中水搅拌、中水养护，有条件的地区和工程应收集雨水养护

B. 施工现场分别对生活用水与工程用水确定用水金额指标，合并计量管理

C. 处于基坑降水阶段的工地，宜优先采用地下水作为混凝土搅拌用水

D. 施工现场喷洒路面、绿化浇灌优先选择使用市政自来水

E. 力争施工中非传统水源和循环水的再利用量大于30%

解析 施工现场分别对生活用水与工程用水确定用水定额指标，并分别计量管理，故B选项错误。解析同2014年真题。**参考答案：A、C、E。**

应试指引

本高频考点考查的相对比较零散，未有重复，不易把握重点。从近5年真题分析可知，每年考查的分值均很高，2014年达到4分之多，其他大部分年份也都在3分左右。可见，本高频考点是命题组老师的“宠儿”，考生应引起高度重视。虽然考查的较为零散，但仍能在其中找寻到相对比较重要的知识点，如是四方责任主体（建设、施工、设计、监理）和审图机构的节能义务在往年考试中较受青睐。

1Z305030 施工文物保护制度

本节导学

《文物保护法》规定，一切机关、组织和个人都有依法保护文物的义务。施工文物保护制度主要包括受国家保护的文物范围、在文物保护单位保护范围和建设控制地带施工的规定、施工发现文物报告和保护的规定、违法行为应承担的法律责任四部分知识点。由近5年考情分析（表1Z305030-1）可知，在文物保护单位保护范围和建设控制地带施工的规定是历年考查的重点内容。

近5年考情分析　　表1Z305030-1

知识点	各年份分值				
	2013年	2014年	2015年	2016年	2017年
1Z305031　受国家保护的文物范围	0	0	0	0	0
1Z305032　在文物保护单位保护范围和建设控制地带施工的规定	0	2	3	2	2
1Z305033　施工发现文物报告和保护的规定	1	0	1	0	0
1Z305034　违法行为应承担的法律责任	0	0	0	0	0

本节主要涉及的法律文件为《文物保护法》《水下文物保护管理条例》《文物保护法实施条例》《历史文化名城名镇名村保护条例》等。

高频考点一　在文物保护单位保护范围和建设控制地带施工的规定

高频指数：★★★

考点解析

1. 文物保护单位的保护范围、建设控制地带及相关建设活动规定

文物保护单位的本体、文物保护单位的保护范围、文物保护单位的建设控制地带的包含关系如图1Z305030-1所示。从图中可以看出三者的大小关系为：文物保护单位的建设控制地带 > 文物保护单位的保护范围 > 文物保护单位的本体。

《文物保护法》规定，文物保护单位的保护范围内不得进行其他建设工程或者爆破、钻探、挖掘等作业。但是，因特殊情况需要在文物保护单位的保护范围内进行其他建设工程或者爆破、钻探、挖掘等作业的，必须保证文物保护单位的安全，并经核定公布该文物保护单位的人民政府批准，在批准前应当征得上一级人民政府文物行政部门同意；在全国重点文物保护单位的保护范围内进行其他建设工程或者爆破、钻探、挖掘等作业的，必须经省、自治区、直辖市人民政府批准，在批准前应当征得国务院文物行政部门同意，见表1Z305030-2。

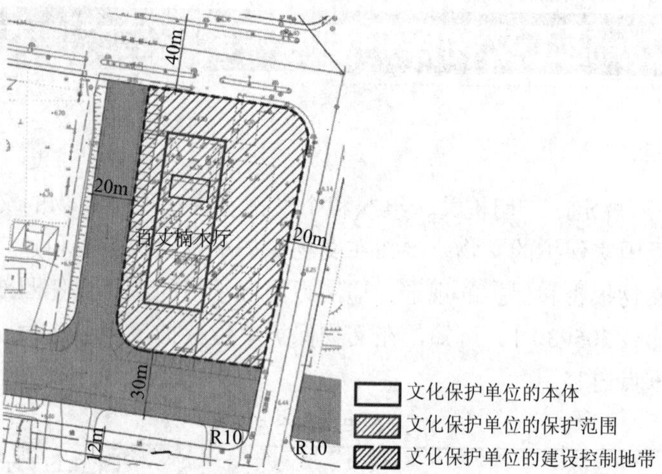

图 1Z305030-1　文物保护单位的本体、保护范围、建设控制地带的包含关系

各类文物保护单位的保护范围、建设控制地带的划定单位　　表 1Z305030-2

保护范围	全国重点文物保护单位和省级文物保护单位的保护范围	省、自治区、直辖市人民政府划定
	设区的市、自治州级和县级文物保护单位的保护范围	核定公布该文物保护单位的人民政府划定
建设控制地带	全国重点文物保护单位的建设控制地带	经省、自治区、直辖市人民政府批准，由省、自治区、直辖市人民政府的文物行政主管部门会同城乡规划行政主管部门划定并公布
	省级，设区的市、自治州级和县级文物保护单位的建设控制地带	经省、自治区、直辖市人民政府批准，由核定公布该文物保护单位的人民政府的文物行政主管部门会同城乡规划行政主管部门划定并公布

注：1. 保护范围应建立记录档案，专人（或机构）专管。
2. 文物保护单位的标志说明，应当包括文物保护单位的级别、名称、公布机关、公布日期、立标机关、立标日期等内容。

2. 历史文化名城名镇名村的保护

《历史文化名城名镇名村保护条例》有关申报历史文化名城、名镇、名村的条件，详见表 1Z305030-3。

《历史文化名城名镇名村保护条例》有关申报历史文化名城、名镇、名村的条件

表 1Z305030-3

申报历史文化名城、名镇、名村的条件之一的	保存文物特别丰富
	历史建筑集中成片
	保留着传统格局和历史风貌
	历史上曾经作为政治、经济、文化、交通中心
	历史上曾经作为军事要地
	历史上曾发生过重要历史事件
	其传统产业、历史上建设的重大工程对本地区的发展产生过重要影响
	能够集中反映本地区建筑的文化特色、民族特色

3. 在文物保护单位保护范围和建设控制地带施工的规定（表 1Z305030-4）

在文物保护单位保护范围和建设控制地带施工的规定　　表 1Z305030-4

禁止活动	经相关单位批准后[①]
开山、采石、开矿等破坏传统格局和历史风貌的活动	改变园林绿地、河湖水系等自然状态的活动
占用保护规划确定保留的园林绿地、河湖水系、道路	在核心保护范围内进行影视摄制、举办大型群众性活动
修建生产、储存爆炸性、易燃性、放射性、毒害性、腐蚀性物品的工厂、仓库等	其他影响传统格局、历史风貌或者历史建筑的活动
在历史建筑上刻划、涂污	

注：[①]相关单位指城市、县人民政府城乡规划主管部门会同同级文物主管部门。在历史文化街区、名镇、名村核心保护范围内，不得进行新建、扩建活动。但是，新建、扩建必要的基础设施和公共服务设施除外。在历史文化街区、名镇、名村核心保护范围内，拆除历史建筑以外的建筑物、构筑物或者其他设施的，应当经城市、县人民政府城乡规划主管部门会同同级文物主管部门批准。任何单位或者个人不得损坏或者擅自迁移、拆除历史建筑。

真题再现

（2014 年真题）根据《文物保护法》，关于保护文物的说法，正确的是（　　）。

A. 拆除文物所需的费用应当列入建设工程预算

B. 建设工程选址应当是尽可能避开一切文物

C. 建设单位对于实施原址保护的文物应当到行政部门备案

D. 在文物保护单位的保护范围内不得进行建筑活动

解析 建设工程选址，应当尽可能避开不可移动文物，而不是一切文物，故 B 选项错误。实施原址保护的，建设单位应当事先确定保护措施，根据文物保护单位的级别报相应的文物行政部门批准，并将保护措施列入可行性研究报告或者设计任务书，故 C 选项错误。在文物保护单位的保护范围内因特殊情况需要经审批后也可进行建筑活动，而不是完全禁止，故 D 选项错误。**参考答案：A。**

（2014 年真题）关于不可移动文物保护的说法，正确的是（　　）。

A. 尚未核定公布为文物保护单位的由省级人民政府予以登记

B. 文物保护单位的周围不得设立建设控制地带

C. 历史文化名域的保护办法由国务院制定

D. 在历史文化名域范围内可以进行采石活动

解析《文物保护法》第 13 条：尚未核定公布为文物保护单位的不可移动文物，由县级人民政府文物行政部门予以登记并公布，故 A 选项错误。文物保护单位的周围可设立建设控制地带，故 B 选项错误。在历史文化名城范围内禁止进行采石活动，故 D 选项错误。**参考答案：C。**

备注：超纲题。

（2015 年真题）关于在文物保护单位保护范围和建设控制地带内从事建设活动的说法，正确的是（　　）。

A. 文物保护单位的保护范围内及其周边的一定区域不得进行爆破作业

B. 在全国重点文物保护单位的保护范围内进行爆破作业，必须经国务院批准

C. 因特殊情况需要在文物保护单位的保护范围内进行爆破作业的，应经核定公布该文物保护单位的人民政府批准

D. 在省、自治区、直辖市重点文物保护单位的保护范围内进行爆破作业的，必须经国务院文物行政部门批准

解析《文物保护法》规定，文物保护单位的保护范围内不得进行其他建设工程或者爆破、钻探、挖掘等作业。但是，因特殊情况需要在文物保护单位的保护范围内进行其他建设工程或者爆破、钻探、挖掘等作业的，必须保证文物保护单位的安全，并经核定公布该文物保护单位的人民政府批准，在批准前应当征得上一级人民政府文物行政部门同意；在全国重点文物保护单位的保护范围内进行其他建设工程或者爆破、钻探、挖掘等作业的，必须经省、自治区、直辖市人民政府批准，在批准前应当征得国务院文物行政部门同意。**参考答案：C。**

（2015 年真题）根据《历史文化名城名镇名村保护条例》，属于申报历史文化名城、名镇、名村条件的有（　　）。

A. 保存文物特别丰富

B. 历史建筑集中成片

C. 保留着传统自然格局和地理风貌

D. 集中反映本地区建筑的文化特色、民族特色

E. 历史上曾经作为政治、经济、文化、交通中心或者军事要地

解析《历史文化名城名镇名村保护条例》进一步规定，具备下列条件的城市、镇、村庄，可以申报历史文化名城、名镇、名村：①保存文物特别丰富；②历史建筑集中成片；③保留着传统格局和历史风貌；④历史上曾经作为政治、经济、文化、交通中心或者军事要地，或者发生过重要历史事件，或者其传统产业、历史上建设的重大工程对本地区的发展产生过重要影响，或者能够集中反映本地区建筑的文化特色、民族特色。**参考答案：A、B、D、E。**

（2016 年真题）根据《文物保护法实施条例》，关于文物保护单位保护范围的说法，正确的是（　　）。

A. 设区的市文物保护单位由设区的市文物行政部门划定保护范围

B. 自治州及文物保护单位由自治州城乡规划行政部门划定保护范围

C. 全国重点文物保护单位由国务院文物行政部门划定必要的保护范围

D. 县级文物保护单位由核定公布该文物保护单位的人民政府划定保护范围

解析 全国重点文物保护单位和省级文物保护单位自核定公布之日起 1 年内，由省、自治区、直辖市人民政府划定必要的保护范围。设区的市、自治州级和县级文物保护单位自核定公布之日起 1 年内，由核定公布该文物保护单位的人民政府划定保护范围。**参考答案：D。**

（2016 年真题）根据《历史文化名城名镇名村保护条例》，在历史文化街区、名镇、名村核心保护范围内，允许建设的工程是（　　）。

A. 新建住宅　　B. 新建厂房

C. 扩建必要公共服务设施　　D. 扩建办公楼

解析 在历史文化街区、名镇、名村核心保护范围内，不得进行新建、扩建活动。但是，新建、扩建必要的基础设施和公共服务设施除外。**参考答案：C。**

（2017 年真题）关于在文物保护单位和建设控制地带内从事建设活动的说法，正确的是（　　）。

A. 文物保护单位的保护范围内及其周边的一定区域不得进行挖掘作业

B. 在全国重点文物保护单位的保护范围内进行挖掘作业，必须经国务院批准

C. 在省、自治区、直辖市重点文物保护单位的保护范围内进行挖掘作业的，必须经国务院文物行政主管部门同意

D. 因特殊情况需要在文物保护单位的保护范围内进行挖掘作业的，应经核定公布该文物保护单位的人民政府批准，并在批准前征得上一级人民政府文物行政主管部门同意

解析 因特殊情况需要在文物保护单位的保护范围内进行其他建设工程或者爆破、钻探、挖掘等作业的，必须保证文物保护单位的安全，并经核定公布该文物保护单位的人民政府批准，在批准前应当征得上一级人民政府文物行政部门同意。**参考答案：D。**

（2017 年真题）经有关部门依法办理批准手续后，可以在历史文化名城名镇名村保护范围内进行的活动是（　　）。

A. 修建生产储存腐蚀性物品的仓库

B. 占用保护规划确定保留的道路

C. 改变园林绿地、河湖水系等自然状态的活动

D. 在历史建筑上刻划

解析 在历史文化名城、名镇、名村保护范围内进行下列活动，应当保护其传统格局、历史风貌和历史建筑；制订保护方案，经城市、县人民政府城乡规划主管部门会同同级文物主管部门批准，并依照有关法律、法规的规定办理相关手续：①改变园林绿地、河湖水系等自然状态的活动；②在核心保护范围内进行影视摄制、举办大型群众性活动；③其他影响传统格局、历史风貌或者历史建筑的活动。**参考答案：C。**

应试指引

本高频考点考查的相对比较零散，未有重复，不易把握重点。但从近 5 年真题分析可知，每年考查的分值均较高，特别是 2015 年达到 3 分之多。在没有重点范围的情况下，又涉及不少分值，只能对该高频考点的相关知识点均做了解。可参考表 1Z305030-2 ～表 1Z305030-4 进行掌握。

1Z306000

建设工程安全生产法律制度

本章导学

本章主要考查施工安全生产许可证制度、施工安全生产责任和安全生产教育培训制度、施工现场安全防护制度、施工安全事故的应急救援与调查处理、建设单位和相关单位的建设工程安全责任制度。

从近5年考情分析图中可以看出，本章分值在近5年呈下降趋势。在2013年和2015年出现了28分和23分的高分，其他年份一直稳定在18分左右。从2016年和2017年的分值趋势预测，2018年的分值应在20分上下。本章近5年考情分析和章节架构如下所示。

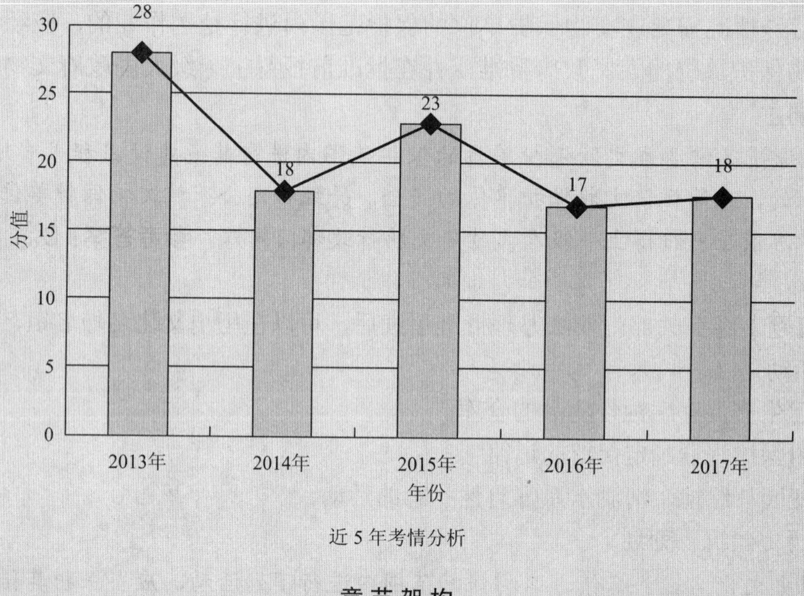

近5年考情分析

章节架构

	章节架构	近5年平均分值
1Z306000 建设工程安全生产法律制度	1Z306010　施工安全生产许可证制度	4.4
	1Z306020　施工安全生产责任和安全生产教育培训制度	4.4
	1Z306030　施工现场安全防护制度	5
	1Z306040　施工安全事故的应急救援与调查处理	3.2
	1Z306050　建设单位和相关单位的建设工程安全责任制度	3.8

值得注意的是，《中共中央国务院关于推进安全生产领域改革发展的意见》《建筑施工企业主要负责人、项目负责人和专职安全生产管理人员安全生产管理规定》和《住房城乡建设部关于进一步加强危险性较大的分部分项工程安全管理的通知》等文件将会对施工单位的安全生产责任制度内容做相应调整，需考生引起重视。

1Z306010 施工安全生产许可证制度

本节导学

2014 年 7 月经修改后发布的《安全生产许可证条例》中规定，国家对矿山企业、建筑施工企业和危险化学品、烟花爆竹、民用爆破器材生产企业（以下统称企业）实行安全生产许可制度。企业未取得安全生产许可证的，不得从事生产活动。

省、自治区、直辖市人民政府建设主管部门负责建筑施工企业安全生产许可证的颁发和管理，并接受国务院建设主管部门的指导和监督。

本节近 5 年考情分析见表 1Z306010-1。

近 5 年考情分析　　表 1Z306010-1

知　识　点	各年份分值				
	2013 年	2014 年	2015 年	2016 年	2017 年
1Z306011　申请领取安全生产许可证的条件	3	1	1	0	2
1Z306012　安全生产许可证的有效期和政府监管的规定	2	2	1	4	3
1Z306013　违法行为应承担的法律责任	1	0	0	1	1

本节主要涉及的法律文件为《行政许可法》《安全生产许可证条例》《建筑施工企业安全生产许可证管理规定》等。

高频考点一　申请领取安全生产许可证的条件

高频指数：★★★

考点解析

《建筑施工企业安全生产许可证管理规定》中规定，建筑施工企业取得安全生产许可证，应当具备表 1Z306010-2 中写出的安全生产条件。

安全生产条件　　表 1Z306010-2

序号	内　容
1	建立、健全安全生产责任制，制定完备的安全生产规章制度和操作规程
2	保证本单位安全生产条件所需资金的投入
3	设置安全生产管理机构，按照国家有关规定配备专职安全生产管理人员
4	主要负责人、项目负责人、专职安全生产管理人员经建设主管部门或者其他有关部门考核合格
5	特种作业人员经有关业务主管部门考核合格，取得特种作业操作资格证书
6	管理人员和作业人员每年至少进行 1 次安全生产教育培训并考核合格

续上表

序号	内容
7	依法参加工伤保险，依法为施工现场从事危险作业的人员办理意外伤害保险，为从业人员交纳保险费
8	施工现场的办公、生活区及作业场所和安全防护用具、机械设备、施工机具及配件符合有关安全生产法律、法规、标准和规程的要求
9	有职业危害防治措施，并为作业人员配备符合国家标准或者行业标准的安全防护用具和安全防护服装
10	有对危险性较大的分部分项工程及施工现场易发生重大事故的部位、环节的预防、监控措施和应急预案
11	有生产安全事故应急救援预案、应急救援组织或者应急救援人员，配备必要的应急救援器材、设备
12	法律、法规规定的其他条件

真题再现

（2013 年真题）根据《安全生产许可证条例》，国家对（　　）实行安全生产许可证制度。

A. 矿山企业

B. 建筑施工企业

C. 日用化学品生产、经营、储存单位

D. 危险化学品生产、经营、储存单位

E. 烟花爆竹、民用爆破器材生产企业

解析 2014 年 7 月经修改后发布的《安全生产许可证条例》中规定，国家对矿山企业、建筑施工企业和危险化学品、烟花爆竹、民用爆破器材生产企业（以下统称企业）实行安全生产许可证制度。企业未取得安全生产许可证的，不得从事生产活动。**参考答案：A、B、E。**

（2013 年真题）下列从事生产活动的企业中，不属于必须取得安全生产许可证的是（　　）。

A. 食品加工生产企业

B. 建筑施工企业

C. 烟花爆竹生产企业

D. 矿业企业

解析 2014 年 7 月经修改后发布的《安全生产许可证条例》中规定，国家对矿山企业、建筑施工企业和危险化学品、烟花爆竹、民用爆破器材生产企业（以下统称企业）实行安全生产许可制度。企业未取得安全生产许可证的，不得从事生产活动。**参考答案：A。**

（2014 年真题）下列安全生产条件中，属于取得建筑施工企业安全生产许可证条件的是（　　）。

A. 制定完备的安全生产规章制度和操作流程

B. 配备兼职安全生产管理人员

C. 各分部分项工程有应急预案

D. 管理人员每年至少进行 2 次安全生产教育培训

解析 建筑施工企业安全生产许可证条件详见表 1Z306010-2。**参考答案：A。**

（2015 年真题）下列安全生产条件中，属于建筑施工企业取得安全生产许可证应当具备的条件是（　　）。

A. 有职业危害应急救援预案，并配备必要的应急救援器材和设备

B. 管理人员和作业人员每年至少进行 2 次安全生产教育培训并考核合格

C. 特种作业人员经有关业务主管部门考核合格，职得特种作业操作资格证书

D. 设置安全生产管理机构，按照国家有关规定配备兼职安全生产管理人员

解析 建筑施工企业安全生产许可证条件详见表 1Z306010-2。**参考答案：**C。

（2017 年真题）根据《安全生产许可证条例》，企业取得安全生产许可证应当具备的条件有（　　）。

A. 管理人员和作业人员每年至少进行 1 次安全生产教育培训并考核合格

B. 依法为施工现场从事危险作业人员办埋意外伤害保险，为从业人员交纳保险费

C. 保证本单位安全生产条件所需资金的投入

D. 有职业危害防治措施，并为作业人员配备符合相关标准的安全防护用具和安全防护服装

E. 依法办理了建筑工程一切险及第三者责任险

解析 建筑施工企业安全生产许可证条件详见表 1Z306010-2。**参考答案：**A、B、C、D。

应试指引

本高频考点的重点内容集中在表 1Z306010-2，即建筑施工企业取得安全生产许可证应当具备的安全生产条件。由于安全生产条件内容较多，记忆量较大，考试时只会考查不同条件之间的辨析。掌握了这个规律后，考生在备时不要一味地死记硬背，而是寻找每个条件的关键点和不同之处，详见表 1Z306010-2 的下划线标注。

高频考点二　安全生产许可证的有效期和政府监管的规定

高频指数：★★★★

考点解析

安全生产许可证的有效期为 3 年。安全生产许可证有效期满需要延期的，企业应当于期满前 3 个月向原安全生产许可证颁发管理机关办理延期手续。企业在安全生产许可证有效期内，严格遵守有关安全生产的法律法规，未发生死亡事故的，安全生产许可证有效期届满时，经原安全生产许可证颁发管理机关同意，不再审查，安全生产许可证有效期延期 3 年。

建筑施工企业变更名称、地址、法定代表人等，应当在变更后10日内，到原安全生产许可证颁发管理机关办理安全生产许可证变更手续。建筑施工企业破产、倒闭、撤销的，应当将安全生产许可证交回原安全生产许可证颁发管理机关予以注销。建筑施工企业遗失安全生产许可证，应当立即向原安全生产许可证颁发管理机关报告，并在公众媒体上声明作废后，方可申请补办，见表1Z306010-3。

安全生产许可证相关情形及处理结果 表1Z306010-3

情形	处理结果
安全生产许可证颁发管理机关发现企业不再具备安全生产条件	暂扣或者吊销
建筑施工企业破产、倒闭、撤销	将安全生产许可证交回原安全生产许可证颁发管理机关予以注销
安全生产许可证颁发管理机关工作人员滥用职权、玩忽职守颁发安全生产许可证的	安全生产许可证颁发管理机关或者其上级行政机关予以撤销
超越法定职权颁发安全生产许可证的	
违反法定程序颁发安全生产许可证的	
对不具备安全生产条件的建筑施工企业颁发安全生产许可证的	
依法可以撤销已经颁发的安全生产许可证的其他情形	

真题再现

（2013年真题）施工企业必须变更10日以内到原安全生产许可证颁发管理机关办理生产安全许可证变更的情形有（　　）。

A. 企业股东变更　　B. 企业名称变更　　C. 企业法人变更

D. 企业设立分公司　　E. 企业注册地址变更

解析 建筑施工企业变更名称、地址、法定代表人等，应当在变更后10日内，到原安全生产许可证颁发管理机关办理安全生产许可证变更手续。**参考答案：B、C、E。**

（2014年真题）安全生产许可证颁发管理机关或者其上级行政机关可以撤销已经颁发的安全生产许可证的情形有（　　）。

A. 取得安全生产许可证的建筑施工企业发生较大安全事故的

B. 安全生产许可证颁发管理机关人员滥用职权颁发安全生产许可证的

C. 超越法定职权颁发安全生产许可证的

D. 违反法定程序颁发安全生产许可证的

E. 对不具备安全生产条件的建筑施工企业颁发安全生产许可证的

解析 安全生产许可证颁发管理机关或者其上级行政机关发现有下列情形之一的，可以撤销已经颁发的安全生产许可证：①安全生产许可证颁发管理机关工作人员滥用职权、玩忽职守颁发安全生产许可证的；②超越法定职权颁发安全生产许可证的；③违反法定程序颁发安全生产许可证的；④对不具备安全生产条件的建筑施工企业颁发安全生产许可证的；⑤依法可以撤销已经颁发的安全生产许可证的其他情形。**参考答案：B、C、D、E。**

（2015 年真题）关于建筑施工企业安全生产许可证的说法，正确的是（　　）。

A. 申请补办安全生产许可证应当在公众媒体上声明原许可证作废

B. 未取得安全生产许可证从事施工活动不会产生民事责任

C. 只有经过再次审查安全生产许可证有效期才可能延期

D. 施工企业是否具有安全生产许可证不影响施工许可证的核发

解析 建筑施工企业遗失安全生产许可证，应当立即向原安全生产许可证颁发管理机关报告，并在公众媒体上声明作废后，方可申请补办，故 A 选项正确。《安全生产许可证条例》规定，未取得安全生产许可证擅自进行生产的，责令停止生产，没收违法所得并罚款，故 B 选项错误。停止生产，就会产生工期费用等方面的问题，就是民事责任。企业在安全生产许可证有效期内，严格遵守有关安全生产的法律法规，未发生死亡事故的，安全生产许可证有效期届满时，经原安全生产许可证颁发管理机关同意，不再审查，安全生产许可证有效期延期 3 年，故 C 选项错误。建设主管部门在审核发放施工许可证时，应当对已经确定的建筑施工企业是否有安全生产许可证进行审查，对没有取得安全生产许可证的，不得颁发施工许可证，故 D 选项错误。**参考答案：A。**

（2016 年真题）建筑施工企业变更法定代表人的，应当到安全生产许可证颁发管理机关办理安全生产许可证变更手续的，变更后（　　）内，到原安全生产许可证颁发管理机关办理安全生产许可证变更手续。

A.10 日　　B.5 日　　C.15 日　　D.20 日

解析 建筑施工企业变更名称、地址、法定代表人等，应当在变更后 10 日内，到原安全生产许可证颁发管理机关办理安全生产许可证变更手续。**参考答案：A。**

（2016 年真题）根据《建筑施工企业安全生产许可证管理规定》，属于应当注销安全生产许可证情形的是（　　）。

A. 安全生产许可证颁发管理机关超越法定职权颁发安全生产许可证的

B. 建筑施工企业破产、倒闭、撤销的

C. 安全生产许可证颁发管理机关对不具备安全生产条件的建筑施工企业颁发安全生产许可证的

D. 安全生产许可证颁发管理机关工作人员滥用职权、玩忽职守颁发安全生产许可证的

解析 建筑施工企业破产、倒闭、撤销的，应当将安全生产许可证交回原安全生产许可证颁发管理机关予以注销。**参考答案：B。**

（2016 年真题）关于安全生产许可证有效期的说法，正确的有（　　）。

A. 安全生产许可证的有效期为 3 年

B. 施工企业应当向原安全生产许可证颁发管理机关办理延期手续

C. 安全生产许可证有效期满需要延期的，施工企业应当于期满前 1 个月办理延期手续

D. 施工企业在安全生产许可证有效期内，严格遵守有关安全生产的法律法规，未发

生死亡事故的，安全生产许可证有效期届满时，自动延期

E. 安全生产许可证有效期延期 3 年

解析 安全生产许可证的有效期为 3 年。安全生产许可证有效期满需要延期的，企业应当于期满前 3 个月向原安全生产许可证颁发管理机关办理延期手续。企业在安全生产许可证有效期内，严格遵守有关安全生产的法律法规，未发生死亡事故的，安全生产许可证有效期届满时，经原安全生产许可证颁发管理机关同意，不再审查，安全生产许可证有效期延期 3 年。

参考答案：A、B、E。

（**2017 年真题**）关于建筑施工企业安全生产许可证的说法，正确的是（　　）。

A. 未取得安全生产许可证从事施工活动不会产生行政责任

B. 申请补办安全生产许可证应当在公众媒体上声明原许可证作废

C. 只有经过再次审查，安全生产许可证有效期才可能延期

D. 施工企业是否具有安全生产许可证不影响施工许可证的核发

解析《安全生产许可证条例》规定，未取得安全生产许可证擅自进行生产的，责令停止生产，没收违法所得，并处 10 万元以上 50 万元以下的罚款，故 A 选项错误。建筑施工企业遗失安全生产许可证，应当立即向原安全生产许可证颁发管理机关报告，并在公众媒体上声明作废后，方可申请补办。故 B 选项正确。企业在安全生产许可证有效期内，严格遵守有关安全生产的法律法规，未发生死亡事故的，安全生产许可证有效期届满时，经原安全生产许可证颁发管理机关同意，不再审查，安全生产许可证有效期延期 3 年，故 C 选项错误。建设主管部门在审核发放施工许可证时，应当对已经确定的建筑施工企业是否有安全生产许可证进行审查，对没有取得安全生产许可证的，不得颁发施工许可证，故 D 选项错误。

参考答案：B。

（**2017 年真题**）根据《建筑施工企业生产许可证管理规定》，安全生产许可证颁发管理机关可以撤销已经颁发的安全生产许可证的情形有（　　）。

A. 安全许可证颁发管理机关工作人员滥用职权颁发安全生产许可证的

B. 安全许可证颁发管理机关工作人员超越法定职权颁发安全生产许可证的

C. 安全许可证颁发管理机关工作人员违反法定程序颁发安全生产许可证的

D. 安全许可证颁发管理机关工作人员对不具备安全生产条件的施工企业颁发安全生产许可证的

E. 取得安全生产许可证的施工企业发生较大安全生产事故的

解析 安全生产许可证颁发管理机关或者其上级行政机关发现有下列情形之一的，可以撤销已经颁发的安全生产许可证：①安全生产许可证颁发管理机关工作人员滥用职权、玩忽职守颁发安全生产许可证的；②超越法定职权颁发安全生产许可证的；③违反法定程序颁发安全生产许可证的；④对不具备安全生产条件的建筑施工企业颁发安全生产许可证的；⑤依法可以撤销已经颁发的安全生产许可证的其他情形。**参考答案：A、B、C、D。**

应试指引

本高频考点主要考查安全生产许可证的有效期和安全生产许可证可撤销的情形，考查范围相对比较集中。需要考生注意的是安全生产许可证失效可能存在注销、吊销、撤销这几种情况，考试中一定要审清题干。

1Z306020 施工安全生产责任和安全生产教育培训制度

本节导学

《建筑法》规定，建筑工程安全生产管理必须坚持安全第一、预防为主的方针，建立健全安全生产的责任制度和群防群治制度。本节近5年考情分析详见表1Z306020-1。

近5年考情分析　　表1Z306020-1

知识点	各年份分值				
	2013年	2014年	2015年	2016年	2017年
1Z306021 施工单位的安全生产责任	0	2	3	1	0
1Z306022 施工项目负责人的安全生产责任	3	0	1	0	2
1Z306023 施工总承包和分包单位的安全生产责任	0	1	0	0	1
1Z306024 施工作业人员安全生产的权利和义务	2	0	2	0	0
1Z306025 施工单位安全生产教育培训的规定	1	1	0	0	0
1Z306026 违法行为应承担的法律责任	1	0	1	0	0

2018年版教材对施工单位的安全生产责任、施工项目负责人的安全生产责任、施工单位安全生产教育培训等知识点新增和修订了不少内容，需引起考生重视。施工单位的安全生产责任、施工项目负责人的安全生产责任两知识点的相关新增内容可对应高频考点解析模块，施工单位安全生产教育培训知识点的新增和修订内容如下。

（1）新增“安管人员”概念，指企业主要负责人、项目负责人和专职安全生产管理人员。

（2）专职安全生产管理人员分为机械、土建、综合三类。其中机械类专职安全管理人员可以从事起重机械、土石方机械、桩工机械等安全生产管理工作。土建类专职安全管理人员可以从事除起重机械、土石方机械、桩工机械等以外的安全生产管理工作。综合类专职安全生产管理人员可以从事全部安全生产管理工作。

本节主要涉及法律文件为《安全生产法》《建筑施工企业安全生产管理机构设置及专职安全生产管理人员配备办法》《建筑施工企业负责人及项目负责人施工现场带班暂行办法》等。

高频考点一　施工单位的安全生产责任

高频指数：★★

考点解析

1. 施工单位的安全生产责任制度

《安全生产法》明确规定：安全生产工作应当以人为本，坚持安全发展，坚持安全第一、预防为主、综合治理的方针。

《建筑法》规定：建筑施工企业的法定代表人对本企业的安全生产负责。《建设工程安全生产管理条例》也规定：施工单位主要负责人依法对本单位的安全生产工作全面负责。

《中共中央国务院关于推进安全生产领域改革发展的意见》指出：企业实行全员安全生产责任制度，法定代表人和实际控制人同为安全生产第一责任人，主要技术负责人负有生产安全的决策和指挥权，强化部门安全生产职责，落实一岗双责。

住房和城乡建设部《建筑施工企业主要负责人、项目负责人和专职安全生产管理人员安全生产管理规定和实施意见》中规定：企业主要负责人包括法定代表人、总经理（总裁）、分管安全生产的副总经理（副总裁）、分管生产经营的副总经理（副总裁）、技术负责人、安全总监等。

《建设工程安全生产管理条例》规定：施工单位应当设立安全生产管理机构，配备专职安全生产管理人员。安全生产管理机构和专职安全生产管理人员的职责见表1Z306020-2。

安全生产管理机构和专职安全生产管理人员的职责　　表1Z306020-2

建筑施工企业安全生产管理机构职责	安全管理机构专职安全生产管理人员职责①
宣传和贯彻国家有关安全生产法律法规和标准	查阅在建项目安全生产有关资料、核实有关情况
编制并适时更新安全生产管理制度并监督实施	检查危险性较大工程安全专项施工方案落实情况
组织或参与企业生产安全事故应急救援预案的编制及演练	监督项目专职安全生产管理人员履责情况
组织开展安全教育培训与交流	监督作业人员安全防护用品的配备及使用情况
协调配备项目专职安全生产管理人员	对发现的安全生产违章违规行为或安全隐患，有权当场予以纠正或做出处理决定
制订企业安全生产检查计划并组织实施	对不符合安全生产条件的设施、设备、器材，有权当场做出查封的处理决定
监督在建项目安全生产费用的使用	对施工现场存在的重大安全隐患有权越级报告或直接向建设主管部门报告
参与危险性较大工程安全专项施工方案专家论证会	企业明确的其他安全生产管理职责
通报在建项目违规违章查处情况	—
组织开展安全生产评优评先表彰工作	—
建立企业在建项目安全生产管理档案	—

续上表

建筑施工企业安全生产管理机构职责	安全管理机构专职安全生产管理人员职责[1]
考核评价分包企业安全生产业绩及项目安全生产管理情况	—
参加生产安全事故的调查和处理工作	—
企业明确的其他安全生产管理职责	—

注：[1]注意安全管理机构专职安全生产人员的职责与项目专职安全生产管理人员的职责不同。

建筑施工企业应当在建设工程项目组建安全生产领导小组。建设工程实行施工总承包的，安全生产领导小组由总承包企业、专业承包企业和劳务分包企业项目经理、技术负责人和专职安全生产管理人员组成。

2. 施工单位负责人施工现场带班制度

建筑施工企业负责人要定期带班检查，每月检查时间不少于其工作日的25%。建筑施工企业负责人带班检查时，应认真做好检查记录，并分别在企业和工程项目存档备查。工程项目进行超过一定规模的危险性较大的分部分项工程施工时，建筑施工企业负责人应到施工现场进行带班检查。工程项目出现险情或发现重大隐患时，建筑施工企业负责人应到施工现场带班检查，督促工程项目进行整改，及时消除险情和隐患。对于有分公司（非独立法人）的企业集团，集团负责人因故不能到现场的，可书面委托工程所在地的分公司负责人对施工现场进行带班检查。

真题再现

（2014年真题）关于建筑施工企业负责人带班检查的说法，正确的有（　　）。

A. 超过一定规模的危险性较大的分部分项工程施工时，施工企业负责人应对施工现场进行带班检查

B. 工程出现险情或发现重大隐患时，施工企业负责人应到施工现场带班检查

C. 应认真做好检查记录，并分别在企业和工程项目所在地建设行政主管部门存档备案

D. 建筑施工企业负责人要定期带班检查，每月检查时间不少于其工作日的20%

E. 对于有分公司的企业集团，集团负责人因故不能到现场的，可口头通知工程所在地的分公司负责人带班检查

解析 建筑施工企业负责人要定期带班检查，每月检查时间不少于其工作日的25%。建筑施工企业负责人带班检查时，应认真做好检查记录，并分别在企业和工程项目存档备查。工程项目进行超过一定规模的危险性较大的分部分项工程施工时，建筑施工企业负责人应到施工现场进行带班检查。工程项目出现险情或发现重大隐患时，建筑施工企业负责人应到施工现场带班检查，督促工程项目进行整改，及时消除险情和隐患。对于有分公司（非独立法人）的企业集团，集团负责人因故不能到现场的，可书面委托工程所在地的分公司负责人对施工现场进行带班检查。**参考答案：A、B。**

(2015 年真题) 下列安全生产职责中，不属于建筑施工企业安全生产管理机构职责的是（　　）。

A. 编制并适时更新安全生产管理制度并监督实施

B. 编制项目生产安全事故应急救援预案并组织演练

C. 参加生产安全事故的调查和处理工作

D. 协调配备项目专职安全生产管理人员

解析 建筑施工企业安全生产管理机构具有以下职责：①宣传和贯彻国家有关安全生产法律法规和标准；②编制并适时更新安全生产管理制度并监督实施；③组织或参与企业生产安全事故应急救援预案的编制及演练；④组织开展安全教育培训与交流；⑤协调配备项目专职安全生产管理人员；⑥制订企业安全生产检查计划并组织实施；⑦监督在建项目安全生产费用的使用；⑧参与危险性较大工程安全专项施工方案专家论证会；⑨通报在建项目违规违章查处情况；⑩组织开展安全生产评优评先表彰工作；⑪建立企业在建项目安全生产管理档案；⑫考核评价分包企业安全生产业绩及项目安全生产管理情况；⑬参加生产安全事故的调查和处理工作；⑭企业明确的其他安全生产管理职责编制项目生产安全事故应急救援预案并组织演练，这是安全生产领导小组的主要职责。**参考答案：B。**

(2015 年真题) 根据《建筑施工企业安全生产管理机构设置专职安全生产管理人员配备办法》，建筑施工企业安全生产管理机构专职安全生产管理人员应当履行的职责有（　　）。

A. 检查危险性较大工程安全专项施工方案落实情况

B. 参与危险性较大工程安全专项施工方案专家论证会

C. 监督作业人员安全防护用品的配备及使用情况

D. 对发现的安全生产违章违规行为或安全隐患，有权当场予以纠正或做出处理决定

E. 对不符合安全生产条件的设施、设备、器材，有权当场做出查封的处理决定

解析 建筑施工企业安全生产管理机构专职安全生产管理人员在施工现场检查过程中具有以下职责：①查阅在建项目安全生产有关资料、核实有关情况；②检查危险性较大工程安全专项施工方案、落实情况；③监督项目专职安全生产管理人员履责情况；④监督作业人员安全防护用品的配备及使用情况；⑤对发现的安全生产违章违规行为或安全隐患，有权当场予以纠正或做出处理决定；⑥对不符合安全生产条件的设施、设备、器材，有权当场做出查封的处理决定；⑦对施工现场存在的重大安全隐患有权越级报告或直接向建设主管部门报告；⑧企业明确的其他安全生产管理职责。**参考答案：A、C、D、E。**

(2016 年真题) 关于建筑施工企业负责人施工现场带班制度的说法，正确的是（　　）。

A. 建筑施工企业负责人每月带班检查的时间不少于该月的 25%

B. 建筑施工企业负责人带班检查时形成的检查记录仅在工程项目上存档备查即可

C. 超过一定规模的危险性较大的分部分项工程施工时，建筑施工企业负责人应到施工现场进行带班检查

D. 对于有分公司的企业集团，集团负责人因故不能到现场的，必须书面委托集团公司所在地分公司负责人进行带班检查。

解析 建筑施工企业负责人要定期带班检查，每月检查时间不少于其工作日的25%，故A选项错误。建筑施工企业负责人带班检查时，应认真做好检查记录，并分别在企业和工程项目存档备查。故B选项错误。工程项目进行超过一定规模的危险性较大的分部分项工程施工时，建筑施工企业负责人应到施工现场进行带班检查，故C选项正确。对于有分公司（非独立法人）的企业集团，集团负责人因故不能到现场的，可书面委托工程所在地的分公司负责人对施工现场进行带班检查，故D选项错误。**参考答案：C。**

应试指引

本高频考点重点考查的内容是安全生产管理机构和专职安全生产管理人员的职责（表1Z306020-2）以及施工单位负责人施工现场带班制度。这里需注意安全生产管理机构专职安全生产管理人员与项目专职安全生产管理人员的区别，同样其职责也存在区别，考试时需注意审清题干。2018年版教材对该考点新增了部分内容，如新增《建筑施工企业主要负责人、项目负责人和专职安全生产管理人员安全生产管理规定》和《建筑施工企业主要负责人、项目负责人和专职安全生产管理人员安全生产管理规定实施意见》的有关规定。因此，这部分调整的内容，考生需引起重视。

高频考点二　施工项目负责人的安全生产责任

高频指数：★★

考点解析

《建设工程安全生产管理条例》规定：施工单位的项目负责人应当由取得相应执业资格的人员担任，对建设工程项目的安全施工负责，落实安全生产责任制度、安全生产规章制度和操作规程，确保安全生产费用的有效使用，并根据工程的特点组织制定安全施工措施，消除安全事故隐患，及时、如实报告生产安全事故。

《建筑施工企业负责人及项目负责人施工现场带班暂行办法》规定：项目负责人是工程项目质量安全管理的第一责任人。施工项目负责人的安全生产责任主要是：①对建设工程项目的安全施工负责；②落实安全生产责任制度、安全生产规章制度和操作规程；③确保安全生产费用的有效使用；④根据工程的特点组织制定安全施工措施，消除安全事故隐患；⑤及时、如实报告生产安全事故情况。

《建筑施工企业主要负责人、项目负责人和专职安全生产管理人员安全生产管理规定》中规定：①项目负责人对本项目安全生产管理全面负责，应当建立项目安全生产管理体系，明确项目管理人员安全职责，落实安全生产管理制度，确保项目安全生产费用的有效使用；②项目负责人应当按规定实施项目安全生产管理，监控危险性较大部分分项工程，及时排查处理施工现场安全事故隐患，隐患排查处理情况应当记入项目安全管理档案；③发生事故时应当按规定及时报告并开展现场救援；④工程项目实行总承包的，总承包企业项目负责人应当定期考核分包企业安全生产管理情况。

项目负责人带班生产时，要全面掌握工程项目质量安全生产状况，加强对重点部位、关键环节的控制，及时消除隐患。要认真做好带班生产记录并签字存档备查。项目负责人每月带班生产时间不得少于本月施工时间的80%。

真题再现

（2013年真题） 项目负责人的安全生产责任不包括（　　）。

A. 对建设工程项目的安全施工负责

B. 确保安全生产费用的有效使用

C. 落实安全生产责任制度、安全生产规章和操作规程

D. 签署危险性较大的工程安全专项施工方案

解析 施工项目负责人的安全生产责任主要是：①对建设工程项目的安全施工负责；②落实安全生产责任制度、安全生产规章制度和操作规程；③确保安全生产费用的有效使用；④根据工程的特点组织制定安全施工措施，消除安全事故隐患；⑤及时、如实报告生产安全事故情况。**参考答案：D。**

（2013年真题） 施工单位项目负责人的安全生产责任主要包括（　　）。

A. 组织制定安全施工措施

B. 消除安全事故隐患

C. 及时、如实上报安全事故

D. 编制安全生产规章制度和操作规程

E. 确保安全生产费用的投入

解析 施工项目负责人的安全生产责任主要是：①对建设工程项目的安全施工负责；②落实安全生产责任制度、安全生产规章制度和操作规程；③确保安全生产费用的有效使用；④根据工程的特点组织制定安全施工措施，消除安全事故隐患；⑤及时、如实报告生产安全事故情况。**参考答案：A、B、C、E。**

（2015年真题） 根据《建筑施工企业负责人及项目负责人施工现场带班暂行办法》，项目负责人每月带班生产时间不得少于本月施工时间的（　　）。

A. 80%　　B. 70%

C. 60%　　D. 50%

解析 项目负责人每月带班生产时间不得少于本月施工时间的80%。**参考答案：A。**

(2017年真题) 关于施工企业项目负责人安全生产责任的说法，正确的有（　　）。

A. 开展项目安全教育培训

B. 对建设工程项目的安全施工负责

C. 确保安全生产用的有效使用

D. 监督作业人员安全保护用品的配备及使用情况

E. 及时、如实报告生产安全事故

解析 施工项目负责人的安全生产责任主要是：①对建设工程项目的安全施工负责；②落实安全生产责任制度、安全生产规章制度和操作规程；③确保安全生产费用的有效使用；④根据工程的特点组织制定安全施工措施，消除安全事故隐患；⑤及时、如实报告生产安全事故情况。**参考答案：B、C。**

应试指引

本高频考点学习中，考生应知晓：施工项目负责人是工程项目质量安全管理的第一责任人。对于施工项目负责人的五个安全生产责任要非常熟悉，甚至要背下来。带班制度方面，考生要谨记一个知识点：项目负责人每月带班生产时间不得少于本月施工时间的80%。2018年版教材新增了《建筑施工企业主要负责人、项目负责人和专职安全生产管理人员安全生产管理规定》的相关内容，应引起重视。

高频考点三　施工作业人员安全生产的权利和义务

高频指数：★★

考点解析

施工作业人员应当享有的安全生产权利（表1Z306020-3）。

施工作业人员应当享有的安全生产权利　　表1Z306020-3

具体权利	释　义
施工安全生产的知情权和建议权	施工作业人员对施工安全生产拥有知情权，并享有改进安全生产工作的建议权
施工安全防护用品的获得权	作业人员有权获得安全生产所需的防护用品。生产经营单位必须为从业人员提供符合国家标准或者行业标准的劳动防护用品，并监督、教育从业人员按照使用规则佩戴、使用
批评、检举、控告权及拒绝违章指挥权	作业人员有权对施工现场的作业条件、作业程序和作业方式中存在的安全问题提出批评、检举和控告，有权拒绝违章指挥和强令冒险作业
紧急避险权	在施工中遇有直接危及人身安全的紧急情况时，施工作业人员享有停止作业和紧急撤离的权利

续上表

具体权利	释　义
获得工伤保险和意外伤害保险赔偿的权利	施工作业人员除依法享有工伤保险的各项权利外，从事危险作业的施工人员还可以依法享有意外伤害保险的各项权利
请求民事赔偿权	因生产安全事故受到损害的从业人员，除依法享有工伤社会保险外，依照有关民事法律尚有获得赔偿的权利的，有权向本单位提出赔偿要求
依靠工会维权和被派遣劳动者的权利	工会对生产经营单位违反安全生产法律、法规，侵犯从业人员合法权益的行为，有权提出建议、要求纠正并可做出处理

真题再现

（2013 年真题）施工作业人员享有的安全生产权有（　　）。

A. 纠正和处理违章作业　　B. 拒绝连续加班作业　　C. 拒绝冒险作业

D. 紧急避险　　E. 对施工安全生产提出建议

解析 作业人员有权对施工现场的作业条件、作业程序和作业方式中存在的安全问题提出批评、检举和控告，有权拒绝违章指挥和强令冒险作业，故 A 选项错误，C 选项正确。为了保证施工作业人员的安全，在施工中遇有直接危及人身安全的紧急情况时，施工作业人员享有停止作业和紧急撤离的权利，故 D 选项正确。施工作业人员对施工安全生产拥有知情权，并享有改进安全生产工作的建议权，故 E 选项正确。施工作业人员有权拒绝连续加班作业，故 B 选项正确。**参考答案：B、C、D、E。**

（2015 年真题）施工作业人员应当享有的安全生产权利有（　　）。

A. 获得防护用品权　　B. 获得保险赔偿权　　C. 拒绝违章指挥权

D. 安全生产决策权　　E. 紧急避险权

解析 施工作业人员应当享有的安全生产权利：①施工安全生产的知情权和建议权；②施工安全防护用品的获得权；③批评、检举、控告权及拒绝违章指挥权；④紧急避险权；⑤获得工伤保险和意外伤害保险赔偿的权利；⑥请求民事赔偿权；⑦依靠工会维权和被派遣劳动者的权利。**参考答案：A、B、C、E。**

应试指引

本高频考点近 5 年考试主要集中在施工作业人员安全生产权利方面，安全生产义务方面近 5 年均未涉及。因此，在 2018 年考试中，考生除了掌握安全生产权利方面的知识点外，还应了解一下安全生产义务方面的知识点。

施工作业人员主要的安全生产义务包括：①守法遵章和正确使用安全防护用具等的义务；②接受安全生产教育培训的义务；③施工安全事故隐患报告的义务。

1Z306030 施工现场安全防护制度

本节导学

保障建设工程施工安全生产，要建立并落实施工安全生产责任和安全生产教育培训制度，还应当针对建设工程施工的特点，加强安全技术管理和施工现场的安全防护。本节近5年考情分析详见表1Z306030-1。

近5年考情分析　　表1Z306030-1

知识点	各年份分值				
	2013年	2014年	2015年	2016年	2017年
1Z306031　编制安全技术措施、专项施工方案和安全技术交底的规定	1	0	1	2	1
1Z306032　施工现场安全防护、安全费用和特种设备安全管理的规定	1	1	3	1	2
1Z306033　施工现场消防安全职责和应采取的消防安全措施	1	1	1	0	0
1Z306034　工伤保险和意外伤害保险的规定	1	2	3	1	0
1Z306035　违法行为应承担的法律责任	1	0	0	1	0

本节主要涉及的法律文件为《建设工程安全生产管理条例》《危险性较大的分部分项工程安全管理办法》《企业安全生产费用提取和使用管理办法》《建筑工程安全防护、文明施工措施费用及使用管理规定》《建筑安装工程费用项目组成》《工伤保险条例》《特种设备安全法》等。

高频考点一　编制安全技术措施、专项施工方案和安全技术交底的规定

高频指数：★★

考点解析

1. 编制安全专项施工方案（表1Z306030-2）

编制安全专项施工方案　　表1Z306030-2

达到一定规模的危险性较大的分部分项工程应编制安全专项施工方案	施工单位技术负责人、总监理工程师审查签字	组织专家进行论证、审查
	基坑支护与降水工程	深基坑
	土方开挖工程	地下暗挖工程
	模板工程	高大模板工程
	起重吊装工程	—

续上表

达到一定规模的危险性较大的分部分项工程应编制安全专项施工方案	脚手架工程	—
	拆除、爆破工程	—

注：1. 由施工单位组织专家进行论证、审查。
2. 建筑工程实行施工总承包的，专项方案应当由施工总承包单位组织编制。专业工程分包的，由专业承包单位编制。
3. 专项方案应当由施工单位技术部门组织本单位施工技术、安全、质量等部门的专业技术人员进行审核。经审核合格的，由施工单位技术负责人签字。实行施工总承包的，专项方案应当由总承包单位技术负责人及相关专业承包单位技术负责人签字。不需专家论证的专项方案，经施工单位审核合格后报监理单位，由项目总监理工程师审核签字。

需要特别说明的是，对于超过一定规模的危险性较大的分部分项工程专项方案应当由施工单位组织召开专家论证会。实行施工总承包的，由施工总承包单位组织召开专家论证会。这里的超过一定规模的危险性较大的分部分项工程实质上是包括深基坑、地下暗挖工程、高大模板工程三项的。因此，需要组织专家进行论证、审查就是针对超过一定规模的危险性较大的分部分项工程专项方案，详见“疑难释义”分析。

2. 安全施工技术交底

《建设工程安全生产管理条例》规定，建设工程施工前，施工单位负责项目管理的技术人员应当对有关安全施工的技术要求向施工作业班组、作业人员做出详细说明，并由双方签字确认。

真题再现

（2013 年真题）对于达到一定规模的危险性较大的分部分项工程的专项施工方案，应由（　　）组织专家论证、审查。

A. 安全监督管理机构　　B. 建设单位　　C. 监理单位　　D. 施工单位

解析《建设工程安全生产管理条例》规定，对前款所列工程中涉及深基坑、地下暗挖工程、高大模板工程的专项施工方案，施工单位还应当组织专家进行论证、审查。**参考答案：D。**

（2015 年真题）对于超过一定规模的危险性较大的分部分项工程专项方案，应由（　　）组织召开专家论证会。

A. 安全监督管理机构　　B. 建设单位　　C. 监理单位　　D. 施工单位

解析 对下列达到一定规模的危险性较大的分部分项工程编制专项施工方案，并附具安全验算结果，经施工单位技术负责人、总监理工程师签字后实施，由专职安全生产管理人员进行现场监督：①基坑支护与降水工程；②土方开挖工程；③模板工程；④起重吊装工程；⑤脚手架工程；⑥拆除、爆破工程；⑦国务院建设行政主管部门或者其他有关部门规定的其他危险性较大的工程。对以上所列工程中涉及深基坑、地下暗挖工程、高大模板工程的专项施工方案，施工单位还应当组织专家进行论证、审查。**参考答案：D。**

（2016 年真题）关于安全专项施工方案审核的说法，正确的有（　　）。

A. 专项方案应当由施工企业技术部门组织本企业施工技术、安全、质量等部门的专项技术人员进行审核

B. 专项方案经审核合格的，由施工企业安全部门负责人签字

C. 实行施工总承包的，专项方案应当由总承包企业技术负责人及相关专业承包单位技术负责人签字

D. 不需专家论证的专项方案，经施工企业审核合格后报监理单位，由项目总监理工程师审核签字

E. 超过一定规模的危险性较大的分部分项工程专项方案应当由施工企业组织召开专家论证会

解析 专项方案应当由施工单位技术部门组织本单位施工技术、安全、质量等部门的专业技术人员进行审核。经审核合格的，由施工单位技术负责人签字。实行施工总承包的，专项方案应当由总承包单位技术负责人及相关专业承包单位技术负责人签字。不需专家论证的专项方案，经施工单位审核合格后报监理单位，由项目总监理工程师审核签字。超过一定规模的危险性较大的分部分项工程专项方案应当由施工单位组织召开专家论证会。实行施工总承包的，由施工总承包单位组织召开专家论证会。**参考答案：A、C、D、E。**

（2017 年真题）根据《危险性较大的分部分项工程安全管理办法》实行工程总承包的，对于超过一定规模的危险性较大的分部分项工程专项方案，应当由（　　）组织召开专家论证会。

A. 建设单位　　B. 总承包单位

C. 设计单位　　D. 分包单位

解析 超过一定规模的危险性较大的分部分项工程专项方案应当由施工单位组织召开专家论证会。实行施工总承包的，由施工总承包单位组织召开专家论证会。**参考答案：B。**

应试指引

本高频考点主要考查达到一定规模的危险性较大的分部分项工程专项方案和超过一定规模的危险性较大的分部分项工程专项方案的编制和审查主体。考生需要谨记一个大原则：没有实行总包的情况下，均由施工单位对专项方案进行编制和审查（自行审查或者组织专家论证），在实行总包的情况下，由总包单位负责。专项方案审查方面需要注意：由施工单位技术部门组织本单位施工技术、安全、质量等部门的专业技术人员进行审核。不实行总包的情况下，由施工单位技术负责人签字，实行总包的情况下，由总承包单位技术负责人及相关专业承包单位技术负责人签字。

疑难释义

2018 年版教材提到：按照《建设工程安全生产管理条例》规定，对下列达到一定规模

的危险性较大的分部分项工程编制专项施工方案：①基坑支护与降水工程；②土方开挖工程；③模板工程；④起重吊装工程；⑤脚手架工程；⑥拆除、爆破工程；⑦国务院建设行政主管部门或者其他有关部门规定的其他危险性较大的工程。对以上所列工程中涉及深基坑、地下暗挖工程、高大模板工程的专项施工方案，施工单位还应当组织专家进行论证、审查。

同时又提及：超过一定规模的危险性较大的分部分项工程专项方案应当由施工单位组织召开专家论证会。实行施工总承包的，由施工总承包单位组织召开专家论证会。

很多考生误以为深基坑、地下暗挖工程、高大模板工程和超过一定规模的危险性较大的分部分项工程专项方案均需要由施工单位组织专家进行论证、审查。其实，深基坑、地下暗挖工程、高大模板工程是包含在“超过一定规模的危险性较大的分部分项工程”里的。至于出现上述两种方式的表述是因为《建设工程安全生产管理条例》颁布实施较早（2004年），未能将所有“超过一定规模的危险性较大的分部分项工程”囊括，因此仅提及深基坑、地下暗挖工程、高大模板工程需组织专家进行论证、审查。2009年颁布实施的《危险性较大的分部分项工程安全管理办法》对于危险性较大的分部分项工程、超过一定规模的危险性较大的分部分项工程范围进行明确和补充。超过一定规模的危险性较大的分部分项工程范围即包含了深基坑、地下暗挖工程、高大模板工程。故此后，需要进行专家论证、审查的分部分项工程范围就是“超过一定规模的危险性较大的分部分项工程”。

表1Z306030-3为危险性较大的分部分项工程的具体范围，表1Z306030-4为超过一定规模的危险性较大的分部分项工程的具体范围。

危险性较大的分部分项工程的具体范围 表1Z306030-3

类别	具体范围
基坑支护与降水工程	开挖深度超过3m（含3m）或虽未超过3m但地质条件和周边环境复杂的基坑（槽）支护、降水工程
土方开挖工程	开挖深度超过3m（含3m）的基坑（槽）的土方开挖工程
模板工程	（1）各类工具式模板工程：包括大模板、滑模、爬模、飞模等工程； （2）混凝土模板支撑工程：搭设高度5m及以上；搭设跨度10m及以上；施工总荷载$10kN/m^2$及以上；集中线荷载15kN/m及以上；高度大于支撑水平投影宽度且相对独立无联系构件的混凝土模板支撑工程； （3）承重支撑体系：用于钢结构安装等满堂支撑体系
起重吊装工程	（1）采用非常规起重设备、方法，且单件起吊重量在10kN及以上的起重吊装工程； （2）采用起重机械进行安装的工程； （3）起重机械设备自身的安装、拆卸
脚手架工程	（1）搭设高度24m及以上的落地式钢管脚手架工程； （2）附着式整体和分片提升脚手架工程； （3）悬挑式脚手架工程； （4）吊篮脚手架工程； （5）自制卸料平台、移动操作平台工程； （6）新型及异型脚手架工程
拆除、爆破工程	（1）建筑物、构筑物拆除工程； （2）采用爆破拆除的工程
其他	（1）建筑幕墙安装工程； （2）钢结构、网架和索膜结构安装工程；

续上表

类　别	具体范围
其他	（3）人工挖扩孔桩工程； （4）地下暗挖、顶管及水下作业工程； （5）预应力工程； （6）采用新技术、新工艺、新材料、新设备及尚无相关技术标准的危险性较大的分部分项工程

超过一定规模的危险性较大的分部分项工程的具体范围　表 1Z306030-4

类　别	具体范围
深基坑工程	（1）开挖深度超过 5m（含 5m）的基坑（槽）的土方开挖、支护、降水工程； （2）开挖深度虽未超过 5m，但地质条件、周围环境和地下管线复杂，或影响毗邻建（构）筑物安全的基坑（槽）的土方开挖、支护、降水工程
模板工程及支撑体系	（1）工具式模板工程：包括滑模、爬模、飞模工程； （2）混凝土模板支撑工程：搭设高度 8m 及以上；搭设跨度 18m 及以上；施工总荷载 15kN/m^2 及以上；集中线荷载 20kN/m 及以上； （3）承重支撑体系：用于钢结构安装等满堂支撑体系，承受单点集中荷载 700kg 以上
起重吊装及安装拆卸工程	（1）采用非常规起重设备、方法，且单件起吊重量在 100kN 及以上的起重吊装工程； （2）起重量 300kN 及以上的起重设备安装工程；高度 200m 及以上内爬起重设备的拆除工程
脚手架工程	（1）搭设高度 50m 及以上落地式钢管脚手架工程； （2）提升高度 150m 及以上附着式整体和分片提升脚手架工程； （3）架体高度 20m 及以上悬挑式脚手架工程
拆除、爆破工程	（1）采用爆破拆除的工程； （2）码头、桥梁、高架、烟囱、水塔或拆除中容易引起有毒有害气（液）体或粉尘扩散、易燃易爆事故发生的特殊建、构筑物的拆除工程； （3）可能影响行人、交通、电力设施、通信设施或其他建（构）筑物安全的拆除工程； （4）文物保护建筑、优秀历史建筑或历史文化风貌区控制范围的拆除工程
其他	（1）施工高度 50m 及以上的建筑幕墙安装工程； （2）跨度大于 36m 及以上的钢结构安装工程；跨度大于 60m 及以上的网架和索膜结构安装工程； （3）开挖深度超过 16m 的人工挖孔桩工程； （4）地下暗挖工程、顶管工程、水下作业工程； （5）采用新技术、新工艺、新材料、新设备及尚无相关技术标准的危险性较大的分部分项工程

高频考点二　施工现场安全防护、安全费用和特种设备安全管理的规定

高频指数：★★★

考点解析

1. 施工现场安全防护

《安全生产法》规定：生产经营单位应当在有较大危险因素的生产经营场所和有关设

施、设备上设置明显的安全警示标志。安全警示标志则是指提醒人们注意的各种标牌、文字、符号以及灯光等，一般由安全色、几何图形和图形符号构成，如图 1Z306030-1、图 1Z306030-2 所示。施工单位应当在施工现场入口处、施工起重机械、临时用电设施、脚手架、出入通道口、楼梯口、电梯井口、孔洞口、桥梁口、隧道口、基坑边沿、爆破物及有害危险气体和液体存放处等危险部位设置明显的安全警示标志。

注意安全

图 1Z306030-1　安全警示标志 1

当心坑洞

图 1Z306030-2　安全警示标志 2

《建设工程安全生产管理条例》规定：施工单位应当将施工现场的办公、生活区与作业区分开设置，并保持安全距离；办公、生活区的选址应当符合安全性要求。职工的膳食、饮水、休息场所等应当符合卫生标准。施工单位不得在尚未竣工的建筑物内设置员工集体宿舍。因为这类建筑尚在施工阶段，条件较差，不宜居住，目前施工单位常用可装配式的活动房屋取而代之，但需要注意的是，这类活动房屋需要有产品合格证。

《建设工程安全生产管理条例》规定：施工单位采购、租赁的安全防护用具、机械设备、施工机具及配件，应当具有生产（制造）许可证、产品合格证，并在进入施工现场前进行查验。施工现场的安全防护用具、机械设备、施工机具及配件必须由专人管理，定期进行检查、维修和保养，建立相应的资料档案，并按照国家有关规定及时报废。

2018 年版教材新增了住房和城乡建设部安全生产管理委员会办公室《关于印发起重机械、基坑工程等五项危险性较大的分部分项工程施工安全要点的通知》有关内容，主要涉及基坑工程、脚手架、模板支架等施工安全要点，需引起考生的重视。

2. 施工单位安全生产费用的提取和使用管理（表 1Z306030-5）

未作约定式约定不明的使用管理　　表 1Z306030-5

合同工期	预付安全防护、文明施工措施项目费用比例
<1 年	≥ 50%
≥ 1 年	≥ 30%

注：1. 其余费用应当按照施工进度支付。
2. 注意一：施工单位应当确保安全防护、文明施工措施费专款专用。
3. 注意二：监理单位发现施工单位未落实施工组织设计及专项施工方案中安全防护和文明施工措施的，有权责令其立即整改；对施工单位拒不整改或未按期限要求完成整改的，工程监理单位应当及时向建设单位和建设行政主管部门报告，必要时责令其暂停施工。

3. 特种设备安全管理

锅炉、压力容器、压力管道元件等特种设备的制造过程和锅炉、压力容器、压力管道、电梯、起重机械、客运索道、大型游乐设施的安装、改造、重大修理过程，应当经特种设备检验机构按照安全技术规范的要求进行监督检验；未经监督检验或者监督检验不合格的，不得出厂或者交付使用。

特种设备使用单位应当按照安全技术规范的要求，在检验合格有效期届满前1个月向特种设备检验机构提出定期检验要求。

真题再现

（2013年真题）特征设备使用单位应当按照安全技术规范的定期检验要求，最迟应在安全检验合格有效期满前（　　）内向特种设备检验检测机构提出定期检验要求。

A. 1个月　　B. 10天　　C. 15天　　D. 2个月

解析 特种设备使用单位应当按照安全技术规范的要求，在检验合格有效期届满前1个月向特种设备检验机构提出定期检验要求。**参考答案：A。**

（2014年真题）某工程项目工期为12个月，其中合同价款中安全防护、文明施工措施费用100万元。在合同没有约定或约定不明的情况下，建设单位预付该部分费用最低应为（　　）万元。

A. 10　　B. 20　　C. 30　　D. 50

解析 建设单位与施工单位在施工合同中对安全防护、文明施工措施费用预付、支付计划未作约定或约定不明的，合同工期在一年以内的，建设单位预付安全防护、文明施工措施项目费用不得低于该费用总额的50%；合同工期在一年以上的（含一年），预付安全防护、文明施工措施费用不得低于该费用总额的30%，其余费用应当按照施工进度支付。**参考答案：C。**

（2015年真题）根据《建设工程安全生产管理条例》，施工单位应在施工现场（　　）设置明显的安全警示标志。

A. 楼梯口　　B. 配电箱　　C. 塔吊

D. 基坑底部　　E. 施工现场出口处

解析 施工单位应当在施工现场入口处、施工起重机械、临时用电设施、脚手架、出入通道口、楼梯口、电梯井口、孔洞口、桥梁口、隧道口、基坑边沿、爆破物及有害危险气体和液体存放处等危险部位，设置明显的安全警示标志。**参考答案：A、B、C、E。**

（2015年真题）特种设备使用单位应当按照安全技术规范的要求，在检查合格有效期届满前（　　）向特种设备检测机构提出定期检验要求。

A. 5天　　B. 15天　　C. 20天　　D. 1个月

解析 特种设备使用单位应当按照安全技术规范的要求，在检验合格有效期届满前1个月向特种设备检验机构提出定期检验要求。**参考答案：D。**

（2016 年真题）关于施工企业进行可能危及危险化学品管道安全的施工作业的说法，正确的是（　　）。

A. 施工企业应当与建设单位共同制定应急预案

B. 施工企业应当在开工日 3 日前通知管道所属单位

C. 施工企业通知管道所属单位时应采用书面形式

D. 建设单位应当指派专门人员到现场进行管道安全保护指导

解析《危险化学品安全管理条例》还规定，进行可能危及危险化学品管道安全的施工作业，施工单位应当在开工的 7 日前书面通知管道所属单位，并与管道所属单位共同制定应急预案，采取相应的安全防护措施。管道所属单位应当指派专门人员到现场进行管道安全保护指导。

参考答案：C。

（2017 年真题）根据《建设工程安全生产管理条例》，在施工现场使用的装配式活动房屋，应当具有（　　）。

A. 销售许可证　　B. 安装许可证

C. 产品合格证　　D. 安全许可证

解析 施工现场临时搭建的建筑物应当符合安全使用要求。施工现场使用的装配式活动房屋应当具有产品合格证。**参考答案：C。**

（2017 年真题）根据《建筑工程安全防护、文明施工措施费用及使用管理规定》，对建筑工程安全防护、文明施工措施费用的使用负总责的单位是（　　）。

A. 监理单位　　B. 建设单位

C. 总承包单位　　D. 分包单位

解析 工程总承包单位对建筑工程安全防护、文明施工措施费用的使用负总责。总承包单位应当按照本规定及合同约定及时向分包单位支付安全防护、文明施工措施费用。

参考答案：C。

应试指引

本高频考点考查的重点在施工现场安全防护、安全生产费用的使用和特种设备安全管理。施工现场安全防护方面应掌握危险部位设置安全警示标志的知识点，如设置安全标志的具体位置和安全警示标志的构成。生产费使用方面，需要熟记不同合同工期，建设单位需预付不同最低比例的安全文明施工费。这里容易设置陷阱的地方就是当合同工期为 1 年时，应按合同工期在 1 年以上的情形预付安全文明施工费。特种设备安全管理方面，考查最多的就是特种设备使用单位应在检验合格有效期届满前 1 个月向特种设备检验机构提出检验要求。基坑工程、脚手架、模板支架等施工安全要点是 2018 年版教材新增的内容，考生需引起重视。

高频考点三　工伤保险和意外伤害保险的规定

高频指数：★★★

考点解析

1. 工伤保险的规定

《建筑法》规定：建筑施工企业应当依法为职工参加工伤保险缴纳工伤保险费。鼓励企业为从事危险作业的职工办理意外伤害保险，支付保险费。工伤保险是强制性保险。意外伤害保险则属于法定的鼓励性保险，其适用范围是施工现场从事危险作业的特殊职工群体，即在施工现场从事高处作业、深基坑作业、爆破作业等危险性较大作业的施工人员。

用人单位应当按时缴纳工伤保险费，职工个人不缴纳工伤保险费。根据《工伤保险条例》有关规定，职工认定工伤、视为工伤或不认定工伤的情形详见表 1Z306030-6。

职工认定工伤、视为工伤或不认定工伤的情形　　表 1Z306030-6

认定为工伤	视同工伤	不得认定为工伤或者视同工伤
在工作时间和工作场所内，因工作原因受到事故伤害的	在工作时间和工作岗位，突发疾病死亡或者在 48 小时之内经抢救无效死亡的	故意犯罪的
工作时间前后在工作场所内，从事与工作有关的预备性或者收尾性工作受到事故伤害的	在抢险救灾等维护国家利益、公共利益活动中受到伤害的	醉酒或者吸毒的
在工作时间和工作场所内，因履行工作职责受到暴力等意外伤害的	职工原在军队服役，因战、因公负伤致残，已取得革命伤残军人证，到用人单位后旧伤复发的	自残或者自杀的
患职业病的	—	—
因工外出期间，由于工作原因受到伤害或者发生事故下落不明的	—	—
在上下班途中，受到非本人主要责任的交通事故或者城市轨道交通、客运轮渡、火车事故伤害的	—	—
法律、行政法规规定应当认定为工伤的其他情形	—	—

职工或者其近亲属认为是工伤，用人单位不认为是工伤的，由用人单位承担举证责任。职工发生工伤，经治疗伤情相对稳定后存在残疾、影响劳动能力的，应当进行劳动能力鉴定。劳动功能障碍分为 10 个伤残等级，最重的为 1 级，最轻的为 10 级。

职工因工作遭受事故伤害或者患职业病需要暂停工作接受工伤医疗的，在停工留薪期内，原工资福利待遇不变，由所在单位按月支付。停工留薪期一般不超过 12 个月。伤情严重或者情况特殊，经设区的市级劳动能力鉴定委员会确认，可以适当延长，但延长不得超过 12 个月。

2. 建筑意外伤害保险的规定

《建筑法》规定：鼓励企业为从事危险作业的职工办理意外伤害保险，支付保险费。《建设工程安全生产管理条例》则规定：施工单位应当为施工现场从事危险作业的人员办理意外伤害保险。意外伤害保险费由施工单位支付。实行施工总承包的，由总承包单位支付意外伤害保险费。意外伤害保险期限自建设工程开工之日起至竣工验收合格止。

保险期限应涵盖工程项目开工之日到工程竣工验收合格日。提前竣工的，保险责任自行终止。延长工期的，应当办理保险顺延手续。

真题再现

（2013 年真题）下列保险中，属于强制性保险的是（　　）。

A. 意外伤害保险　　B. 建筑工程一切险

C. 安装工程一切险　　D. 工伤保险

解析《建筑法》规定，建筑施工企业应当依法为职工参加工伤保险缴纳工伤保险费。工伤保险是强制性保险。**参考答案：D。**

（2014 年真题）根据《工伤保险条例》，建筑施工企业职工有下列情况可以认定为工伤的有（　　）。

A. 出差途中，由于工作原因遭遇车祸受伤

B. 在施工现场斗殴受伤

C. 在施工现场因工作原因受到事故伤害

D. 施工期间醉酒坠落致残

E. 在办公场所内因劳资纠纷自杀

解析 详见【考点解析】表 1Z306030-6。**参考答案：A、C。**

（2015 年真题）某施工企业职工在工程施工中受伤，职工认为应属于工伤，用人单位不认为是工伤，则应由（　　）承担举证责任。

A. 职工本人　　B. 工伤治疗机构　　C. 用人单位　　D. 社会保险行政部门

解析《工伤保险条例》第十八条第二款规定，职工或者其直系亲属认为是工伤，用人单位不认为是工伤的，由用人单位承担举证责任。**参考答案：C。**

（2015 年真题）根据《工伤保险条例》，可以认定为工伤或者视同工伤的有（　　）。

A. 李某取得革命伤残军人证后到企业工作，旧伤复发

B. 张某患病后，精神抑郁，酗酒过度需要进行治疗

C. 杨某在开车下班途中，发生交通事故受伤，该事故责任认定书中认定杨某对此负次要责任

D. 陈某在工作场所与上司产生摩擦，一怒之下，拿剪刀将自己的胸脯刺伤

E. 牛某因失恋，上班时间爬到公司楼顶跳楼自杀

解析 详见【考点解析】表 1Z306030-6。**参考答案：**A、C。

（**2016 年真题**）关于工伤医疗停工薪期的说法，正确的是（　　）。

A. 在停工薪期内，原工资福利待遇适当减少

B. 停工薪期一般不超过 12 个月

C. 工资由所在单位在停工薪期结束后一次性支付

D. 停工薪期满后仍需治疗的，工伤职工不再享受工伤医疗待遇

解析 职工因工作遭受事故伤害或者患职业病需要暂停工作接受工伤医疗的，在停工留薪期内，原工资福利待遇不变，由所在单位按月支付。停工留薪期一般不超过 12 个月。伤情严重或者情况特殊，经设区的市级劳动能力鉴定委员会确认，可以适当延长，但延长不得超过 12 个月。**参考答案：**B。

应试指引

本高频考点的内容较多，可考查的范围也比较大，复习起来难度较大。

指引一：掌握工伤保险和意外伤害保险的异同，总结如下表 1Z306030-7。

工伤保险和意外伤害保险的异同　　表 1Z306030-7

险　种	性　质	是否强制	范　围
工伤保险	社会保险	强制（“应当依法”）	单位所有从业人员
意外伤害保险	商业保险	非强制（“鼓励”）	施工现场从事危险作业人员

指引二：掌握工伤认定、视为工伤和不得认定为工伤或者视同工伤的各种情形。不需死记硬背，能够辨析即可。

指引三：对于工伤认定有争议的情况，由用人单位承担举证责任。

指引四：掌握关于停工留薪期间的时限。停工留薪期一般不超过 12 个月。伤情严重或者情况特殊，经设区的市级劳动能力鉴定委员会确认，可以适当延长，但延长不得超过 12 个月。因此，如若考试问的是一般不超过多久？可回答 12 个月。如若考试问的是最长不超过多久，应回答 24 个月。这里容易设置陷阱。

指引五：掌握建筑意外保险的期限。建筑意外保险的期限是项目开工之日到工程竣工验收合格日。提前竣工的，保险责任自行终止。延长工期的，应当办理保险顺延手续。实行施工总承包的，由总承包单位支付意外伤害保险费。

1Z306040　施工安全事故的应急救援与调查处理

本节导学

《生产安全事故报告和调查处理条例》根据生产安全事故造成的人员伤亡或者直接经

济损失，将事故分为 4 个等级，见表 1Z306040-1。

施工安全事故分级 表 1Z306040-1

等　级	死亡人数（D）	重伤人数（S）	直接经济损失（M）
特别重大事故	$D \geqslant 30$	$S \geqslant 100$	$M \geqslant 1$ 亿元
重大事故	$10 \leqslant D<30$	$50 \leqslant S<100$	5000 万元 $\leqslant M<1$ 亿元
较大事故	$3 \leqslant D<10$	$10 \leqslant S<50$	1000 万元 $\leqslant M<5000$ 万元
一般事故	$D<3$	$S<10$	$M<1000$ 万元

本节近 5 年考情分析详见表 1Z306040-2。

近 5 年考情分析 表 1Z306040-2

知　识　点	各年份分值				
	2013 年	2014 年	2015 年	2016 年	2017 年
1Z306041　生产安全事故的等级划分标准	1	0	1	0	0
1Z306042　施工生产安全事故应急救援预案的规定	0	3	0	0	2
1Z306043　施工生产安全事故报告及采取相应措施的规定	3	0	3	2	1
1Z306044　违法行为应承担的法律责任	0	0	0	0	0

本节主要涉及法律文件为《安全生产法》《生产安全事故报告和调查处理条例》《建设工程安全生产管理条例》《生产安全事故应急预案管理办法》等。

高频考点一　施工生产安全事故应急救援预案的规定

高频指数：★★

考点解析

1. 施工生产安全事故应急救援预案的编制

施工单位应当根据建设工程施工的特点、范围，对施工现场易发生重大事故的部位、环节进行监控，制订施工现场生产安全事故应急救援预案。针对情况的不同，分为综合应急预案、专项应急预案和现场处置方案。具体内容见表 1Z306040-3。

施工生产安全事故应急救援预案分类及内容 表 1Z306040-3

综合应急预案	专项应急预案	现场处置方案
本单位的应急组织机构及其职责	危险性分析	危险性分析
预案体系	可能发生的事故特征	可能发生的事故特征
响应程序	应急组织机构与职责	应急处置程序
事故预防	预防措施	应急处置要点
应急保障	应急处置程序	注意事项
应急培训	应急保障	—
预案演练	—	—

2. 施工生产安全事故应急预案的培训和演练

生产经营单位应当制订本单位的应急预案演练计划，根据本单位的事故预防重点，每年至少组织一次综合应急预案演练或者专项应急预案演练，每半年至少组织一次现场处置方案演练。应急预案演练结束后，应急预案演练组织单位应当对应急预案演练效果进行评估，撰写应急预案演练评估报告，分析存在的问题，并对应急预案提出修订意见。

3. 施工生产安全事故应急预案的修订

2018 年版教材对该部分内容作了修订：生产经营单位制订的应急预案应当至少每 3 年修订一次，预案修订情况应有记录并归档。有下列情形之一的，应急预案应当及时修订并归档：①依据的法律、法规、规章、标准及上位预案中的有关规定发生重大变化的；②应急指挥机构及其职责发生调整的；③面临的事故风险发生重大变化的；④重要应急资源发生重大变化的；⑤预案中的其他重要信息发生变化的；⑥在应急演练和事故应急救援中发现问题需要修订的；⑦编制单位认为应当修订的其他情况。

真题再现

（2014 年真题）生产安全事故综合应急预案应当包括的内容是（　　）。

A. 应急组织机构及其职责、预案体系及相应程序、危险性分析、应急培训及预案演练

B. 应急组织机构及其职责、预案体系及相应程序、可能发生的事故特征、应急培训及预案演练

C. 应急组织机构及其职责、预案体系及相应程序、事故预防及应急保障、应急培训及预案演练

D. 应急组织机构及其职责、危险性分析、可能发生的事故特征、应急培训及预案演练

解析 综合应急预案应当包括本单位的应急组织机构及其职责、预案体系及响应程序、事故预防及应急保障、应急培训及预案演练等主要内容；专项应急预案应当包括危险性分析、可能发生的事故特征、应急组织机构与职责、预防措施、应急处置程序和应急保障等内容；现场处置方案应当包括危险性分析、可能发生的事故特征、应急处置程序、应急处置要点和注意事项等内容。**参考答案：**C。

（2014 年真题）生产经营单位应当制订本单位的应急预案演练计划，并根据本单位的生产安全事故预防重点，进行（　　）。

A. 每年至少组织一次的综合应急预案演练或者专项应急预案演练

B. 每半年至少组织一次现场处置方案演练

C. 每半年至少组织一次的综合应急预案演练或者专项应急预案演练

D. 每年至少组织两次的综合应急预案演练或者专项应急预案演练

E. 每年至少组织一次的现场处置方案演练

解析 生产经营单位应当制订本单位的应急预案演练计划，根据本单位的事故预防重点，每年至少组织一次综合应急预案演练或者专项应急预案演练，每半年至少组织一次现场处

置方案演练。应急预案演练结束后，应急预案演练组织单位应当对应急预案演练效果进行评估，撰写应急预案演练评估报告，分析存在的问题，并对应急预案提出修订意见。**参考答案：A、B。**

（2017年真题）根据《生产安全事故应急预案管理办法》，生产经营单位应急预案应当及时修订的情形有（　　）。

A. 周围环境发生变化，形成新的重大危险源的

B. 生产工艺和技术发生变化的

C. 因重组导致经营方式变化的

D. 经营状况不良的

E. 应急组织指挥体系或者职责已经调整的

解析 有下列情形之一的，应急预案应当及时修订：①生产经营单位因兼并、重组、转制等导致隶属关系、经营方式、法定代表人发生变化的；②生产经营单位生产工艺和技术发生变化的；③周围环境发生变化，形成新的重大危险源的；④应急组织指挥体系或者职责已经调整的；⑤依据的法律、法规、规章和标准发生变化的；⑥应急预案演练评估报告要求修订的；⑦应急预案管理部门要求修订的。**参考答案：A、B、C、E。**

应试指引

2018年版教材对本高频考点相关内容做了较多的调整，如应急救援预案分类及内容中，综合应急预案、专项应急预案和现场处置方案的相应内容作了较大的调整；其次应急预案应当及时修订的情形也作了较大的调整。在做历年真题时，应注意上述内容的修订所引起的参考答案的变化。修订和调整的知识点内容应作为2018年备考的重点内容。

高频考点二　施工生产安全事故报告及采取相应措施的规定

高频指数：★★★

考点解析

1. 施工生产安全事故报告的基本要求

《生产安全事故报告和调查处理条例》规定：事故发生后，事故现场有关人员应当立即向本单位负责人报告。单位负责人接到报告后，应当于1h内向事故发生地县级以上人民政府安全生产监督管理部门和负有安全生产监督管理职责的有关部门报告。

《生产安全事故报告和调查处理条例》规定：事故报告后出现新情况的，应当及时补报。自事故发生之日起30日内，事故造成的伤亡人数发生变化的，应当及时补报。道

路交通事故、火灾事故自发生之日起7日内，事故造成的伤亡人数发生变化的，应当及时补报。

2. 施工生产安全事故的调查

事故调查组的组成应当遵循精简、高效的原则。根据事故的具体情况，事故调查组由有关人民政府、安全生产监督管理部门、负有安全生产监督管理职责的有关部门、监察机关、公安机关以及工会派人组成，并应当邀请人民检察院派人参加。事故调查报告应当依法及时向社会公布。

真题再现

（2013年真题）根据《生产安全事故报告和调查处理条例》的有关规定，除了交通事故、火灾事故外，自事故发生之日起（　　）日内，事故造成的伤亡人数发生变化的，应当及时补报。

A. 15　　B. 20　　C. 30　　D. 40

解析 自事故发生之日起30日内，事故造成的伤亡人数发生变化的，应当及时补报。道路交通事故、火灾事故自发生之日起7日内，事故造成的伤亡人数发生变化的，应当及时补报。**参考答案：C。**

（2013年真题）根据事故具体情况，事故调查组成员有关人民政府，安全生产监督管理部门和负责安全生产监督管理职责的有关部门以及（　　）派人参加。

A. 监察机关　　B. 人民法院　　C. 公安机关　　D. 人民检察院　　E. 工会

解析《生产安全事故报告和调查处理条例》第二十二条：事故调查组的组成应当遵循精简、高效的原则。根据事故的具体情况，事故调查组由有关人民政府、安全生产监督管理部门、负有安全生产监督管理职责的有关部门、监察机关、公安机关以及工会派人组成，并应当邀请人民检察院派人参加。**参考答案：A、C、D、E。**

（2015年真题）根据《安全生产事故报告和调查处理条例》，建筑工地事故发生后，事故现场有关人员应当立即向（　　）报告。

A. 业主单位负责人

B. 事故发生地县级以上人民政府安全生产监督管理部门

C. 事故发生地省级以上人民政府安全生产监督管理部门

D. 本单位负责人

解析 事故发生后，事故现场有关人员应当立即向本单位负责人报告；单位负责人接到报告后，应当于1h内向事故发生地县级以上人民政府安全生产监督管理部门和负有安全生产监督管理职责的有关部门报告。本题考查的是施工生产安全事故报告的基本要求。《安全生产事故报告和调查处理条例》规定，事故发生后，事故现场有关人员应当立即向本单位负责人报告。**参考答案：D。**

（2015 年真题）根据事故的具体情况，事故调查组由（　　）派人组成，并应当邀请人民检察院派人参加。

A. 公安机关

B. 有关人民政府

C. 人民法院

D. 安全生产监督管理部门

E. 负有安全生产监督管理职责的有关部门

解析 本题考查的是施工生产安全事故的调查。根据事故的具体情况，事故调查组由有关人民政府、安全生产监督管理部门、负有安全生产监督管理职责的有关部门、监察机关、公安机关以及工会派人组成，并应当邀请人民检察院派人参加。事故调查组可以聘请有关专家参与调查。**参考答案：A、B、D、E。**

（2016 年真题）生产安全事故发生后，有关单位和有关人员应当妥善保护事故现场以及相关证据，确因特殊情况需要移动事故现场物件的，必须同时满足的条件有（　　）。

A. 疏散、撤离、安置受到威胁的人员，并采取必要措施防止发生次生、衍生事故

B. 抢救人员、防止事故扩大以及疏散交通的需要

C. 做出标志，绘制现场简图，拍摄现场照片，对被移动物件贴上标签，并做出书面记录

D. 经事故单位负责人或组织事故调查的安全生产监督管理部门和负有安全生产监督职责的有关部门同意

E. 尽量使现场少受破坏

解析 确因特殊情况需要移动事故现场物件的，须同时满足以下条件：①抢救人员、防止事故扩大以及疏通交通的需要；②经事故单位负责人或者组织事故调查的安全生产监督管理部门和负有安全生产监督管理职责的有关部门同意；③做出标志，绘制现场简图，拍摄现场照片，对被移动物件贴上标签，并做出书面记录；④尽量使现场少受破坏。**参考答案：B、C、D、E。**

（2017 年真题）根据《生产安全事故报告和调查处理条例》，除了交通事故、火灾事故外的其他事故造成的伤亡人数发生变化的，应当自事故发生（　　）起及时补报。

A. 60 日　　B. 50 日　　C. 40 日　　D. 30 日

解析《生产安全事故报告和调查处理条例》规定，事故报告后出现新情况的，应当及时补报。自事故发生之日起 30 日内，事故造成的伤亡人数发生变化的，应当及时补报。道路交通事故、火灾事故自发生之日起 7 日内，事故造成的伤亡人数发生变化的，应当及时补报。**参考答案：D。**

应试指引

本高频考点在备考时应特别注意事故上报、补报的时间数字。其次，要掌握事故调查组的组成。考试时可能会设置一些非事故调查组的部门作为干扰项，如人民法院。需要注意的是，人民检察院应当参加调查组，人民法院不用。

1Z306050　建设单位和相关单位的建设工程安全责任制度

本节导学

《建设工程安全生产管理条例》规定：建设单位、勘察单位、设计单位、施工单位、工程监理单位及其他与建设工程安全生产有关的单位，必须遵守安全生产法律、法规的规定，保证建设工程安全生产，依法承担建设工程安全生产责任。本节近 5 年考情分析见表 1Z306050-1。

近 5 年考情分析　　表 1Z306050-1

知识点	各年份分值				
	2013 年	2014 年	2015 年	2016 年	2017 年
1Z306051　建设单位相关的安全责任	2	0	0	1	2
1Z306052　勘察、设计单位相关的安全责任	0	2	0	0	0
1Z306053　工程监理、检验检测单位相关的安全责任	2	1	0	0	0
1Z306054　机械设备等单位相关的安全责任	2	1	1	3	1
1Z306055　政府主管部门安全监督管理的相关规定	0	0	1	0	0

本节主要涉及的法律文件为《建筑法》《建设工程安全生产管理条例》《安全生产法》《特种设备安全法》《建筑起重机械安全监督管理规定》等。

高频考点一　建设单位相关的安全责任

高频指数：★★

考点解析

建设单位相关的安全责任见表 1Z306050-2。

建设单位安全责任及示例　　表 1Z306050-2

建设单位安全责任	示　例
依法办理有关批准手续	（1）需要临时占用规划批准范围以外场地的； （2）可能损坏道路、管线、电力、邮电通信等公共设施的； （3）需要临时停水、停电、中断道路交通的； （4）需要进行爆破作业的
向施工单位提供真实、准确和完整的有关资料	建设单位应当向施工单位提供施工现场及毗邻区域内供水、排水、供电、供气、供热、通信、广播电视等地下管线资料，气象和水文观测资料，相邻建筑物和构筑物、地下工程的有关资料
不得提出违法要求和随意压缩合同工期	建设单位不得对勘察、设计、施工、工程监理等单位提出不符合建设工程安全生产法律、法规和强制性标准规定的要求，不得压缩合同约定的工期

续上表

建设单位安全责任	示　　例
确定建设工程安全作业环境及安全施工措施所需费用	建设单位在编制工程概算时，就应当合理确定保障建设工程施工安全所需的费用，并依法足额向施工单位提供
不得要求购买、租赁和使用不符合安全施工要求的用具设备等	建设单位不得明示或者暗示施工单位购买、租赁、使用不符合安全施工要求的安全防护用具、机械设备、施工机具及配件、消防设施和器材
申领施工许可证应当提供有关安全施工措施的资料	建设单位在申请领取施工许可证时，应当提供建设工程有关安全施工措施资料
装修工程和拆除工程的规定	（1）涉及建筑主体和承重结构变动的装修工程，建设单位应当在施工前委托原设计单位或者具有相应资质条件的设计单位提出设计方案，没有设计方案的，不得施工； （2）建设单位应当将拆除工程发包给具有相应资质等级的施工单位。并将相关资料报送建设工程所在地的县级以上地方人民政府建设行政主管部门或者其他有关部门备案

真题再现

（2013 年真题）根据《建设工程安全生产管理条例》，在施工合同中，不属于建设单位安全责任的有（　　）。

A. 编制施工安全生产规章制度和操作资料

B. 向施工单位提供准确的地下管线资料

C. 对拆除工程进行备案

D. 保证设计文件符合工程建设强制性标准

E. 为从事特种作业的施工人员办理意外伤害保险

解析 建设单位相关的安全责任为：①依法办理有关批准手续；②向施工单位提供真实、准确和完整的有关资料；③不得提出违法要求和随意压缩合同工期；④确定建设工程安全作业环境及安全施工措施所需费用；⑤不得要求购买、租赁和使用不符合安全施工要求的用具设备等；⑥申领施工许可证应当提供有关安全施工措施的资料；⑦装修工程和拆除工程的规定。**参考答案：A、D、E。**

（2016 年真题）关于建设单位安全责任的说法，正确的是（　　）。

A. 建设单位不得调整合同工期

B. 需要进行爆破作业的，建设单位应当委托施工企业办理申请批准手续

C. 建设单位应当在拆除工程施工前告知施工企业，将施工企业资质等级证明和拆除施工组织方案送有关部门备案

D. 建设单位应当向施工企业提供毗邻区的地下管线资料，并保证资料的真实、准确、完整。

解析 建设单位不得任意压缩合同工期，故 A 选项错误。建设单位应当在拆除工程施工前去所在地的县级以上地方人民政府建设行政主管部门或者其他有关部门备案。即自行前往

备案，而不是委托给施工单位，故C选项错误。B选项中，建设单位应自行申请批准手续，而不是委托给施工企业，故B选项错误。**参考答案：D。**

（2017年真题）根据《建设工程安全生产管理条例》，属于建设单位安全责任的有（　　）。

A. 编制施工安全生产规章制度

B. 向施工企业提供准确的地下管线资料

C. 将拆除工程的有关资料报送有关部门备案

D. 保证设计文件符合工程建设强制性标准

E. 为从事特种作业的施工人员办理意外伤害保险

解析 同2013年真题。**参考答案：B、C。**

应试指引

本高频考点主要考查建设单位安全责任的具体条款内容。从历年真题分析可知，考查的方向越来越趋于实例性内容。如将安全责任的条款通过实例以具体化，举例说明，在考题选项中出现：建设单位需要临时停水、停电，向有关部门办理了申请批准手续。建设单位向施工单位提供了准确的施工现场供水、排水、供电等地下管线资料。上述两种表述其实就是依法办理有关批准手续和向施工单位提供真实、准确和完整的有关资料的具体表述，考生应学会甄别。

高频考点二　机械设备等单位相关的安全责任

高频指数：★★★

考点解析

1. 出租机械设备和施工机具及配件单位的安全责任

《建设工程安全生产管理条例》规定：出租的机械设备和施工机具及配件，应当具有生产（制造）许可证、产品合格证。

出租单位应当在签订的建筑起重机械租赁合同中，明确租赁双方的安全责任，并出具建筑起重机械特种设备制造许可证、产品合格证、制造监督检验证明、备案证明和自检合格证明，提交安装使用说明书。

2. 施工起重机械和自升式架设设施安装、拆卸单位的安全责任

（1）安装、拆卸施工起重机械和自升式架设设施必须具备相应的资质。

《建设工程安全生产管理条例》规定，在施工现场安装、拆卸施工起重机械和整体提升脚手架、模板等自升式架设设施，必须由具有相应资质的单位承担。

（2）编制安装、拆卸方案和现场监督。

《建设工程安全生产管理条例》规定，安装、拆卸施工起重机械和整体提升脚手架、模板等自升式架设设施，应当编制拆装方案、制定安全施工措施，并由专业技术人员现场监督。

（3）出具自检合格证明、进行安全使用说明、办理验收手续的责任。

《建设工程安全生产管理条例》规定，施工起重机械和整体提升脚手架、模板等自升式架设设施安装完毕后，安装单位应当自检，出具自检合格证明，并向施工单位进行安全使用说明，办理验收手续并签字。

（4）依法对施工起重机械和自升式架设设施进行检测。

真题再现

（2013 年真题）在施工现场安装、拆卸施工起重机械和整体提升脚手架、模板等自升式架设设备，必须由（　　）承担。

A. 设备使用单位　　B. 具有相应资质的单位

C. 设备出租单位　　D. 检验检测机构

解析《建设工程安全生产管理条例》规定，在施工现场安装、拆卸施工起重机械和整体提升脚手架、模板等自升式架设设施，必须由具有相应资质的单位承担。**参考答案：B。**

（2013 年真题）安装、拆卸施工起重机械，应当编制拆装方案、制订安全施工措施，并由（　　）现场实施全过程监督。

A. 施工单位负责项目管理的技术负责人

B. 装、拆卸单位的专业技术人员

C. 监理单位负责安全的工程师

D. 出租单位生产管理人员

解析《建设工程安全生产管理条例》规定，安装、拆卸施工起重机械和整体提升脚手架、模板等自升式架设设施，应当编制拆装方案、制定安全施工措施，并由专业技术人员现场监督。**参考答案：B。**

（2014 年真题）根据《建设工程安全生产管理条例》，出租的机械设备应当有产品合格证、自检合格证明和（　　）。

A. 生产企业资质证明　　B. 生产企业执业执照

C. 生产许可证　　D. 第三方检测合格证明

解析《建设工程安全生产管理条例》规定，出租的机械设备和施工机具及配件，应当具有生产（制造）许可证、产品合格证。**参考答案：C。**

（2015 年真题）根据《建设工程安全生产管理条例》，出租单位在签订机械设备租赁合同时，应当出具（　　）。

A. 购货发票　　B. 检测合格证明

C. 产品使用说明书　　D. 相应的图片

解析《建筑起重机械安全监督管理规定》中规定，出租单位应当在签订的建筑起重机械租赁合同中，明确租赁双方的安全责任，并出具建筑起重机械特种设备制造许可证、产品合格证、制造监督检验证明、备案证明和自检合格证明，提交安装使用说明书。**参考答案：B。**

（2016 年真题）根据《建筑起重机械安全监督管理规定》，关于建筑起重机械安装单位安全责任的说法，正确的是（　　）。

A. 安装单位应当与建设单位签订建筑起重机械安装工程安全协议书

B. 施工总承包企业不负责对建筑起重机械安装工程专项施工方案进行审查

C. 建筑起重机械安装完毕后，建设主管部门应当参加验收

D. 建筑起重机械安装完毕后，安装单位应当自检，出具自检合格证明

解析《建设工程安全生产管理条例》规定，施工起重机械和整体提升脚手架、模板等自升式架设设施安装完毕后，安装单位应当自检，出具自检合格证明，并向施工单位进行安全使用说明，办理验收手续并签字。**参考答案：D。**

（2016 年真题）根据《实施工程建设强制性标准监督规定》，属于强制性标准监督检查内容的有（　　）。

A. 工程技术人员是否熟悉、掌握强制性标准

B. 工程项目负责人是否熟悉、掌握强制性标准

C. 工程项目的安全、质量是否符合强制性标准的规定

D. 工程项目所采用的材料、设备是否符合强制性标准的规定

E. 工程项目的规划、勘察、设计、施工、验收等是否符合强制性标准的规定

解析 强制性标准监督检查的内容包括：①工程技术人员是否熟悉、掌握强制性标准；②工程项目的规划、勘察、设计、施工、验收等是否符合强制性标准的规定；③工程项目采用的材料、设备是否符合强制性标准的规定；④工程项目的安全、质量是否符合强制性标准的规定；⑤工程项目采用的导则、指南、手册、计算机软件的内容是否符合强制性标准的规定。**参考答案：A、C、D、E。**

（2017 年真题）安装、拆卸施工起重机械，应当编制拆装方案、制定安全施工措施，并由（　　）对现场实施全过程监督。

A. 施工企业负责项目管理的技术负责人

B. 监理单位负责安全的工程师

C. 出租单位生产管理人员

D. 安装、拆卸单位的专业技术人员

解析《建设工程安全生产管理条例》规定，安装、拆卸施工起重机械和整体提升脚手架、

模板等自升式架设设施，应当编制拆装方案、制定安全施工措施，并由专业技术人员现场监督。**参考答案：D。**

应试指引

本高频考点主要考查出租机械设备和施工机具及配件单位和施工起重机械和自升式架设设施安装、拆卸单位的安全责任。考生需要掌握如下两个关键知识点：

（1）出租的机械设备和施工机具及配件，应当具有生产（制造）许可证、产品合格证。在签订建筑起重机械租赁合同时，还应出具建筑起重机械特种设备制造许可证、产品合格证、制造监督检验证明、备案证明和自检合格证明，提交安装使用说明书。

（2）安装、拆卸施工起重机械和自升式架设设施必须具备相应的资质，并且应当编制拆装方案，制定安全施工措施，并由专业技术人员现场监督。

1Z307000
建设工程质量法律制度

本章导学

本章主要考查工程建设标准、施工单位的质量责任和义务、建设单位及相关单位的质量责任和义务、建设工程竣工验收制度、建设工程质量保修制度。

从近 5 年考情分析中可以看出，本章分值相对较为稳定，仅在 2015 年考试出现了 16 分的低分值，其余年份均在 20 分上下浮动。

值得注意的是，2015 年 3 月国务院印发的《深化标准化工作改革方案》、2017 版《标准化法》和《住房城乡建设部办公厅关于征求工程建设标准体制改革方案（征求意见稿）》给出了后期工程建设标准体制改革的方向和思路，与现有工程建设标准制度有较大差别，2018 年版教材对工程建设标准一节作了部分调整，但仍与最新的法律文件不一致，考生应试时仍应以教材内容为准。本章近 5 年考情分析和章节架构如下所示。

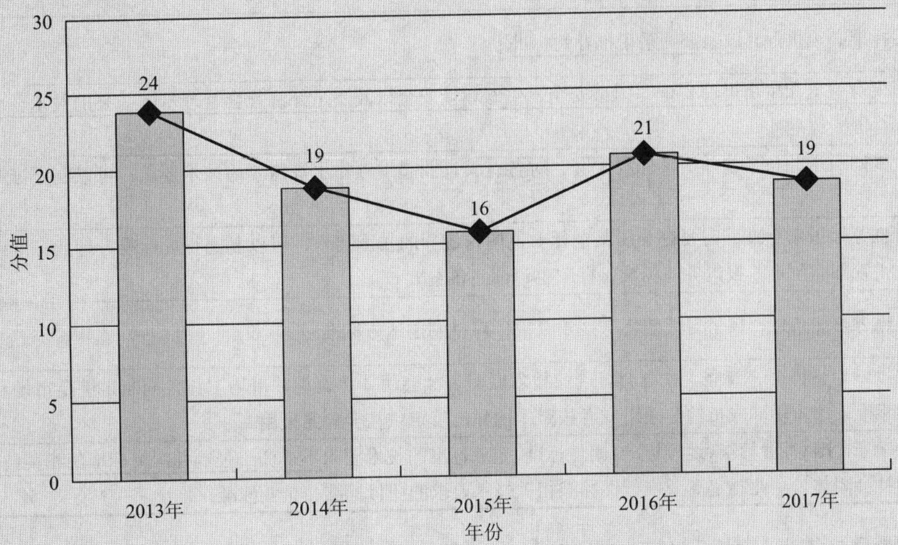

近 5 年考情分析

章节架构

	章节架构	近 5 年平均分值
1Z307000 建设工程质量法律制度	1Z307010　工程建设标准	3.4
	1Z307020　施工单位的质量责任和义务	4.6
	1Z307030　建设单位及相关单位的质量责任和义务	4.4
	1Z307040　建设工程竣工验收制度	3.8
	1Z307050　建设工程质量保修制度	3.6

1Z307010 工程建设标准

本节导学

《标准化法》已由中华人民共和国第十二届全国人民代表大会常务委员会第三十次会议于2017年11月4日修订通过，自2018年1月1日起施行。

2017版《标准化法》较1988版《标准化法》作了较多的内容的修改，2018版法规教材将会对该部分内容做较大调整，考生应引起重视。

列举2017版《标准化法》部分相关的条款供考生参考，见表1Z307010-1。但考试作答应以1998版《标准化法》为准。

2017版部分《标准化法》部分条款 表1Z307010-1

条　款
标准包括国家标准、行业标准、地方标准和团体标准、企业标准。国家标准分为强制性标准、推荐性标准，行业标准、地方标准是推荐性标准。
强制性标准必须执行。国家鼓励采用推荐性标准
对保障人身健康和生命财产安全、国家安全、生态环境安全以及满足经济社会管理基本需要的技术要求，应当制定强制性国家标准
对满足基础通用、与强制性国家标准配套、对各有关行业起引领作用等需要的技术要求，可以制定推荐性国家标准
对没有推荐性国家标准、需要在全国某个行业范围内统一的技术要求，可以制定行业标准。行业标准由国务院有关行政主管部门制定，报国务院标准化行政主管部门备案
为满足地方自然条件、风俗习惯等特殊技术要求，可以制定地方标准
国家鼓励学会、协会、商会、联合会、产业技术联盟等社会团体协调相关市场主体共同制定满足市场和创新需要的团体标准，由本团体成员约定采用或者按照本团体的规定供社会自愿采用
推荐性国家标准、行业标准、地方标准、团体标准、企业标准的技术要求不得低于强制性国家标准的相关技术要求。国家鼓励社会团体、企业制定高于推荐性标准相关技术要求的团体标准、企业标准

本节近5年考情分析见表1Z307010-2。

近5年考情分析 表1Z307010-2

知　识　点	各年份分值				
	2013年	2014年	2015年	2016年	2017年
1Z307011　工程建设标准的分类	2	2	2	2	3
1Z307012　工程建设强制性标准实施的规定	1	0	1	3	1
1Z307013　违法行为应承担的法律责任	0	0	0	0	0

本节主要涉及的法律文件为《标准化法》《工程建设国家标准管理办法》《工程建设行业标准管理办法》《工程建设地方标准化工作管理规定》《实施工程建设强制性标准监督规定》《建筑法》《建设工程质量管理条例》等。

高频考点一 工程建设标准的分类

高频指数：★★★★

考点解析

2017版《标准化法》规定：标准包括国家标准、行业标准、地方标准和团体标准、企业标准。国家标准分为强制性标准、推荐性标准，行业标准、地方标准是推荐性标准。强制性标准必须执行。国家鼓励采用推荐性标准。

1988年版《标准化法》将标准分为国家、行业标准、地方标准和企业标准，即无团体标准。2018年版教材仍采用的是1988年版的标准内容，考生需注意。

2016年3月国务院印发的《深化标准化工作改革方案》中规定：通过改革，把政府单一供给的现行标准体系，转变为由政府主导制定的标准和市场自主制定的标准共同构成的新型标准体系。政府主导制定的标准由6类整合精简为4类，分别是强制性国家标准和推荐性国家标准、推荐性行业标准、推荐性地方标准；市场自主制定的标准分为团体标准和企业标准。环境保护、工程建设、医药卫生强制性国家标准、强制性行业标准和强制性地方标准，按现有模式管理。

根据《工程建设国家标准管理办法》有关规定，应当制定国家标准和属于强制性标准的要求详见表1Z307010-3。

应当制定国家标准和属于强制性标准的要求 表1Z307010-3

应当制定国家标准	属于强制性标准
工程建设勘察、规划、设计、施工（包括安装）及验收等通用的质量要求	工程建设勘察、规划、设计、施工（包括安装）及验收等通用的综合标准和重要的通用的质量标准
工程建设通用的有关安全、卫生和环境保护的技术要求	工程建设通用的有关安全、卫生和环境保护的标准
工程建设通用的术语、符号、代号、量与单位、建筑模数和制图方法	工程建设重要的通用的术语、符号、代号、量与单位、建筑模数和制图方法标准
工程建设通用的试验、检验和评定等方法	工程建设重要的通用的试验、检验和评定方法等标准
工程建设通用的信息技术要求	工程建设重要的通用的信息技术标准
国家需要控制的其他工程建设通用的技术要求	国家需要控制的其他工程建设通用的标准

真题再现

（2013年真题）下列标准属于强制性国家标准的有（　　）。

A. 行业专用的质量标准

B. 工程建设通用的安全标准

C. 工程建设行业专用的制图方法标准

D. 工程建设通用的试验标准

E. 工程建设行业专用的评定方法标准

解析 A、C、E选项里都有"行业"字样，很明显都属于行业标准范畴。根据《工程建设国家标准管理办法》相关规定，下列标准属于强制性标准：①工程建设勘察、规划、设计、施工（包括安装）及验收等通用的综合标准和重要的通用的质量标准；②工程建设通用的有关安全、卫生和环境保护的标准；③工程建设重要的通用的术语、符号、代号、量与单位、建筑模数和制图方法标准；④工程建设重要的通用的试验、检验和评定方法等标准；⑤工程建设重要的通用的信息技术标准；⑥国家需要控制的其他工程建设通用的标准。**参考答案：B、D。**

（2014年真题）下列国家标准中，属于强制性国家标准的是（　　）。

A. 工程建设重要的通用的信息技术标准

B. 工程建设行业专用的实验方法

C. 工程建设行业专用的术语、符号

D. 工程建设勘察行业专用的质量要求

解析 解析同上一题。**参考答案：A。**

（2014年真题）国家标准、行业标准的制定一般分为（　　）四个程序。

A. 准备、征求意见、修正、送审

B. 征求意见、修正、送审、报批

C. 准备、专家会审、征求意见、报批

D. 准备、征求意见、送审、报批

解析 国家标准、行业标准的制定一般按准备、征求意见、送审和报批四个阶段进行。**参考答案：D。**

（2015年真题）下列工程建设国家标准中，属于强制性标准的有（　　）。

A. 勘察、规划、设计等通用的综合标准

B. 施工、验收等重要的通用的质量标准

C. 重要的通用的实验和评定方法等标准

D. 通用的有关安全、卫生和环境保护的标准

E. 重要的通用的信息管理标准

解析 同2013年真题。**参考答案：A、B、C、D。**

（2016年真题）关于工程建设地方标准实施的说法，正确的是（　　）。

A. 工程建设地方标准不得与国家标准相抵触，也不得独立实施

B. 工程建设地方标准应报省级建设行政主管部门备案，方可在建设活动中使用

C. 工程建设地方标准中直接涉及人民生命财产安全、环境保护的条文可直接作为强制性条文

D. 工程建设地方标准与行业标准相抵触的规定，自行废止

解析 工程建设地方标准不得与国家标准和行业标准相抵触，在不违反国家标准和行业标准的前提下，工程建设地方标准可以独立实施，故A选项错误。工程建设地方标准应报国务院建设行政主管部门备案。未经备案的工程建设地方标准，不得在建设活动中使用，故B选项错误。工程建设地方标准中，对直接涉及人民生命财产安全、人体健康、环境保护和公共利益的条文，经国务院建设行政主管部门确定后，可作为强制性条文，故C选项错误。工程建设地方标准不得与国家标准和行业标准相抵触。对与国家标准或行业标准相抵触的工程建设地方标准的规定，应当自行废止。**参考答案：D。**

（2016年真题）关于工程建设标准的说法，正确的是（　　）。

A. 国家标准和行业标准均是强制性标准

B. 工程建设国家标准由国务院工程建设主管部门审查批准

C. 公布国家标准后，原有的行业标准继续实施

D. 国家标准的复审一般是在颁布后5年进行一次

解析 工程建设国家标准分为强制性标准和推荐性标准，故A选项错误。工程建设国家标准由国务院工程建设主管部门审查批准，故B选项正确。《标准化法》规定，对没有国家标准而又需要在全国某个行业范围内统一的技术要求，可以制定行业标准。在公布国家标准之后，该项行业标准即行废止。故C选项错误。复审一般在国家标准实施后5年进行一次，不是颁布后，故D选项错误。**参考答案：B**

（2017年真题）在公布了国家标准或行业标准之后，相应的地方标准（　　）。

A. 予以修订　　B. 继续有效

C. 应当复审　　D. 即行废止

解析《标准化法》规定，对没有国家标准和行业标准而又需要在省、自治区、直辖市范围内统一的工业产品的安全、卫生要求，可以制定地方标准。在公布国家标准或者行业标准之后，该项地方标准即行废止。**参考答案：D。**

（2017年真题）下列工程建设国家标准中，属于强制性标准的有（　　）。

A. 工程建设规划、施工等通用的综合标准

B. 工程建设重要的通用的制图方法标准

C. 工程建设重要的通用的试验检验和评定方法标准

D. 工程建设重要的通用的信息管理标准

E. 工程建设通用的有关安全和环境保护的标准

解析 同2013年真题。**参考答案：A、B、C、E。**

应试指引

目前政府主导制定的标准由6类整合精简为4类，分别是强制性国家标准和推荐性国家标准、推荐性行业标准、推荐性地方标准。因此，后期只有国家层面的标准才会有强制性条款，行业标准、地方标准只设推荐性条款。这一改革趋势目前与2017年版教材的部分内容不符。从2017年真题里可以看出，强制性标准的考法也仅涉及国家标准层面。因此编者认为，2018年的考点设置也不太可能涉及强制性行业标准的内容，应与现有改革思路不符。2018年版教材未对该部分内容作及时调整，因此目前内容与现行法律和改革思路不符，较为混乱，但从考试角度来说，考生仍应以教材内容为准。

疑难释义

《住房城乡建设部办公厅关于征求〈工程建设标准体制改革方案〉（征求意见稿）》给出了后期工程建设标准体制改革的方向和思路。如改革目标方面将建立以工程建设技术法规（以下简称"技术法规"）为统领、标准为配套、合规性判定为补充的技术支撑保障新模式。建立内容合理、水平先进、国际适用性强的技术法规和标准新体系。建立基础研究扎实、公开服务及时、实施监督有效的技术法规和标准管理新机制。改革思路方面，将现行标准中分散的强制性规定，精简整合为全文强制性工程建设规范（以下简称"工程规范"），逐步过渡为技术法规，实现与现行法律法规的深度融合。大力发展团体标准、企业标准，政府主导制定的推荐性标准逐步由社会承接。对满足法律法规和工程规范性能要求的创新性技术措施，可通过合规性判定推广应用，逐步纳入相应工程规范和标准。

高频考点二　工程建设强制性标准实施的规定

高频指数：★★

因2018年版教材将"工程建设标准强制性条文的实施"内容进行了删除，考生对此部分内容仅做了解即可。

考点解析

1. 工程建设各方主体实施强制性标准的法律规定（表1Z307010-4）

工程建设各方主体实施强制性标准的法律规定　　表1Z307010-4

工程建设各方主体	实施强制性标准的法律规定
建设单位	不得以任何理由要求建筑设计单位或者建筑施工企业在工程设计或者施工作业中，违反法律、行政法规和建筑工程质量、安全标准，降低工程质量
	不得明示或者暗示设计单位或者施工单位违反工程建设强制性标准，降低建设工程质量

续上表

工程建设各方主体	实施强制性标准的法律规定
勘察、设计单位	勘察、设计文件应当符合有关法律、行政法规的规定和建筑工程质量、安全标准，建筑工程勘察、设计技术规范以及合同的约定。设计文件选用的建筑材料、建筑构配件和设备应当注明其规格、型号、性能等技术指标，其质量要求必须符合国家规定的标准
施工单位	按照工程设计图纸和施工技术标准施工，不得擅自修改工程设计，不得偷工减料
	对建筑材料、建筑构配件、设备和商品混凝土进行检验，检验应当有书面记录和专人签字，未经检验或者检验不合格的，不得使用
监理单位	工程监理人员发现工程设计不符合建筑工程质量标准或者合同约定的质量要求的，应当报告建设单位要求设计单位改正

2. 工程建设标准强制性条文的实施（2018年版教材已将此内容删除）

《工程建设标准强制性条文》是工程建设现行国家和行业标准中直接涉及人民生命财产安全、人身健康、环境保护和其他公众利益，同时考虑了提高经济效益和社会效益等方面的要求的。它是参与建设活动各方执行工程建设强制性标准和政府对执行情况实施监督的依据。2016年1月住房城乡建设部经修改后发布的《实施工程建设强制性标准监督规定》中规定，在中华人民共和国境内从事新建、扩建、改建等工程建设活动，必须执行工程建设强制性标准。建设工程勘察、设计文件中规定采用的新技术、新材料，可能影响建设工程质量和安全，又没有国家技术标准的，应当由国家认可的检测机构进行试验、论证，出具检测报告，并经国务院有关主管部门或者省、自治区、直辖市人民政府有关主管部门组织的建设工程技术专家委员会审定后，方可使用。工程建设中采用国际标准或者国外标准，而我国现行强制性标准未作规定的，建设单位应当向国务院住房城乡建设主管部门或者国务院有关主管部门备案。

3. 对工程建设强制性标准的监督检查（表1Z307010-5）

对工程建设强制性标准的监督检查 表1Z307010-5

监管主体	监管范围及阶段
国务院建设行政主管部门	负责全国实施工程建设强制性标准的监督管理工作
县级以上地方人民政府建设行政主管部门	负责本行政区域内实施工程建设强制性标准的监督管理工作
建设项目规划审查机关	对工程建设规划阶段执行强制性标准的情况实施监督
施工图设计文件审查单位	对工程建设勘察、设计阶段执行强制性标准的情况实施监督
建筑安全监督管理机构	对工程建设施工阶段执行施工安全强制性标准的情况实施监督
工程质量监督机构	对工程建设施工、监理、验收等阶段执行强制性标准的情况实施监督

真题再现

（2013年真题） 负责全国实施工程建设强制性标准监督管理工作的国家机关是（　　）。

A. 国务院质量监督行政主管部门　　B. 国务院安全监督行政主管部门

C. 国务院建设行政主管部门　　D. 国务院工商行政主管部门

解析《实施工程建设强制性标准监督规定》规定，国务院建设行政主管部门负责全国实施工程建设强制性标准的监督管理工作。**参考答案：C。**

（2015 年真题）施工过程中，建设单位违反规定提出降低工程质量要求时，施工企业应当（　　）。

A. 予以拒绝　　B. 征得设计单位同意

C. 征得监理单位同意　　D. 与相关各方协商一致

解析 建设单位不得明示或者暗示设计单位或者施工单位违反工程建设强制性标准，降低建设工程质量。建筑设计单位和建筑施工企业对建设单位违反规定提出的降低工程质量的要求，应当予以拒绝。**参考答案：A。**

（2016 年真题）施工企业在施工过程中发现工程设计图纸存在差错的，应（　　）。

A. 经建设单位同意，由施工企业负责修改

B. 经建设单位同意，由设计单位负责修改

C. 由施工企业负责修改，经监理单位审定

D. 经监理单位同意，由建设单位负责修改

解析 施工单位必须按照工程设计图纸和施工技术标准施工，不得擅自修改工程设计。在施工过程中发现工程设计图纸存在差错的应及时报告建设单位，由建设单位通知设计单位进行修改。**参考答案：B。**

（2016 年真题）根据《实施工程建设强制性标准监督规定》，属于强制性标准监督检查内容的有（　　）。

A. 工程技术人员是否熟悉、掌握强制性标准

B. 工程项目负责人是否熟悉、掌握强制性标准

C. 工程项目的安全、质量是否符合强制性标准的规定

D. 工程项目所采用的材料、设备是否符合强制性标准的规定

E. 工程项目的规划、勘察、设计、施工、验收等是否符合强制性标准的规定

解析 强制性标准监督检查的内容包括：①工程技术人员是否熟悉、掌握强制性标准；②工程项目的规划、勘察、设计、施工、验收等是否符合强制性标准的规定；③工程项目采用的材料、设备是否符合强制性标准的规定；④工程项目的安全、质量是否符合强制性标准的规定；⑤工程项目采用的导则、指南、手册、计算机软件的内容是否符合强制性标准的规定。**参考答案：A、C、D、E。**

（2017 年真题）关于工程建设强制性标准的说法，正确的是（　　）。

A. 工程建设标准批准部门应当对工程项目执行强制性标准情况进行监督检查

B. 工程建设强制性标准都是关于工程质量的强制性条文

C. 工程建设中拟采用的新技术、新材料可不受强制性标准的限制

D. 工程建设中采用国际标准或者国外标准可不受强制性标准的限制

解析 工程建设标准批准部门应当对工程项目执行强制性标准情况进行监督检查。监督检查可以采取重点检查、抽查和专项检查的方式，故A选项正确。工程建设强制性标准是指直接涉及工程质量、安全、卫生及环境保护等方面的工程建设标准强制性条文，故B选项错误。建设工程勘察、设计文件中规定采用的新技术、新材料，可能影响建设工程质量和安全，又没有国家技术标准的，应当由国家认可的检测机构进行试验、论证，出具检测报告，并经国务院有关主管部门或者省、自治区、直辖市人民政府有关主管部门组织的建设工程技术专家委员会审定后，方可使用，故C选项错误。工程建设中采用国际标准或者国外标准，而我国现行强制性标准未作规定的，建设单位应当向国务院住房城乡建设主管部门或者国务院有关主管部门备案，故D选项错误。**参考答案：A。**

应试指引

本高频考点主要考查考生对于工程建设各方主体在实施强制性标准时的有关法律规定。特别是施工单位在施工过程中发现的图纸错误如何处理的问题。首先，施工单位必须按照工程设计图纸和施工技术标准施工，这是施工单位的法定义务。当施工单位在施工过程中发现设计文件和图纸有差错的，应当及时提出意见和建议，这是施工单位应具备的职业道德，也是履行合同应尽的基本义务。但由于施工单位与设计单位并无直接的合同关系，因此施工单位应向建设单位报告有关情况，由建设单位通知设计单位进行修改。

1Z307020 施工单位的质量责任和义务

本节导学

2017年2月国务院办公厅《关于促进建筑业持续健康发展的意见》中规定：全面落实各方主体的工程质量责任，特别要强化建设单位的首要责任和勘察、设计、施工单位的主体责任。

施工单位是工程建设的重要责任主体之一。由于施工阶段影响质量稳定的因素和涉及的责任主体均较多，协调管理的难度较大，施工阶段的质量责任制度尤为重要。本节近5年考情分析见表1Z307020-1。

近5年考情分析 表1Z307020-1

知识点	各年份分值				
	2013年	2014年	2015年	2016年	2017年
1Z307021 对施工质量负责和总分包单位的质量责任	2	0	1	0	0
1Z307022 按照工程设计图纸和施工技术标准施工的规定	2	0	0	0	1
1Z307023 对建筑材料、设备等进行检验检测的规定	4	2	3	0	2
1Z307024 施工质量检验和返修的规定	1	1	1	0	1
1Z307025 建立健全职工教育培训制度的规定	0	0	0	0	0
1Z307026 违法行为应承担的法律责任	0	0	0	2	0

本节主要涉及的法律文件为《建筑法》《建设工程质量管理条例》《建筑工程五方责任主体项目负责人质量终身责任追究暂行办法》等。

高频考点一　对建筑材料、设备等进行检验检测的规定

高频指数：★★★★

考点解析

建筑施工企业必须按照工程设计要求、施工技术标准和合同的约定，对建筑材料、建筑构配件和设备进行检验，不合格的不得使用。由于建设工程属于特殊产品，其质量隐蔽性强、终检局限性大，在施工全过程质量控制中，必须严格执行法定的检验、检测制度。《建设工程质量管理条例》规定，施工人员对涉及结构安全的试块、试件以及有关材料，应当在建设单位或者工程监理单位监督下现场取样，并送具有相应资质等级的质量检测单位进行检测。工程质量检测机构是具有独立法人资格的中介机构。按照其承担的检测业务内容分为专项检测机构资质和见证取样检测机构资质。检测人员不得同时受聘于两个或者两个以上的检测机构。检测机构和检测人员不得推荐或者监制建筑材料、构配件和设备。检测机构不得转包检测业务。

根据《房屋建筑工程和市政基础设施工程实行见证取样和送检的规定》，见证取样和送检范围应按表 1Z307020-2 执行。

见证取样和送检范围　　表 1Z307020-2

样　　品	必须实施见证取样的和送检范围	具体要求
涉及结构安全的试块、试件和材料	用于承重结构的混凝土试块	（1）见证取样和送检的比例不得低于有关技术标准中规定应取样数量的 30%； （2）取样人员应在试样或其包装上做出标识、封志。标识和封志应标明工程名称、取样部位、取样日期、样品名称和样品数量，并由见证人员和取样人员签字
	用于承重墙体的砌筑砂浆试块	
	用于承重结构的钢筋及连接接头试件	
	用于承重墙的砖和混凝土小型砌块	
	用于拌制混凝土和砌筑砂浆的水泥	
	用于承重结构的混凝土中使用的掺加剂	
	地下、屋面、厕浴间使用的防水材料	
	国家规定必须实行见证取样和送检的其他试块、试件和材料	

真题再现

（2013 年真题）施工人员对设计结构安全的试块、试件以及有关材料，应当在（　　）监督下现场取样，并送具有相应资质等级的质量检测单位进行检测。

A. 施工企业质量管理部门　　　　B. 设计单位或监理单位

C. 工程质量监督机构　　　　　　D. 建设单位或监理单位

解析《建设工程质量管理条例》规定，施工人员对涉及结构安全的试块、试件以及有关材料，应当在建设单位或者工程监理单位监督下现场取样，并送具有相应资质等级的质量检测单位进行检测。**参考答案：D。**

（2013 年真题）关于工程质量检测机构的说法，错误的是（　　）。

A. 可以转包检测业务

B. 具有独立的法人资格

C. 是中介机构

D. 分为专项检测机构资质和见证取样检测机构资质

解析 2005 年 9 月原建设部发布的《建设工程质量检测管理办法》规定，工程质量检测机构是具有独立法人资格的中介机构。按照其承担的检测业务内容分为专项检测机构资质和见证取样检测机构资质。检测机构未取得相应的资质证书，不得承担本办法规定的质量检测业务。检测机构不得转包检测业务。检测机构应当对其检测数据和检测报告的真实性和准确性负责。**参考答案：A。**

（2013 年真题）必须实施鉴证取样和送检的试块、试件和材料有（　　）。

A. 用于承重结构的混凝土试块

B. 用于承重墙体的砌筑砂浆试块

C. 用于承重结构的钢筋及连接接头试件

D. 所有的水泥材料

E. 地下、屋面、厕浴间使用的防水材料

解析 2000 年 9 月原建设部发布的《房屋建筑工程和市政基础设施工程实行见证取样和送检的规定》中规定，涉及结构安全的试块、试件和材料见证取样和送检的比例不得低于有关技术标准中规定应取样数量的 30%。下列试块、试件和材料必须实施见证取样和送检：①用于承重结构的混凝土试块；②用于承重墙体的砌筑砂浆试块；③用于承重结构的钢筋及连接接头试件；④用于承重墙的砖和混凝土小型砌块；⑤用于拌制混凝土和砌筑砂浆的水泥；⑥用于承重结构的混凝土中使用的掺加剂；⑦地下、屋面、厕浴间使用的防水材料；⑧国家规定必须实行见证取样和送检的其他试块、试件和材料。**参考答案：A、B、C、E。**

（2014 年真题）关于工程质量检测机构职责的说法，正确的有（　　）。

A. 检测机构出具的检测报告应由检测机构法定代表人或其授权的签字人签署

B. 检测机构对涉及结构安全的所有检测结果应及时报告建设主管部门

C. 检测机构对发现的违反强制性标准的情况应及时报告建设主管部门

D. 检测机构应当对检测结果不合格的项目建立单独的项目台账

E. 检测机构对发现的项目参与方的违规行为应及时报告建设单位

解析 检测机构完成检测业务后，应当及时出具检测报告。检测报告经检测人员签字、检测机构法定代表人或者其授权的签字人签署，并加盖检测机构公章或者检测专用章后方可生效。检测机构应当将检测过程中发现的建设单位、监理单位、施工单位违反有关法律、法规和工程建设强制性标准的情况，以及涉及结构安全检测结果的不合格情况，及时报告工程所在地建设主管部门。检测机构应当建立档案管理制度，并应当单独建立检测结果不合格项目台账。**参考答案：A、C、D。**

（2015 年真题）在施工检测的见证取样中，取样人员应在试样或其包装上做出标识、封志，其中应标明（　　）。

A. 工程名称　B. 取样部位　C. 工程地点　D. 样品名称　E. 取样日期

解析 在施工过程中，见证人员应按照见证取样和送检计划，对施工现场的取样和送检进行见证。取样人员应在试样或其包装上做出标识、封志。标识和封志应标明工程名称、取样部位、取样日期、样品名称和样品数量，并由见证人员和取样人员签字。**参考答案：A、B、D、E。**

（2015 年真题）根据《房屋建筑工程和市政基础设施工程实行见证取样和送检的规定》，下列试块、试件和材料必须实施见证取样和送检的是（　　）。

A. 用于承重结构的混凝土试块

B. 用于墙体混凝土使用的掺加剂

C. 用于砌筑结构的钢筋及连接接头试件

D. 用于防水工程的水泥制品

解析 同 2013 年真题解析。**参考答案：A。**

（2017 年真题）根据《房屋建筑工程和市政基础设施工程实行见证取样和送检的规定》，下列各项中，属于必须实施见证取样的送检的试块、试件和材料的有（　　）。

A. 填充墙的混凝土小型砌块

B. 混凝土中使用的掺加剂

C. 用于承重结构的钢筋及连接接头试件

D. 地下、屋面、厕浴间使用的防水材料

E. 用于拌制混凝土和砌筑砂浆的水泥

解析 同 2013 年真题解析。**参考答案：C、D、E。**

应试指引

本高频考点主要考查的是必须实施见证取样和送检的试块、试件和材料的具体范围，2013 年、2015 年、2017 年真题均涉及这个知识点。因此，这个知识点是考生必须掌握的。必须实施见证取样和送检的试块、试件和材料主要涉及结构安全，因此在理解的基础上比较容易记忆，可详见“疑难释义”。

疑难释义

必须实施见证取样和送检的试块、试件和材料主要是指与结构安全相关的，故除了防水材料外，其他都属于承重结构或者承重墙体。房屋结构一般由建筑的承重结构和围护结构两个部分组成，承重结构则可以理解为房屋的骨架。这种房屋的骨架又可分为很多种类型，我们称之为结构体系，如框架结构、框架—剪力墙结构、剪力墙结构、砖混结构等。针对不同结构体系，其承重的构件有所不同。如在砖混结构里，砖砌墙为承重构件，但同样在框架结构体系里，砖砌墙则属于非承重构件，因为框架结构体系里的承重构件为梁、板、柱。同样道理，某些用到混凝土的构件也并不一定是承重构件，如钢筋混凝土过梁或者基础的素混凝土垫层。基于此，不难发现，必须见证取样和送检的试块、试件和材料，不管是试块还是砌块，或者是掺加剂都应是涉及承重的。

高频考点二 施工质量检验和返修的规定

高频指数：★★

考点解析

1. 施工质量检测制度

隐蔽工程隐蔽前、覆盖前工作流程如图 1Z307020-1、图 1Z307020-2 所示。

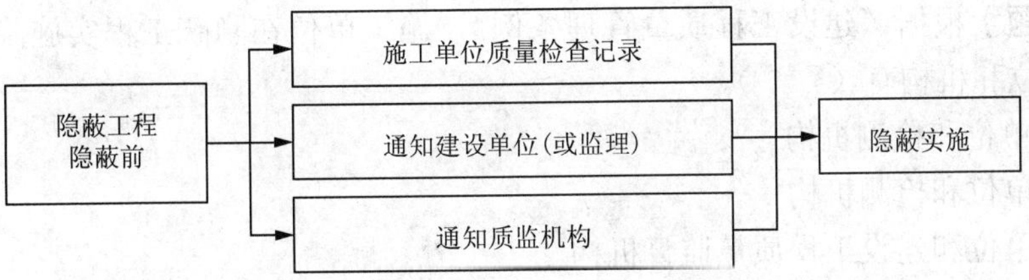

图 1Z307020-1 隐蔽工程隐蔽前工作流程

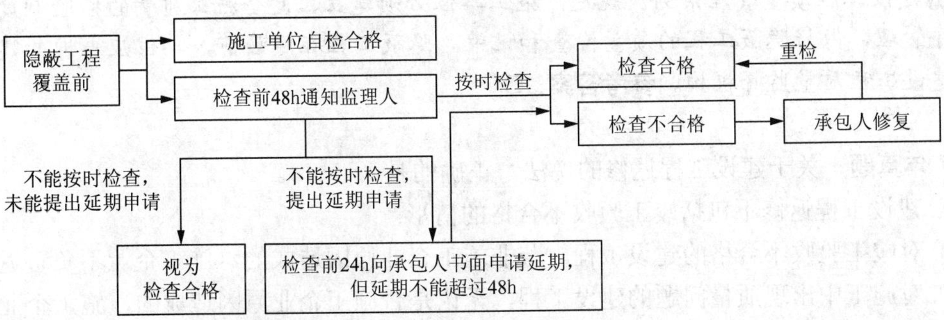

图 1Z307020-2 隐蔽工程覆盖前工作流程

2. 建设工程的返修

（1）返修是施工单位的法定义务，即无条件返修。返修包括施工过程中出现质量问题的建设工程和竣工验收不合格的建设工程两种情形。

（2）非施工原因造成的，施工单位也负责返修，损失及返修费由责任方负责。

真题再现

（2013 年真题）在建设单位要求赶工的情形下，隐蔽工程未通过监理单位验收，施工单位继续施工，由此发生质量问题所产生费用由（　　）承担。

A. 施工单位　B. 建设单位　C. 监理单位　D. 建设主管部门

解析《建设工程质量管理条例》规定，施工单位必须建立、健全施工质量的检验制度，严格工序管理，做好隐蔽工程的质量检查和记录。隐蔽工程在隐蔽前，单位应当通知建设单位和建设工程质量监督机构。在建设单位要求赶工的情形下，隐蔽工程未通过监理单位验收，施工单位便继续施工，这违反了《建设工程质量管理条例》的规定，绕开了建设工程质量监督机构的监督，所以施工单位是有过错的。**参考答案：A。**

（2014 年真题）对于非施工单位原因造成的质量问题，施工单位也应负责返修，造成的损失及返修费用最终由（　　）负责。

A. 监理单位　B. 责任方　C. 建设单位　D. 施工单位

解析 不论是施工过程中出现质量问题的建设工程，还是竣工验收时发现质量问题的工程，施工单位都要负责返修。最终的损失及返修费用由责任方承担。**参考答案：B。**

（2015 年真题）根据《建设工程质量管理条例》，施工单位在隐蔽工程实施隐蔽前，应通知参加的单位和机构有（　　）。

A. 监理单位和检测机构

B. 建设单位和检测机构

C. 建设单位和建设工程质量监督机构

D. 监理单位和建设工程质量鉴定机构

解析《建设工程质量管理条例》规定，施工单位必须建立、健全施工质量的检验制度，严格工序管理，做好隐蔽工程的质量检查和记录。隐蔽工程在隐蔽前，单位应当通知建设单位和建设工程质量监督机构。**参考答案：C。**

（2017 年真题）关于建设工程返修的说法，正确的是（　　）。

A. 建设工程返修不包括竣工验收不合格的情形

B. 对竣工验收不合格的建设工程，若非施工企业原因造成的，施工企业不负责返修

C. 对施工中出现质量问题的建设工程，无论是否施工企业原因造成的，施工企业都应负责返修

D. 对竣工验收不合格的建设工程，若是施工企业原因造成的，施工企业负责有偿返修

解析 返修是施工单位的法定义务，返修包括施工过程中出现质量问题的建设工程和竣工验收不合格的建设工程两种情形，故A选项错误。对于非施工单位原因造成的质量问题，施工单位也应当负责返修，但是因此而造成的损失及返修费用由责任方负责，故B选项错误，C选项正确。因施工人的原因致使建设工程质量不符合约定的，发包人有权要求工人在合理期限内无偿修理或者返工、改建，故D选项错误。**参考答案：C。**

应试指引

本高频考点考查的知识点内容非常集中，简单地说就是施工单位的质量检测义务和返修义务相关内容。首先，隐蔽工程在隐蔽前，施工单位应当通知建设单位和建设工程质量监督机构。对于实施监理的工程，则通知监理单位和质量监督机构。只有检验合格的隐蔽工程，才可以进行覆盖。其次，关于返修义务，无论是否为施工单位的原因出现的质量问题，施工单位都有义务进行返修，这是施工单位的法定义务，但对于非施工单位原因造成的质量问题，因此而造成的损失及返修费用由责任方负责。

疑难释义

根据《建设工程施工合同文本》的有关规定，监理人应按时对工程隐蔽部位进行检查。监理人不能按时进行检查的，应在检查前24h向承包人提交书面延期要求，但延期不能超过48h，由此导致工期延误的，工期应予以顺延。这里的24h和48h的规定见于《施工合同文本》的通用条款部分。其实，相关的时间要求，合同双方是可以约定的，如2017年版《建设工程施工合同（示范文本）》（GF—2017—0201）在专用条款部分的第5.3条：

"5.3 隐蔽工程检查

5.3.2 承包人提前通知监理人隐蔽工程检查的期限的约定：________。

监理人不能按时进行检查时，应提前______h提交书面延期要求。

关于延期最长不得超过：_________h。"

1Z307030 建设单位及相关单位的质量责任和义务

本节导学

建设工程质量责任制涵盖了多方主体的质量责任制，除施工单位外，还有建设单位，勘察、设计单位，工程监理单位的质量责任制。

《建筑工程五方责任主体项目责任人质量终身责任追究暂行办法》明确规定，建筑工程五方责任主体项目负责人是指承担建筑工程项目建设的建设单位项目负责人、勘察单位

项目负责人、设计单位项目负责人、施工单位项目经理、监理单位总监理工程师。本节近5年考情分析详见表 1Z307030-1。

近5年考情分析　　表 1Z307030-1

知识点	各年份分值				
	2013年	2014年	2015年	2016年	2017年
1Z307031　建设单位相关的质量责任和义务	0	2	3	4	0
1Z307032　勘察、设计单位相关的质量责任和义务	3	3	0	1	1
1Z307033　工程监理单位相关的质量责任和义务	2	0	0	0	2
1Z307034　政府主管部门工程质量监督管理的相关规定	1	0	0	0	0

本节主要涉及法律文件为《建筑法》《建设工程质量管理条例》《建筑工程五方责任主体项目负责人质量终身责任追究暂行办法》等。

高频考点一　建设单位相关的质量责任和义务

高频指数：★★★

考点解析

建设单位相关的质量责任和义务（表 1Z307030-2）。

建设单位相关的质量责任和义务　　表 1Z307030-2

责　任	具体内容
依法发包工程	建设单位应当将工程发包给具有相应资质等级的单位，建设单位不得将建设工程肢解发包
依法向有关单位提供原始资料	建设单位必须向有关的勘察、设计、施工、工程监理等单位提供与建设工程有关的原始资料，原始资料必须真实、准确、齐全
限制不合理的干预行为	建设单位不得明示或者暗示设计单位或者施工单位违反工程建设强制性标准，降低建设工程质量
依法报审施工图设计文件	建设单位应当将施工图设计文件报县级以上人民政府建设行政主管部门或者其他有关部门审查，施工图设计文件未经审查批准的，不得使用
依法实行工程监理	实行监理的建设工程，建设单位应当委托具有相应资质等级的工程监理单位进行监理，也可以委托具有工程监理相应资质等级并与被监理工程的施工承包单位没有隶属关系或者其他利害关系的该工程的设计单位进行监理
依法办理工程质量监督手续	建设单位在领取施工许可证或者开工报告前，应当按照国家有关规定办理工程质量监督手续
依法保证建筑材料等符合要求	（1）建设单位不得明示或者暗示施工单位使用不合格的建筑材料、建筑构配件和设备； （2）对于建设单位负责供应的材料设备，在使用前施工单位应当按照规定对其进行检验和试验，如果不合格，不得在工程上使用，并应通知建设单位予以退换
依法进行装修工程	涉及建筑主体和承重结构变动的装修工程，建设单位应当在施工前委托原设计单位或者具有相应资质等级的设计单位提出设计方案；没有设计方案的，不得施工。房屋建筑使用者在装修过程中，不得擅自变动房屋建筑主体和承重结构

真题再现

(2014 年真题) 根据《建筑法》，实施建设工程监理前，建设单位应当将委托的（　　）书面通知被监理的建筑施工企业。

A. 工程监理单位　　B. 工程监理人员的名单　　C. 工程监理权限

D. 工程监理的内容　　E. 工程监理入场时间

解析《建筑法》第三十三条：实施建筑工程监理前，建设单位应当将委托的工程监理单位、监理的内容及监理权限，书面通知被监理的建筑施工企业。**参考答案：A、C、D。**

(2015 年真题) 根据《建设工程质量管理条例》，必须实行监理的建设工程有（　　）。

A. 国家重点建设工程

B. 大中型公用事业工程

C. 成片开发建设的住宅小区工程

D. 限额以下的小型住宅工程

E. 利用国际组织贷款的工程

解析《建设工程质量管理条例》规定，必须实行监理的建设工程有：①国家重点建设工程；②大中型公用事业工程；③成片开发建设的住宅小区工程；④利用外国政府或者国际组织贷款、援助资金的工程；⑤国家规定必须实行监理的其他工程。**参考答案：A、B、C、E。**

(2015 年真题) 根据《建设工程质量管理条例》，下列行为中属于建设单位应当被责令改正，处 20 万元以上 50 万元以下罚款的有（　　）。

A. 迫使承包方以低于成本的价格竞标的

B. 任意压缩合理工期的

C. 未按照国家规定办理工程质量监督手续的

D. 施工图设计文件未经审查或者审查不合格，擅自施工的

E. 欠付工程款数额较大的

解析《建设工程质量管理条例》规定，建设单位有下列行为之一的，责令改正，处 20 万元以上 50 万元以下的罚款：①迫使承包方以低于成本的价格竞标的；②任意压缩合理工期的；③明示或者暗示设计单位或者施工单位违反工程建设强制性标准，降低工程质量的；④施工图设计文件未经审查或者审查不合格，擅自施工的；⑤建设项目必须实行工程监理而未实行工程监理的；⑥未按照国家规定办理工程质量监督手续的；⑦明示或者暗示施工单位使用不合格的建筑材料、建筑构配件和设备的；⑧未按照国家规定将竣工验收报告、有关认可文件或者准许使用文件报送备案的。**参考答案：A、B、C、D。**

(2016 年真题) 关于工程建设中使用建筑材料的说法，正确的是（　　）。

A. 建筑材料应该向建设单位采购

B. 建设单位采购的建筑材料经施工企业检验不合格的，应当拒绝使用

C. 建设单位招标采购建筑材料的，可以指定3个以上品牌

D. 建设单位采购的建筑材料经施工企业检验合格，使用后被证实属于不合格材料的，应由施工企业承担责任

解析 对于建设单位负责供应的材料设备，在使用前施工单位应当按照规定对其进行检验和试验，如果不合格，不得在工程上使用。**参考答案：B。**

（2016年真题）根据《建设工程质量管理条例》，建设单位在申领许可证之前，应当按照有关规定办理（　　）。

A. 开工报告手续

B. 监理单位的委托手续

C. 保证安全施工措施的审批手续

D. 工程质量监督手续

解析《建设工程质量管理条例》规定，建设单位在领取施工许可证或者开工报告前，应当按照国家有关规定办理工程质量监督手续。**参考答案：D。**

（2016年真题）根据《建筑工程五方责任主体项目负责人质量终身责任追究暂行办法》，下列人员中，属于五方责任主体项目负责人的有（　　）。

A. 建设单位项目负责人　B. 监理单位负责人　C. 勘察单位项目负责人

D. 施工单位项目经理　E. 造价单位项目负责人

解析《建筑工程五方责任主体项目责任人质量终身责任追究暂行办法》明确规定，建筑工程五方责任主体项目负责人是指承担建筑工程项目建设的建设单位项目负责人、勘察单位项目负责人、设计单位项目负责人、施工单位项目经理、监理单位总监理工程师。**参考答案：A、C、D。**

应试指引

本高频考点主要考查建设单位的相关质量责任。考生首先应知道“建筑工程五方责任主体”是指建设单位、施工单位、设计单位、勘察单位和监理单位，其中建设单位应承担首要责任。其次要掌握表1Z307030-2中的建设单位的质量责任，同时应熟悉每一项责任的具体内容。

高频考点二　勘察、设计单位相关的质量责任和义务

高频指数：★★★

考点解析

勘察、设计单位相关的质量责任和义务（表1Z307030-3）。

勘察、设计单位相关的质量责任和义务 表 1Z307030-3

责　任	具体内容
依法承揽工程的勘察、设计业务	（1）从事建设工程勘察、设计的单位应当依法取得相应等级的资质证书，并在其资质等级许可的范围内承揽工程； （2）禁止勘察、设计单位允许其他单位或者个人以本单位的名义承揽工程。勘察、设计单位不得转包或者违法分包所承揽的工程
勘察、设计必须执行强制性标准	勘察、设计单位必须按照工程建设强制性标准进行勘察、设计，并对其勘察、设计的质量负责
勘察单位提供的勘察成果必须真实、准确	勘察单位提供的地质、测量、水文等勘察成果必须真实、准确
设计依据和设计深度	设计单位应当根据勘察成果文件进行建设工程设计。设计文件应当符合国家规定的设计深度要求，注明工程合理使用年限①
依法规范设计对建筑材料等的选用	除有特殊要求的建筑材料、专用设备、工艺生产线等外，设计单位不得指定生产厂、供应商
依法对设计文件进行技术交底	设计单位应当就审查合格的施工图设计文件向施工单位做出详细说明
依法参与建设工程质量事故分析	设计单位应当参与建设工程质量事故分析，并对因设计造成的质量事故提出相应的技术处理方案

注：①工程合理使用年限是指从工程竣工验收合格之日起，工程的地基基础、主体结构能保证在正常情况下安全使用的年限。

真题再现

（2013 年真题）根据《建设工程质量管理条例》，关于勘察设计单位质量责任和义务的说法，错误的是（　　）。

A. 从事勘察、设计业务的单位应当依法取得相应等级的资质证书

B. 勘察单位提供的地质、测量、水文等勘察成果必须真实、准确

C. 设计单位应当根据勘察成果文件进行建设工程设计

D. 勘察、设计单位不得分包所承揽的工程

解析 勘察、设计单位不得转包或者违法分包所承揽的工程。**参考答案：D。**

（2013 年真题）根据《建设工程质量管理条例》，关于勘察、设计单位质量责任和义务的说法，正确的有（　　）。

A. 勘察、设计单位应当在其资质等级许可的范围内承揽工程

B. 勘察文件应注明工程使用年限

C. 勘察、设计单位必须按照工程建设强制性标准进行勘察、设计

D. 注册建筑师、注册结构工程师等注册执业人员应当在设计文件上签字并对设计文件负责

E. 有特殊要求的建筑材料、专用设备、工艺生产线等可由设计单位指定

解析《建设工程质量管理条例》规定，从事建设工程勘察、设计的单位应当依法取得相应等级的资质证书，并在其资质等级许可的范围内承揽工程，故 A 选项正确。《建设工程质

量管理条例》规定，设计单位应当根据勘察成果文件进行建设工程设计。设计文件应当符合国家规定的设计深度要求，注明工程合理使用年限，故勘察成果文件不需注明工程使用年限，B选项错误。《建设工程质量管理条例》规定，勘察、设计单位必须按照工程建设强制性标准进行勘察、设计，并对其勘察、设计的质量负责，故C选项正确。《建设工程质量管理条例》规定，勘察、设计单位必须按照工程建设强制性标准进行勘察、设计，并对其勘察、设计的质量负责。注册建筑师、注册结构工程师等注册执业人员应当在设计文件上签字，对设计文件负责，故D选项正确。《建筑法》《建设工程质量管理条例》都规定，设计单位在设计文件中选用的建筑材料、建筑构配件和设备，应当注明规格、型号、性能等技术指标，其质量要求必须符合国家规定的标准。除有特殊要求的建筑材料、专用设备、工艺生产线等外，设计单位不得指定生产厂、供应商，故E选项正确。**参考答案：A、C、D、E。**

（2014年真题）建设工程合理使用年限是指从（　　）之日起，工程的地基基础、主体结构能保证在正常情况下安全使用的年限。

A. 施工许可证办理　　B. 预验收合格

C. 工程竣工验收合格　　D. 质保期结束

解析 工程合理使用年限是指从工程竣工验收合格之日起，工程的地基基础、主体结构能保证在正常情况下安全使用的年限。**参考答案：C。**

（2014年真题）关于勘察、设计单位的质量责任和义务的说法，正确的有（　　）。

A. 依法对设计文件进行技术交底

B. 依法保证使用的建筑材料等符合要求

C. 依法审查施工图纸设计文件

D. 依法办理工程质量监督手续

E. 依法承揽工程的勘察、设计业务

解析 勘察、设计单位相关的质量责任和义务包括七个方面：①依法承揽工程的勘察、设计业务；②勘察、设计必须执行强制性标准；③勘察单位提供的勘察成果必须真实、准确；④设计依据和设计深度；⑤依法规范设计对建筑材料等的选用；⑥依法对设计文件进行技术交底；⑦依法参与建设工程质量事故分析；⑧勘察、设计单位质量违法行为应承担的法律责任。因此，A、E选项正确，B、D选项是建设单位的质量责任和义务，C选项错误，建设单位是依法报审施工图设计文件，那么依法审查施工图设计文件的主体则为被报审主体，即为县级以上人民政府建设行政主管部门或者其他有关部门。**参考答案：A、E。**

（2016年真题）关于设计单位质量责任和义务的说法，正确的是（　　）。

A. 设计单位项目负责人对因设计导致的工程质量问题承担责任

B. 设计单位可以在设计文件中指定建筑材料的供应商

C. 设计单位应当就审查合格的施工图设计文件向建设单位做出详细说明

D. 设计文件应当符合国家规定的设计深度要求，但不必注明工程合理使用年限

解析《建筑工程五方责任主体项目负责人质量终身责任追究暂行办法》规定，勘察、设计单位项日负责人应当保证勘察设计文件符合法律法规和工程建设强制性标准的要求，对因勘察、设计导致的工程质量事故或质量问题承担责任，故A选项正确。《建筑法》《建设工程质量管理条例》都规定，设计单位在设计文件中选用的建筑材料、建筑构配件和设备，应当注明规格、型号、性能等技术指标，其质量要求必须符合国家规定的标准。除有特殊要求的建筑材料、专用设备、工艺生产线等外，设计单位不得指定生产厂、供应商。故设计单位可以在设计文件中指定有特殊要求建筑材料的供应商，故B选项的表述有一定瑕疵，即过于绝对，应认为错误。《建设工程质量管理条例》规定，设计单位应当就审查合格的施工图设计文件向施工单位做出详细说明，故C选项错误。《建设工程质量管理条例》规定，设计单位应当根据勘察成果文件进行建设工程设计。设计文件应当符合国家规定的设计深度要求，注明工程合理使用年限，故D选项错误。**参考答案：A。**

（2017年真题）根据《建设工程质量管理条例》，关于设计单位权利的说法，正确的是（　　）。

A. 为节约投资成本，设计单位可不依据勘察成果文件进行设计

B. 设计单位有权将所承揽的工程交由资质等级更高的设计单位完成

C. 有特殊要求的专用设备，设计单位可以指定生产厂商或供应商

D. 设计深度由设计单位酌定

解析 先勘察，后设计，再施工是基本建设流程。《建设工程质量管理条例》规定，设计单位应当根据勘察成果文件进行建设工程设计，故A选项错误。《建设工程质量管理条例》规定，从事建设工程勘察、设计的单位应当依法取得相应等级的资质证书，并在其资质等级许可的范围内承揽工程，故B选项错误。除有特殊要求的建筑材料、专用设备、工艺生产线等外，设计单位不得指定生产厂、供应商，故设计单位可以在设计文件中指定有特殊要求建筑材料的供应商。换言之，针对特殊要求的建筑材料、专用设备，设计单位可指定生产商或供应商，故C选项正确。我国对各类设计文件的编制深度都有规定，在实践中应当贯彻执行。故D选项错误。**参考答案：C。**

应试指引

本高频考点主要考查勘察、设计单位的相关质量责任。考生不仅需要掌握表1Z307030-3中的7项质量责任，同时应熟悉每一项责任的具体内容。

1Z307040 建设工程竣工验收制度

本节导学

工程项目的竣工验收是施工全过程的最后一道工序，也是工程项目管理的最后一项工

作。2018年版教材对建设工程竣工环保验收内容做了修订，主要内容为：2017年7月国务院经修改后发布的《建设项目环境保护管理条例》规定，编制环境影响报告书、环境影响报告表的建设项目竣工后，建设单位应当按照国务院环境保护行政主管部门规定的标准和程序，对配套建设的环境保护设施进行验收，编制验收报告。除按照国家规定需要保密的情形外，建设单位应当依法向社会公开验收报告。分期建设、分期投入生产或者使用的建设项目，其相应的环境保护设施应当分期验收。本节近5年考情分析见表1Z307040-1。

近5年考情分析　　表1Z307040-1

知识点	各年份分值				
	2013年	2014年	2015年	2016年	2017年
1Z307041　竣工验收的主体和法定条件	1	0	1	2	0
1Z307042　施工单位应提交的档案资料	0	0	0	0	0
1Z307043　规划、消防、节能、环保等验收的规定	0	1	0	1	1
1Z307044　竣工结算、质量争议的规定	1	2	2	2	3
1Z307045　竣工验收报告备案的规定	2	0	0	0	0

本节主要涉及的法律文件为《建筑法》《建设工程质量管理条例》《城乡规划法》《城市建设档案管理规定》《消防法》《建设工程消防监督管理规定》《建设项目环境保护管理条例》《节约能源法》《合同法》《建设工程价款结算暂行办法》《建筑工程施工发包与承包计价管理办法》《最高人民法院关于审理建设工程施工合同纠纷案件适用法律问题的解释》《房屋建筑和市政基础设施工程竣工验收备案管理办法》《城市地下管线工程档案管理办法》等。

高频考点　竣工结算、质量争议的规定

高频指数：★★★★

考点解析

竣工验收是工程建设活动的最后阶段。在此阶段，建设单位与施工单位容易就合同价款结算、质量缺陷等引起纠纷，导致建设工程不能及时办理竣工验收或完成竣工验收。本知识点的考查重点也即工程价款结算和工程质量争议的处理。

1. 工程价款结算

（1）工程竣工结算的审查，见表1Z307040-2。

工程竣工结算审查　　表 1Z307040-2

分　类	编　制	审　查	特殊情况
单位工程竣工结算	承包人	发包人	实行总承包的工程，由具体承包人编制，在总包人审查的基础上，发包人审查
单项工程竣工结算	总（承）包人编制	发包人或工程造价咨询机构	政府投资项目，由同级财政部门审查
建设项目竣工总结算	总（承）包人编制	发包人或工程造价咨询机构	

（2）工程竣工结算的审查时限，见表 1Z307040-3。

工程竣工结算审查时限　　表 1Z307040-3

工程竣工结算报告金额	审查时限（接到竣工结算报告和完整的竣工结算资料之日起）
500 万元以下	20 天
500 万元～ 2000 万元	30 天
2000 万元～ 5000 万元	45 天
5000 万元以上	60 天

（3）工程价款结算争议处理。

发包人对工程质量有异议，已竣工验收或已竣工未验收但实际投入使用的工程，其质量争议按该工程保修合同执行；已竣工未验收且未实际投入使用的工程以及停工、停建工程的质量争议，应当就有争议部分的竣工结算暂缓办理，双方可就有争议的工程委托有资质的检测鉴定机构进行检测，根据检测结果确定解决方案，或按工程质量监督机构的处理决定执行，其余部分的竣工结算依照约定办理。

当事人对工程造价发生合同纠纷时，可通过下列办法解决：①双方协商确定；②按合同条款约定的办法提请调解；③向有关仲裁机构申请仲裁或向人民法院起诉。

2. 竣工工程质量争议的处理

建设工程竣工时发现的质量问题或者质量缺陷，无论是建设单位的责任还是施工单位的责任，施工单位都有义务进行修复或返修。但是，对于非施工单位原因出现的质量问题或质量缺陷，其返修的费用和造成的损失是应由责任方承担的。针对不同的情形，竣工工程质量争议处理有以下几种方式，见表 1Z307040-4。

竣工工程质量争议处理方式　　表 1Z307040-4

分　类		处理方式
承包方责任的处理		《最高人民法院关于审理建设工程施工合同纠纷案件适用法律问题的解释》第 11 条规定，因承包人的过错造成建设工程质量不符合约定，承包人拒绝修理、返工或者改建，发包人请求减少支付工程价款的，应予支持
发包方责任的处理	提供的设计有缺陷	造成建设工程质量缺陷，发包人承担过错责任
	提供或者指定购买的建筑材料、建筑构配件、设备不符合强制性标准	
	直接指定分包人分包专业工程	

续上表

分　类	处理方式
未经竣工验收擅自使用	建设工程未经竣工验收，发包人擅自使用后，又以使用部分质量不符合约定为由主张权利的，不予支持；但是承包人应当在建设工程的合理使用寿命内对地基基础工程和主体结构质量承担民事责任

真题再现

（2013 年真题）关于建设工程未经竣工验收，发包人擅自使用后又以使用部分质量不符合约定为由主张权利的说法，正确的是（　　）。

A. 发包人以装饰工程质量不符合约定主张索赔的，应予支持

B. 承包人应当在工程的合理使用寿命内对地基基础和主体结构质量承担责任

C. 凡不符合合同约定或者验收规范的工程质量问题，承包人应当承担责任

D. 承包人的保修责任可以免除

解析《最高人民法院关于审理建设工程施工合同纠纷案件适用法律问题的解释》第 13 条规定，建设工程未经竣工验收，发包人擅自使用后，又以使用部分质量不符合约定为由主张权利的，不予支持；但是承包人应当在建设工程的合理使用寿命内对地基基础工程和主体结构质量承担民事责任。**参考答案：B。**

（2014 年真题）某工程已具备竣工条件，承包人在提交竣工验收报告的同时，向发包人递交竣工结算报告及完整的结算资料。关于该工程竣工验收的质量责任等的说法，正确的有（　　）。

A. 工程质量保证金应在保修期满后返还

B. 发包人要求承包人完成合同以外零星项目，承包人未在规定时间内向发包人提出施工签证的，施工后可向发包人申请费用赔偿

C. 建设工程竣工时发现的质量问题或者质量缺陷，无论是建设单位的责任还是施工单位的责任，施工单位都有义务进行修复或返修

D. 当事人对工程造价发生合同纠纷时，应当向仲裁机构申请仲裁或向人民法院起诉

E. 承包人应当在建设工程的合理使用寿命内对地基基础工程和主体结构质量承担民事责任

解析发包人根据确认的竣工结算报告向承包人支付工程竣工结算价款，保留 5% 左右的质量保证（保修）金，待工程交付使用 1 年质保期到期后清算（合同另有约定的，从其约定），质保期内如有返修，发生费用应在质量保证（保修）金内扣除，故 A 选项错误。发包人要求承包人完成合同以外零星项目，承包人应在接受发包人要求的 7 天内就用工数量和单价、机械台班数量和单价、使用材料和金额等向发包人提出施工签证，发包人签证后施工，如发包人未签证，承包人施工后发生争议的，责任由承包人自负，故 B 选项错误。建设工

程竣工时发现的质量问题或者质量缺陷，无论是建设单位的责任还是施工单位的责任，施工单位都有义务进行修复或返修，但是，对于非施工单位原因出现的质量问题或质量缺陷，其返修的费用和造成的损失是应由责任方承担的，故C选项正确。当事人对工程造价发生合同纠纷时，可通过下列办法解决：①双方协商确定；②按合同条款约定的办法提请调解；③向有关仲裁机构申请仲裁或向人民法院起诉，故D选项错误。《最高人民法院关于审理建设工程施工合同纠纷案件适用法律问题的解释》第13条规定，建设工程未经竣工验收，发包人擅自使用后，又以使用部分质量不符合约定为由主张权利的，不予支持；但是承包人应当在建设工程的合理使用寿命内对地基基础工程和主体结构质量承担民事责任，故E选项正确。**参考答案：C、E。**

（2015年真题）建设单位因急于投产，擅自使用了未经竣工验收的工程。使用过程中，建设单位发现该工程主体结构出现质量缺陷，遂以质量不符合约定为由将施工单位诉至人民法院。关于该合同纠纷的说法，正确的有（　　）。

A. 由于建设单位擅自提前使用，施工单位不需要承担保修责任

B. 施工单位是否承担保修责任，取决于建设单位是否已经足额支付工程款

C. 承包人应当在建设工程的合理使用寿命内对地基基础和主体结构质量承担民事责任

D. 主体结构的最低保修期限应是50年，施工单位需要承担保修责任

E. 主体结构的最低保修期限是设计文件规定的合理使用年限，施工单位应当承担保修责任

解析《最高人民法院关于审理建设工程施工合同纠纷案件适用法律问题的解释》第13条规定，建设工程未经竣工验收，发包人擅自使用后，又以使用部分质量不符合约定为由主张权利的，不予支持；但是承包人应当在建设工程的合理使用寿命内对地基基础工程和主体结构质量承担民事责任，故A选项错误，C选项正确。保修责任是施工单位的法定义务，与建设单位是否足额支付工程款无关，故B选项错误。基础设施工程、房屋建筑的地基基础工程和主体结构工程的最低保修期限为设计文件规定的该工程的合理使用年限，并非最低50年，故D选项错误，E选项正确。**参考答案：C、E。**

（2016年真题）关于建设工程返修中法律责任的说法，正确的是（　　）。

A. 因施工企业原因造成的质量问题，施工企业应当负责返修并承担费用

B. 已发现的工程质量缺陷，由缺陷责任方修复

C. 严重工程质量问题相关责任单位已被撤销的，不可追究项目负责人的责任

D. 建设工程返修的质量问题仅指竣工验收时发现的质量问题

解析《合同法》规定，因施工人的原因致使建设工程质量不符合约定的，发包人有权要求施工人在合理期限内无偿修理或者返工、改建，故A选项正确。《建筑法》规定，建筑工程竣工时，屋顶、墙面不得留有渗漏、开裂等质量缺陷；对已发现的质量缺陷，建筑施工企业应当修复，故B选项错误。《建筑工程五方责任主体项目负责人质量终身责任追究暂

行办法》规定，发生投诉、举报、群体性事件、媒体报道并造成恶劣社会影响的严重工程质量问题，县级以上地方人民政府住房城乡建设主管部门应当依法追究项目负责人的质量终身责任，故C选项错误。返修的问题有竣工验收时发现的质量问题，也可能有施工过程中出现的质量问题，故D选项错误。**参考答案：A。**

（**2016年真题**）关于竣工工程质量问题处理的方法，正确的是（　　）。

A. 因发包人提供的设计有缺陷，造成建设工程质量缺陷的，发包人不承担责任

B. 因承包人的过错造成的质量问题，发包人可以要求承包人修理、返工，但不能减少支付工程价款

C. 工程竣工时发现质量问题，无论是建设单位还是施工单位责任，施工企业都有义务进行修复或返修

D. 未经竣工验收，发包人擅自使用建设工程的，工程质量责任全部由发包人承担

解析《最高人民法院关于审理建设工程施工合同纠纷案件适用法律问题的解释》第12条规定，发包人具有下列情形之一，造成建设工程质量缺陷，应当承担过错责任：①提供的设计有缺陷；②提供或者指定购买的建筑材料、建筑构配件、设备不符合强制性标准；③直接指定分包人分包专业工程。故A选项错误。《最高人民法院关于审理建设工程施工合同纠纷案件适用法律问题的解释》第11条规定，因承包人的过错造成建设工程质量不符合约定，承包人拒绝修理、返工或者改建，发包人请求减少支付工程价款的，应予支持，故B选项错误。建设工程竣工时发现的质量问题或者质量缺陷，无论是建设单位的责任还是施工单位的责任，施工单位都有义务进行修复或返修，故C选项正确。《最高人民法院关于审理建设工程施工合同纠纷案件适用法律问题的解释》第13条规定，建设工程未经竣工验收，发包人擅自使用后，又以使用部分质量不符合约定为由主张权利的，不予支持；但是承包人应当在建设工程的合理使用寿命内对地基基础工程和主体结构质量承担民事责任，故D选项错误。**参考答案：C。**

（**2017年真题**）关于建设工程未经竣工验收，发包人擅自使用后又以使用部分质量不符合约定为由主张权利的说法，正确的是（　　）。

A. 发包人以装饰工程质量不符合约定主张索赔的，应予支持

B. 凡不符合合同约定或者验收规范的工程质量问题，承包人均应当承担责任

C. 承包人应当在工程的合理使用寿命内对地基基础和主体结构质量承担责任

D. 承包人的保修责任可以免除

解析《最高人民法院关于审理建设工程施工合同纠纷案件适用法律问题的解释》第13条规定，建设工程未经竣工验收，发包人擅自使用后，又以使用部分质量不符合约定为由主张权利的，不予支持；但是承包人应当在建设工程的合理使用寿命内对地基基础工程和主体结构质量承担民事责任，故A选项错误，C选项正确。建设工程竣工时发现的质量问题或者质量缺陷，无论是建设单位的责任还是施工单位的责任，施工单位都有义务进行修复或返修。但是，对于非施工单位原因出现的质量问题或质量缺陷，其返修的费用和造成的

损失是应由责任方承担的，故 B 选项错误。《建筑法》规定，保修的期限应当按照保证建筑物合理寿命年限内正常使用，维护使用者合法权益的原则确定。对具体的保修范围和最低保修期限，《建设工程质量管理条例》中做了明确规定。因此承包人的保修责任不可以免除，故 D 选项错误。**参考答案：C。**

（2017 年真题）根据《最高人民法院关于审理建设工程施工合同纠纷案件适用法律问题的解释》，发包人的下列行为中，造成建设工程质量缺陷，应承担过错责任的有（　　）。

A. 提供的设计有缺陷

B. 提供的建筑材料不符合强制标准

C. 指定购买的建筑构配件不符合强制标准

D. 同意总承包人依法选择的分包人分包专业工程

E. 直接指定分包人分包专业工程

解析《最高人民法院关于审理建设工程施工合同纠纷案件适用法律问题的解释》第 12 条规定，发包人具有下列情形之一，造成建设工程质量缺陷，应当承担过错责任：①提供的设计有缺陷；②提供或者指定购买的建筑材料、建筑构配件、设备不符合强制性标准；③直接指定分包人分包专业工程。**参考答案：A、B、C、E。**

应试指引

本高频考点是一级建造师法规考试中的必考内容。2017 年的分值达到 3 分之多。而其中的质量争议知识点则是重中之重，《最高人民法院关于审理建设工程施工合同纠纷案件适用法律问题的解释》关于建设工程未经竣工验收，发包人擅自使用后又以使用部分质量不符合约定为由主张权利的司法处理，几乎是每隔一年均会涉及的。

疑难释义

在实践中，一些建设单位出于各种原因，往往未经验收就擅自提前占有使用建设工程。为此，《最高人民法院关于审理建设工程施工合同纠纷案件适用法律问题的解释》第 13 条规定：建设工程未经竣工验收，发包人擅自使用后，又以使用部分质量不符合约定为由主张权利的，不予支持；但是承包人应当在建设工程的合理使用寿命内对地基基础工程和主体结构质量承担民事责任。由此可以看出，针对发包人擅自使用的情况，即认为发包人对使用部分的工程质量予以认可，如果再以该部分质量不符合约定为由主张权利（一般是对抗承包人的工程款支付请求），则法院将不予支持。但不管怎么样，对于承包人完成的建设工程，其保修责任是跑不掉的，所以对于合理使用寿命内的地基基础工程和主体结构质量仍应承担民事责任。

1Z307050　建设工程质量保修制度

本节导学

建设工程质量保修制度是指建设工程竣工经验收后，在规定的保修期限内，因勘察、设计、施工、材料等原因造成的质量缺陷，应当由施工承包单位负责维修、返工或更换，由责任单位负责赔偿损失的法律制度。2018 年版教材对建设工程质量保证金知识点作了较大调整，考生应引起重视。本节近 5 年考情分析详见表 1Z307050-1。

近 5 年考情分析　　表 1Z307050-1

知 识 点	各年份分值				
	2013 年	2014 年	2015 年	2016 年	2017 年
1Z307051　质量保修书和最低保修期限的规定	2	2	1	2	2
1Z307052　质量责任的损失赔偿	0	3	1	2	2
1Z307053　违法行为应承担的法律责任	0	1	0	0	0

本节主要涉及法律文件为《建筑法》《建设工程质量管理条例》《建设工程质量保证金管理暂行办法》《最高人民法院关于审理建设工程施工合同纠纷案件适用法律问题的解释》等。

高频考点一　质量保修书和最低保修期限的规定

高频指数：★★★

考点解析

《建设工程质量管理条例》规定：建设工程承包单位在向建设单位提交工程竣工验收报告时，应当向建设单位出具质量保修书。质量保修书中应当明确建设工程的保修范围、保修期限和保修责任等，具体内容见表 1Z307050-2。

《建设工程质量管理条例》规定：建设工程在超过合理使用年限后需要继续使用的，产权所有人应当委托具有相应资质等级的勘察、设计单位鉴定，并根据鉴定结果采取加固、维修等措施，重新界定使用期。

2018 年版教材对建设工程质量保证金内容做了调整，需注意的调整内容为：①对于依法设立的投标保证金、履约保证金、工程质量保证金、农民工工资保证金外，其他保证金一律取消；②缺陷责任期一般为 1 年，最长不超过 2 年；③保证金预留比例不得高于工程价款结算总额的 3%。

质量保修书具体内容　　表 1Z307050-2

<table>
<tr><th>类　别</th><th>内　容</th><th>释　义</th></tr>
<tr><td>保修范围</td><td>地基基础工程、主体结构工程、屋面防水工程和其他土建工程，以及电气管线、上下水管线的安装工程，供热、供冷系统工程等项目</td><td>不同类型的建设工程，其保修范围是有所不同的</td></tr>
<tr><td rowspan="5">保修期限[①]</td><td>基础设施工程、房屋建筑的地基基础工程和主体结构工程，为设计文件规定的该工程的合理使用年限</td><td rowspan="5">《建设工程质量管理条例》只是规定了各类项目保修期的最低值。换言之，双方当事人不能就上述几类项目约定更少的保修期限。其他项目的保修期限由发包方与承包方约定</td></tr>
<tr><td>屋面防水工程、有防水要求的卫生间、房间和外墙面的防渗漏，为 5 年</td></tr>
<tr><td>供热与供冷系统，为 2 个采暖期、供冷期</td></tr>
<tr><td>电气管线、给排水管道、设备安装和装修工程，为 2 年</td></tr>
<tr><td>其他项目的保修期限由发包方与承包方约定</td></tr>
<tr><td>保修责任</td><td>向建设单位承诺保修范围、保修期限和有关具体实施保修的措施，如保修的方法、人员及联络办法，保修答复和处理时限，不履行保修责任的罚则等</td><td>施工单位在建设工程质量保修书中，应当对建设单位合理使用建设工程有所提示。如果是因建设单位或者用户使用不当或擅自改动结构、设备位置以及不当装修等造成质量问题的，施工单位不承担保修责任，由此而造成的质量受损或者其他用户损失，应当由责任人承担相应的责任</td></tr>
</table>

注：[①]建设工程保修期限的起始日是竣工验收合格之日。

真题再现

（2013 年真题）建设工程质量保修书的提交时间是（　　）。

A. 自提交工程竣工验收报告之日起 15 日内

B. 工程竣工验收合格之日

C. 自工程竣工验收合格之日起 15 日内

D. 提交工程竣工验收报告时

解析《建设工程质量管理条例》规定，建设工程承包单位在向建设单位提交工程竣工验收报告时，应当向建设单位出具质量保修书。质量保修书中应当明确建设工程的保修范围、保修期限和保修责任等。**参考答案：D。**

（2013 年真题）建设工程在超过合理使用年限后需要继续使用的，产权所有人应当委托（　　）鉴定，并根据鉴定结果采取加固、维修等措施，重新界定使用期。

A. 勘察、设计单位　　B. 监理单位

C. 建筑安全监督管理机构　　D. 工程质量监督机构

解析《建设工程质量管理条例》规定，建设工程在超过合理使用年限后需要继续使用的，产权所有人应当委托具有相应资质等级的勘察、设计单位鉴定，并根据结果采取加固、维修等措施，重新界定使用期。**参考答案：A。**

（2014年真题）关于建设工程质量保修的说法，正确的是（　　）。

A. 全部或者部分使用政府投资的建设项目，按工程价款结算总额3%的比例预留保证金

B. 由他人原因造成的缺陷，发包人负责组织维修，并从保证金中扣除维修费用

C. 建设工程在超过合理使用年限后需要继续使用的，产权所有人应当委托鉴定，并根据鉴定结果采取加固、维修等措施，重新界定使用期

D. 发包人在接到承包人返还保证金申请后，应于7日内会同承包人按合同约定的内容进行核实

解析 全部或者部分使用政府投资的建设项目，按工程价款结算总额5%左右的比例预留保证金，故A选项错误。由他人原因造成的缺陷，发包人负责组织维修，承包人不承担费用，且发包人不得从保证金中扣除费用，故B选项错误。《建设工程质量管理条例》规定，建设工程在超过合理使用年限后需要继续使用的，产权所有人应当委托具有相应资质等级的勘察、设计单位鉴定，并根据鉴定结果采取加固、维修等措施，重新界定使用期，故C选项正确。发包人在接到承包人返还保证金申请后，应于14日内会同承包人按照合同约定的内容进行核实，故D选项错误。**参考答案：C。**

备注：住房城乡建设部、财政部对《建设工程质量保证金管理办法》（建质〔2016〕295号）进行了修订，新版《建设工程质量保证金管理办法》（建质〔2017〕138号）第七条：发包人应按照合同约定方式预留保证金，保证金总预留比例不得高于工程价款结算总额的3%。合同约定由承包人以银行保函替代预留保证金的，保函金额不得高于工程价款结算总额的3%。新版《建设工程质量保证金管理办法》自2017年7月1日起施行，原《建设工程质量保证金管理办法》（建质〔2016〕295号）同时废止。因此，考生应特别注意2018版教材对保证金比例上限的调整。

（2014年真题）在正常使用条件下，基础设施工程、房屋建筑的地基基础工程和主体结构工程的最低保修期限为（　　）。

A. 设计文件规定的该工程的合理使用年限

B.5年

C.2年

D.2个采暖期、供冷期

解析《建设工程质量管理条例》规定，在正常使用条件下，建设工程的最低保修期限第1条为：基础设施工程、房屋建筑的地基基础工程和主体结构工程，为设计文件规定的该工程的合理使用年限。**参考答案：A。**

（2015年真题）根据《建设工程质量管理条例》，建设工程承包单位应当向建设单位出具质量保修书的时间是（　　）。

A. 竣工验收时

B. 竣工验收合格后

C. 提交竣工验收报告时

D. 交付使用时

解析《建设工程质量管理条例》规定，建设工程承包单位在向建设单位提交工程竣工验收报告时，应当向建设单位出具质量保修书。**参考答案：C。**

（2016 年真题）建设单位和施工企业经过平等协商确定某屋面防水工程的保修期限为 3 年，工程竣工验收合格移交使用后的第 4 年屋面出现渗漏，则承担该工程维修责任的是（　　）。

A. 施工单位

B. 建设单位

C. 使用单位

D. 建设单位和施工企业协商确定

解析《建设工程质量管理条例》规定，在正常使用条件下，建设工程的最低保修期限第 2 条为：屋面防水工程、有防水要求的卫生间、房间和外墙面的防渗漏，为 5 年。屋面防水工程的最低保修期限是法定的，当事人不能约定更低的保修期限。**参考答案：A。**

（2016 年真题）关于建设工程质量保修的说法，正确的是（　　）。

A. 不同类型的建设工程，其保修范围相同

B. 建设工程保修期内由于使用不当造成的损坏，施工企业不负责维修

C. 建设工程保修期与缺陷责任期的起始日相同

D. 建设工程质量保证金应在保修期满后返还

解析《建筑法》规定，建筑工程的保修范围应当包括地基基础工程、主体结构工程、屋面防水工程和其他土建工程，以及电气管线、上下水管线的安装工程，供热、供冷系统工程等项目。当然，不同类型的建设工程，其保修范围是有所不同的。故 A 选项错误。因使用单位使用不当造成的损坏问题，先由施工单位负责维修，其经济责任由使用单位自行负责，故 B 选项错误。建设工程保修期的起始日是竣工验收合格之日。缺陷责任期从工程通过竣（交）工验收之日起计，即可认为是竣工验收合格之日，故 C 选项正确。建设工程质量保证金应在缺陷责任期届满后返还，故 D 选项错误。**参考答案：C。**

（2017 年真题）关于建设工程质量保修的说法，正确的是（　　）。

A. 不同类型的建设工程，质量保修范围不同

B. 合同约定的保修期不能高于法定保修期限

C. 工程的合理使用年限与施工企业的质量责任年限无关

D. 建设工程保修期的起始日是工程实际竣工之日

解析《建筑法》规定，建筑工程的保修范围应当包括地基基础工程、主体结构工程、屋面防水工程和其他土建工程，以及电气管线、上下水管线的安装工程，供热、供冷系统工程等项目。当然，不同类型的建设工程，其保修范围是有所不同的，故 A 选项正确。《建设工程质量管理条例》只规定了建设工程的最低保修期限，故合同约定可以高于法定保修期限，B 选项错误。基础设施工程、房屋建筑的地基基础工程和主体结构工程的合理使用年限与施工企业的质量责任年限一致，故 C 选项错误。建设工程保修期的起始日是竣工验收合格之日，故 D 选项错误。**参考答案：A。**

（2017 年真题）关于建设工程超过合理使用年限后需要继续使用的说法，正确的是（　　）。

A. 经过勘察、设计单位鉴定后，必须在设计文件中重新界定使用期
B. 建设工程超过合理使用年限后需要继续使用的，产权所有人应当委托原勘察、设计单位鉴定
C. 根据鉴定结果采取加固、维修等措施的，需经原施工企业进行加固、维修和补强
D. 不经鉴定、加固等而违法继续使用造成损失的，由产权所有人和原施工企业承担连带责任

解析《建设工程质量管理条例》规定，建设工程在超过合理使用年限后需要继续使用的，产权所有人应当委托具有相应资质等级的勘察、设计单位鉴定，并根据鉴定结果采取加固、维修等措施，重新界定使用期。因此，不是必须委托原勘察、设计单位，只需具有相应资质等级的勘察、设计单位鉴定即可，故B选项错误。超过合理使用年限后，经过具有相应资质等级的勘察、设计单位鉴定，制订技术加固措施，在设计文件中重新界定使用期，并经有相应资质等级的施工单位进行加固、维修和补强，该建设工程能达到继续使用条件的就可以继续使用。故A选项正确，C选项错误。如果不经鉴定、加固等而违法继续使用的，所产生的后果由产权所有人自负，故D选项错误。**参考答案：A。**

应试指引

本高频考点内容较少，考查的内容非常集中。主要需要考生掌握的是提交质量保修书的时间点、最低保修期限以及建设工程超过合理使用年限后需要继续使用的规定等。这里需要考生特别注意认真审题，特别是对于一些较为容易混淆的表述要会辨析，如竣工合格日、竣工通过之日、实际竣工日的异同等。《建设工程质量管理条例》规定，建设工程在超过合理使用年限后需要继续使用的，产权所有人应当委托具有相应资质等级的勘察、设计单位鉴定。其意为委托的勘察、设计单位只需具有相应资质等级即可，故委托原勘察、设计单位或另选其他的均可。如果将2017年真题的B选项修改为：建设工程超过合理使用年限后需要继续使用的，产权所有人可委托原勘察、设计单位鉴定，那么B选项是正确的。

疑难释义

在建设工程实践中，保修期和缺陷责任期是两个极易混淆的概念。甚至在某些施工合同中，有类似“保修期届满才退还质量保证金”的荒唐条款。为此，笔者通过以下几方面，对保修期和缺陷责任期做一个简单的比较以帮助考生更好地理解这两个概念。

缺陷责任期最早是借鉴FIDIC《施工合同条件》中“缺陷通知期”的概念，初衷是为了解决质保金不能及时返还的问题，维护承包人的合法权益。在我国最初见于2005年颁布的《建设工程质量保证金管理暂行办法》（建质〔2005〕7号）的相关规定。因此，缺陷责任期可以简单地理解为承包人按照合同约定承担缺陷修复义务的期限，同时也是建设方有权扣留质保金的期限，一旦过了这个期限，在没有发现任何工程质量缺陷的情况下，建设方必须要退还质保金。保修期则是指承包人（即施工方）自工程竣工验收合格之日起

的一定期限内对建设工程在正常使用条件下发生的质量问题承担保修义务的期限。

从起算时间上来看，保修期的起算时间表述为：建设工程保修期的起算时间点是竣工验收合格之日。而缺陷责任期的起算时间点则表述为：从工程通过竣工验收之日。同时还规定了其他几种情况，如由于承包人原因导致工程无法按规定期限进行竣工验收的，缺陷责任期从实际通过竣工验收之日起计。由于发包人原因导致工程无法按规定期限进行竣工验收的，在承包人提交竣工验收报告90天后，工程自动进入缺陷责任期。因此，一般情况下，缺陷责任期和保修期具有相同的起算时间点，但特殊情况两者的起算时间点可能有所不同。

从时限长短来看，保修期针对不同项目有不同的最低保修期限要求，如基础设施工程、房屋建筑的地基基础工程和主体结构工程，为设计文件规定的该工程的合理使用年限；屋面防水工程、有防水要求的卫生间、房间和外墙面的防渗漏，为5年。而缺陷责任期则一般为1年，最长不超过2年，由发、承包双方在合同中约定。因此，缺陷责任期较保修期短，在时间上属于保修期限内的一部分。

高频考点二　质量责任的损失赔偿

高频指数：★★★

考点解析

1. 保修义务的责任落实与损失赔偿责任的承担

质量责任的损失赔偿原则见表1Z307050-3。

质量责任的损失赔偿原则　　表1Z307050-3

责任方及情形	处理原则
施工单位未按照国家有关标准规范和设计要求施工所造成的质量缺陷	施工单位负责返修并承担经济责任
设计问题造成的质量缺陷	先由施工单位负责维修，其经济责任按有关规定通过建设单位向设计单位索赔
建筑材料、构配件和设备质量不合格引起的质量缺陷	先由施工单位负责维修，其经济责任由建设单位承担；如属监理单位责任，则由建设单位向监理单位索赔
因建设单位（含监理单位）错误管理而造成的质量缺陷	先由施工单位负责维修，其经济责任由建设单位承担；如属监理单位责任，则由建设单位向监理单位索赔
因使用单位使用不当造成的损坏问题	先由施工单位负责维修，其经济责任由使用单位自行负责
因地震、台风、洪水等自然灾害或其他不可抗拒原因造成的损坏问题	先由施工单位负责维修，建设参与各方再根据国家具体政策分担经济责任

2. 建设工程质量保证金

住房和城乡建设部、财政部对《建设工程质量保证金管理办法》（建质〔2016〕295号）进行了修订，新版《建设工程质量保证金管理办法》（建质〔2017〕138号）自2017年7

月1日起施行。2018版教材已对该部分内容做了相应调整。在此为考生列举考试相关内容的新旧版对比，见表1Z307050-4。

《建设工程质量保证金管理办法》考试相关内容新旧版对比　　表1Z307050-4

《建设工程质量保证金管理办法》（建质〔2005〕7号）	《建设工程质量保证金管理办法》（建质〔2017〕138号）
缺陷责任期一般为6个月、12个月或24个月	缺陷责任期一般为1年，最长不超过2年
全部或者部分使用政府投资的建设项目，按工程价款结算总额5%左右的比例预留保证金社会投资项目采用预留保证金方式的，预留保证金的比例可参照执行	发包人应按照合同约定方式预留保证金，保证金总预留比例不得高于工程价款结算总额的3%。合同约定由承包人以银行保函替代预留保证金的，保函金额不得高于工程价款结算总额的3%
发包人在接到承包人返还保证金申请后，应于14日内会同承包人按照合同约定的内容进行核实。如无异议，发包人应当在核实后14日内将保证金返还给承包人，逾期支付的，从逾期之日起，按照同期银行贷款利率计付利息，并承担违约责任。发包人在接到承包人返还保证金申请后14日内不予答复，经催告后14日内仍不予答复，视同认可承包人的返还保证金申请	发包人在接到承包人返还保证金申请后，应于14天内会同承包人按照合同约定的内容进行核实。如无异议，发包人应当按照约定将保证金返还给承包人。对返还期限没有约定或者约定不明确的，发包人应当在核实后14天内将保证金返还承包人，逾期未返还的，依法承担违约责任。发包人在接到承包人返还保证金申请后14天内不予答复，经催告后14天内仍不予答复，视同认可承包人的返还保证金申请

真题再现

（2014年真题）关于工程建设缺陷责任期确定的说法，正确的有（　　）。

A. 发包人导致竣工迟延的，在承包人提交竣工验收报告后进入缺陷责任期

B. 缺陷责任期一般为6个月、12个月或24个月

C. 发包人导致竣工迟延的，在承包人提交竣工验收报告后60天后，自动进入缺陷责任期

D. 缺陷责任期一般从工程通过竣（交）工验收之日起计

E. 承包人导致竣工延迟的，缺陷责任期从实际通过竣工验收之日起计

解析 所谓缺陷，是指建设工程质量不符合工程建设强制性标准、设计文件，以及承包合同的约定。缺陷责任期一般为6个月、12个月或24个月，具体可由发承包双方在合同中约定。缺陷责任期从工程通过竣（交）工验收之日起计。由于承包人原因导致工程无法按规定期限进行竣（交）工验收的，缺陷责任期从实际通过竣（交）工验收之日起计。由于发包人原因导致工程无法按规定期限进行竣（交）工验收的，在承包人提交竣（交）工验收报告90天后，工程自动进入缺陷责任期。**参考答案：B、D、E。**

（2014年真题）工程建设单位组织验收合格后投入使用，2年后外墙出现裂缝，经查是由于设计缺陷造成的，则下列说法正确的是（　　）。

A. 施工单位维修，建设单位直接承担费用

B. 建设单位维修并承担费用

C. 施工单位维修并承担费用　　D. 施工单位维修，设计单位直接承担费用

解析 由于设计问题造成的质量缺陷，先由施工单位负责维修，其经济责任按有关规定通过建设单位向设计单位索赔。**参考答案：D。**

（2015 年真题）根据《建设工程质量保证金管理暂行办法》，全部或部分使用政府投资的建设项目，按工程价款结算总额（　　）左右的比例预留保证金。

A. 3%　　B. 5%　　C. 10%　　D. 15%

解析 全部或者部分使用政府投资的建设项目，按工程价款结算总额 5% 左右的比例预留保证金。**参考答案：B。**

备注：考生应特别关注新版教材中将保证金比例上限调整为 3%。

（2016 年真题）关于工程建设缺陷责任期的说法，正确的有（　　）。

A. 缺陷责任期一般为 6 个月、12 个月或 24 个月

B. 缺陷责任期从承包人提交竣工验收报告之日起计

C. 缺陷责任期从工程通过竣工验收之日起计

D. 发包人原因导致竣工延迟的，在承包人提交竣工验收报告后 60 天后，工程自动进入缺陷责任期

E. 承包人原因导致竣工延迟的，缺陷责任期从实际通过竣工验收之日起计

解析 缺陷责任期一般为 6 个月、12 个月或 24 个月，具体可由发承包双方在合同中约定。缺陷责任期从工程通过竣（交）工验收之日起计。由于承包人原因导致工程无法按规定期限进行竣（交）工验收的，缺陷责任期从实际通过竣（交）工验收之日起计。由于发包人原因导致工程无法按规定期限进行竣（交）工验收的，在承包人提交竣（交）工验收报告 90 天后，工程自动进入缺陷责任期。**参考答案：A、C、E。**

备注：2018 版教材对 A 选项的表述做了调整。

（2017 年真题）关于建设工程保修责任的说法，正确的是（　　）。

A. 因建设单位使用不当造成的工程损坏，由施工企业负责维修，其费用由施工企业向建设单位承担

B. 由于设计问题造成的质量缺陷，施工企业有义务维修，其费用由材料采购单位承担

C. 因建筑材料质量不合格引起的质量缺陷，由施工企业负责维修，其费用由材料采购单位承担

D. 因地震等自然灾害造成工程损坏，由施工企业负责维修，其费用由建设单位承担

E. 因施工企业违反有关标准规范施工导致质量缺陷，由施工企业负责维修

解析 因建设单位（含监理单位）错误管理而造成的质量缺陷，先由施工单位负责维修，其经济责任由建设单位承担，如属监理单位责任，则由建设单位向监理单位索赔，故 A 选项错误。由于设计问题造成的质量缺陷，先由施工单位负责维修，其经济责任按有关规定通过建设单位向设计单位索赔，故 B 选项错误。因建筑材料、构配件和设备质量不合格

引起的质量缺陷，先由施工单位负责维修，其经济责任属于施工单位采购的或经其验收同意的，由施工单位承担经济责任，属于建设单位采购的，由建设单位承担经济责任，故C选项正确。因地震、台风、洪水等自然灾害或其他不可抗拒原因造成的损坏问题，先由施工单位负责维修，建设参与各方再根据国家具体政策分担经济责任，故D选项错误。施工单位未按照国家有关标准规范和设计要求施工所造成的质量缺陷，由施工单位负责返修并承担经济责任，故E选项正确。**参考答案：C、E。**

应试指引

本高频考点主要考查质量保证金、缺陷责任期等相关知识。需要考生特别注意的是，新版《建设工程质量保证金管理办法》（建质〔2017〕138号）于2017年7月1日起施行。这一版管理办法对质量保证金的预留比例、缺陷责任期的有关规定都有重大调整。目前，2018年版教材对该部分内容进行了调整，考生应引起重视。

1Z308000

解决建设工程纠纷法律制度

本章导学

本章主要考查建设工程纠纷的主要种类和法律解决途径、民事诉讼制度，仲裁制度，调解、和解制度与争议评审，行政复议和行政诉讼制度。

从近5年考情分析中可以看出，本章在2014年、2016年和2017年均达到18分。本章近5年考情分析和章节架构如下所示。

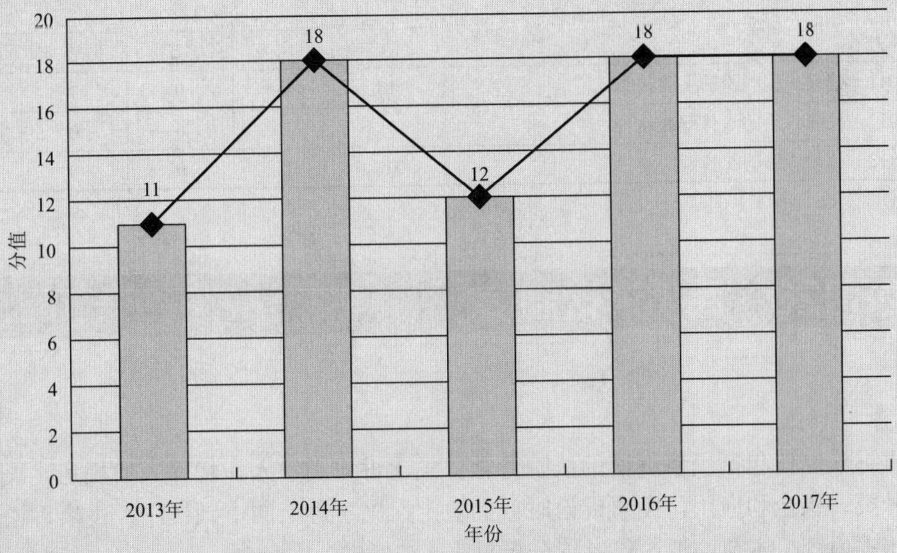

近5年考情分析

章节架构

	章节架构	近5年平均分值
1Z308000 解决建设工程纠纷法律制度	1Z308010　建设工程纠纷的主要种类和法律解决途径	1.6
	1Z308020　民事诉讼制度	4.4
	1Z308030　仲裁制度	4
	1Z308040　调解、和解制度与争议评审	2.4
	1Z308050　行政复议和行政诉讼制度	3

值得注意的是，2017年3月公布的《民法总则》对本章民事诉讼证据、民事诉讼时效、民事诉讼的审判程序、民事诉讼的执行程序内容做了调整，考生应引起重视。

1Z308010　建设工程纠纷的主要种类和法律解决途径

本节导学

建设工程项目通常具有投资大、建造周期长、技术要求高、协作关系复杂和政府监管严格等特点，因而在建设工程领域里常见的是民事纠纷和行政纠纷。民事纠纷的解决途径主要有和解、调解、仲裁、诉讼。行政纠纷的解决途径主要有行政复议和行政诉讼。

由于本节所有知识点在历年考试中分值占比较低，因此本书不对本节知识点展开叙述。本节近5年考情分析详见表1Z308010-1。

近5年考情分析　　表1Z308010-1

知识点	各年份分值				
	2013年	2014年	2015年	2016年	2017年
1Z308011　建设工程纠纷的主要种类	1	0	0	1	1
1Z308012　民事纠纷的法律解决途径	0	2	0	0	1
1Z308013　行政纠纷的法律解决途径	0	0	0	0	2

1Z308020　民事诉讼制度

本节导学

民事诉讼制度包括民事诉讼的法院管辖，民事诉讼当事人和代理人的规定，民事诉讼证据的种类、保全和应用，民事诉讼时效的规定，民事诉讼的审判程序，民事诉讼的执行程序等相关内容。本节的近5年考情分析见表1Z308020-1。

近5年考情分析　　表1Z308020-1

知识点	各年份分值				
	2013年	2014年	2015年	2016年	2017年
1Z308021　民事诉讼的法院管辖	0	2	1	1	2
1Z308022　民事诉讼当事人和代理人的规定	0	0	2	0	0
1Z308023　民事诉讼证据的种类、保全和应用	0	1	3	1	0
1Z308024　民事诉讼时效的规定	0	1	1	2	1
1Z308025　民事诉讼的审判程序	3	0	0	0	1
1Z308026　民事诉讼的执行程序	0	0	0	0	0

本节主要涉及的法律文件为《民事诉讼法》《最高人民法院关于适用〈中华人民共和国民事诉讼法〉的解释》《最高人民法院关于审理民事级别管辖异议案件若干问题的规定》《最高人民法院关于民事诉讼证据的若干规定》《民法总则》等。本节近5年考情分析见表1Z308020-1。

高频考点一　民事诉讼的法院管辖

高频指数：★★

考点解析

民事诉讼中的管辖是指各级法院之间和同级法院之间受理第一审民事案件的分工和权限，包括级别管辖、地域管辖、移送管辖、指定管辖和管辖权转移。人民法院受理案件后，被告有权针对人民法院对案件是否有管辖权提出管辖权异议，这是当事人的一项诉讼权利。各管辖类别的判断依据见表 1Z308020-2。

各管辖类别的判断依据　　表 1Z308020-2

管辖类别	判断依据	
级别管辖	案件的性质、案件的繁简程度、案件的影响范围、诉讼金额的大小	
地域管辖	一般管辖	被告住所地①（“原告就被告”原则）
	特殊地域管辖	被告住所地、诉讼标的所在地、法律事实所在地
	专属管辖	仅适用于不动产、港口作业、继承遗产。建设工程施工合同纠纷按照不动产纠纷确定管辖
移送管辖	没有管辖权的法院把案件移送给有管辖权的法院	
指定管辖	上级人民法院指定管辖	
管辖权转移	法院将本应由其审理的案件，移交其下一级或提请其上一级法院进行审理	

注：①同一诉讼的几个被告住所地、经常居住地在两个以上人民法院辖区的，原告可以向任何一个被告住所地或经常居住地人民法院起诉。

真题再现

（2014 年真题）当事人对法院管辖权有异议的，应当在（　　）提出。

A. 第一次开庭时

B. 提交答辩状期时间

C. 被告收到起诉状副本之日起 15 日内

D. 法庭辩论终结前

E. 第一审判决作出前

解析 管辖权异议是指当事人向受诉法院提出的该法院对案件无管辖权的主张。《民事诉讼法》规定，人民法院受理案件后，当事人对管辖权有异议的，应当在提交答辩状期间提出。同时规定，人民法院应当在立案之日起 15 日内将起诉状副本发送被告，被告在收到之日起 15 天内提出答辩状。**参考答案：B、C。**

（2015 年真题）建设工程施工合同纠纷的合同履行地是指（　　）。

A. 施工行为地　　B. 施工合同签订地

C. 施工单位所在地　　D. 施工项目业主住所地

解析《民事诉讼法解释》规定，建设工程施工合同纠纷按照不动产纠纷确定管辖。不动产已登记的，以不动产登记簿记载的所在地为不动产所在地；不动产未登记的，以不动产实际所在地为不动产所在地。**参考答案：A**。

（**2016 年真题**）根据《民事诉讼法》及司法解释，因建设工程施工合同纠纷提起诉讼的管辖法院为（　　）。

A. 工程所在地法院　　B. 被告所在地法院

C. 原告所在地法院　　D. 合同签订地法院

解析《民事诉讼法解释》规定，建设工程施工合同纠纷按照不动产纠纷确定管辖。不动产已登记的，以不动产登记簿记载的所在地为不动产所在地；不动产未登记的，以不动产实际所在地为不动产所在地。**参考答案：A**。

（**2017 年真题**）关于民事诉讼管辖制度的说法，正确的有（　　）。

A. 甲区基层法院受理某技术转让合同纠纷案后，发现自己没有级别管辖权，将案件移送至甲市中级人民法院审理，属于管辖权转移

B. 因房屋买卖合同纠纷提起的诉讼能由房屋所在地人民法院管辖

C. 房屋买卖合同纠纷案件不可约定管辖法院

D. 移送管辖有可能是因为受理法院违反了级别管辖的规定所导致

E. 当事人可以通过协议变更案件的级别管辖

解析 所谓管辖权转移，是指上级人民法院有权审理下级人民法院管辖的第一审民事案件，确有必要将本院管辖的第一审民事案件交下级人民法院审理的，应当报请其上级人民法院批准。下级人民法院对它所管辖的第一审民事案件，认为需要由上级人民法院审理的，可以报请上级人民法院审理，故 A 选项错误。《民事诉讼法》中规定了 3 种适用专属管辖的案件，其中因不动产纠纷提起的诉讼，由不动产所在地人民法院管辖，如房屋买卖纠纷、土地使用权转让纠纷等，故 B、C 选项正确。人民法院发现受理的案件不属于本院管辖的，应当移送有管辖权的人民法院，受移送的人民法院应当受理。移送管辖可能在上下级法院之间或者在同级法院间发生，故 D 选项正确。级别管辖是要划分上下级法院之间受理第一审民事案件的分工和权限。因此，当事人不可通过协议进行变更，故 E 选项错误。**参考答案：B、C、D**。

应试指引

本高频考点主要考查各类管辖的区别和应用。其中建设工程施工合同按照不动产纠纷适用专属管辖，即不动产已登记的，以不动产登记簿记载的所在地为不动产所在地；不动产未登记的，以不动产实际所在地为不动产所在地。这也是本高频考点历年考试考查次数最多的一个考点。其次，需要区别“管辖权转移”与“移送管辖权”两个概念，可详见“疑难释义”。

疑难释义

管辖权转移与移送管辖权的区别：

（1）性质不同。管辖权转移的是案件的管辖权，而移送管辖权移送的是案件。

（2）作用不同。管辖权转移是对级别管辖的变通和微调。移送管辖权是为了纠正移送法院受理案件的错误。

高频考点二　民事诉讼证据的种类、保全和应用

高频指数：★★

考点解析

1. 证据的种类（表 1Z308020-3）

证据的种类　　表 1Z308020-3

种　类	释　义
书证和物证	书证应当提交原件，物证应当提交原物。例外：提交原件或者原物确有困难的，可以提交复制品、照片、副本、节录本
视听资料	对于未经对方当事人同意私自录制其谈话取得的资料，只要不是以侵害他人合法权益（如侵害隐私）或者违反法律禁止性规定的方法（如窃听）取得的，仍可以作为认定案件事实的依据
证人证言和当事人陈述	凡是知道案件情况的单位和个人，都有义务出庭作证
鉴定结论[①]和勘验笔录	当事人申请鉴定，应当注意在举证期限内提出
电子数据	常见的电子证据有电子邮件（E-mail）、电子聊天记录（E-chat）、电子数据交换（EDI）、电子资金划拨（EFT）、电子公告牌记录（BBS）和电子签章（E-signature）等

注：[①]当事人对人民法院委托的鉴定部门作出的鉴定结论有异议申请重新鉴定，提出证据证明存在下列情形之一的，人民法院应予准许：①鉴定机构或者鉴定人员不具备相关的鉴定资格的；②鉴定程序严重违法的；③鉴定结论明显依据不足的；④经过质证认定不能作为证据使用的其他情形。

2. 证据的应用

（1）举证时限

举证时限是指法律规定或法院、仲裁机构指定的当事人能够有效举证的期限。举证时限是一种限制当事人诉讼行为的制度。《民事诉讼法》规定，当事人对自己提出的主张应当及时提供证据。

《最高人民法院关于适用中华人民共和国民事诉讼法的解释》第九十九条："人民法院应当在审理前的准备阶段确定当事人的举证期限。举证期限可以由当事人协商，并经人民法院准许。人民法院确定举证期限，第一审普通程序案件不得少于十五日，当事人提供新

的证据的第二审案件不得少于十日。”

（2）质证

《最高人民法院关于民事诉讼证据的若干规定》中规定：证据应当在法庭上出示，由当事人质证。未经质证的证据，不能作为认定案件事实的依据，见表 1Z308020-4。

不能作为认定案件事实依据的证据　　表 1Z308020-4

类　型	义　务	例　外
书证、物证、视听资料	对书证、物证、视听资料进行质证时，当事人有权要求出示证据的原件或者原物	出示原件或者原物确有困难并经法院准许出示复制件或者复制品的
		原件或者原物已不存在，但有证据证明复制件、复制品与原件或原物一致的
证人	（1）证人应当出庭作证 （2）证人不得旁听法庭审理 （3）询问证人时，其他证人不得在场	证人确有困难不能出庭的，经法院许可，证人可以提交书面证言或者视听资料或者通过双向视听传输技术手段作证
鉴定人和勘验人	鉴定人应当出庭接受当事人质询	鉴定人确因特殊原因无法出庭的，经法院准许，可以书面答复当事人的质询

（3）认证

认证，即证据的审核认定，是指法院对经过质证或当事人在证据交换中认可的各种证据材料作出审查判断，确认其能否作为认定案件事实的根据。其中，不能作为或不能单独作为认定案件事实依据的证据见表 1Z308020-5。

不能作为或不能单独作为认定案件事实依据的证据　　表 1Z308020-5

类　型	释　义
不能作为认定案件事实依据的证据	在诉讼中，当事人为达成调解协议或者和解目的作出妥协所涉及的对案件事实的认可，不得在其后的诉讼中作为对其不利的证据
	对以严重侵害他人合法权益、违反法律禁止性规定或者严重违背公序良俗的方法形成或者获取的证据，不得作为认定案件事实的根据
不能单独作为认定案件事实依据的证据	未成年人所作的与其年龄和智力状况不相当的证言
	与一方当事人或者其代理人有利害关系的证人出具的证言
	存有疑点的视听资料
	无法与原件、原物核对的复印件、复制品
	无正当理由未出庭作证的证人证言

真题再现

（**2014 年真题**）关于民事诉讼正确的说法，正确的是（　　）。

A. 在民事诉讼中，书证可以只提交复印件

B. 凡是知道案件情况的单位和个人，都有义务出庭作证

C. 未经过当事人同意私自录制的谈话资料不能作为证据使用

D. 当事人对鉴定结论有异议，鉴定人可以书面答复而不必出庭作证

解析《民事诉讼法》规定，书证应当提交原件，物证应当提交原物，故A选项错误。《民事诉讼法》规定，凡是知道案件情况的单位和个人，都有义务出庭作证，故B选项正确。对于未经对方当事人同意私自录制其谈话取得的资料，根据《最高人民法院关于民事诉讼证据的若干规定》，只要不是以侵害他人合法权益（如侵害隐私）或者违反法律禁止性规定的方法（如窃听）取得的，仍可以作为认定案件事实的依据。故C选项错误。鉴定人应当出庭接受当事人质询，鉴定人确因特殊原因无法出庭的，经法院准许，可以书面答复当事人的质询，故D选项错误。**参考答案：B。**

（2015年真题）当事人对人民法院委托鉴定部门所作的鉴定结论有异议申请重新鉴定时，其所提出的证据证明（　　），人民法院应与准许重新鉴定。

A. 当事人对鉴定人员不满意的　　B. 鉴定程序有轻微瑕疵的

C. 鉴定结论有缺陷的　　D. 鉴定结论明显依据不足的

解析 当事人对人民法院委托的鉴定部门作出的鉴定结论有异议申请重新鉴定，提出证据证明存在下列情形之一的，人民法院应予准许：①鉴定机构或者鉴定人员不具备相关的鉴定资格的；②鉴定程序严重违法的；③鉴定结论明显依据不足的；④经过质证认定不能作为证据使用的其他情形。**参考答案：D。**

（2015年真题）下列当事人提出的证据中，可以单独作为认定案件事实的有（　　）。

A. 与一方当事人或者其代理人有利害关系的证人出具的证言

B. 与书证原件核对无误的复印件

C. 无法与原件、原物核对的复印件、复制品

D. 有其他证据佐证并以合法手段取得的、无疑点的视听资料

E. 无正当理由未出庭作证的证人证言

解析 不能单独作为认定案件事实的证据有：①未成年人所作的与其年龄和智力状况不相当的证言；②与一方当事人或者其代理人有利害关系的证人出具的证言；③存有疑点的视听资料；④无法与原件、原物核对的复印件、复制品；⑤无正当理由未出庭作证的证人证言，故选项A、C、E错误。**参考答案：B、D。**

（2016年真题）关于民事诉讼举证期限的说法，正确的是（　　）。

A. 人民法院可以在案件审理过程中确定当事人的举证期限

B. 人民法院确定举证期限，第一审普通程序案件不得少于10日

C. 举证期限可以由当事人协商，并经人民法院准许

D. 当事人逾期提供证据，人民法院不予采纳

解析《民事诉讼法解释》中规定，人民法院应当在审理前的准备阶段确定当事人的举证期限，故A选项错误。《民事诉讼法解释》中规定，人民法院应当在审理前的准备阶段确定当事人的举证期限。举证期限可以由当事人协商，并经人民法院准许，故C选项正确。人民法院确定举证期限，第一审普通程序案件不得少于十五日，当事人提供新的证据的第二审案件不得少

于十日，故B选项错误。当事人逾期提供证据的，人民法院应当责令其说明理由，必要时可以要求其提供相应的证据。当事人因客观原因逾期提供证据，或者对方当事人对逾期提供证据未提出异议的，视为未逾期。当事人因故意或者重大过失逾期提供的证据，人民法院不予采纳。但该证据与案件基本事实有关的，人民法院应当采纳，故D选项错误。

参考答案：C。

应试指引

本高频考点一般仅涉及1分，或者不考。但在2015年考试中居然达到3分之多。可见，该考点每年分值波动较大，不好把握其后续趋势。从备考角度来看，考生主要以证据的种类和证据的应用相关知识内容为主，详见【考点解析】部分内容。

疑难释义

法定证据有8类：①当事人的陈述；②书证；③物证；④视听资料；⑤电子数据；⑥证人证言；⑦鉴定意见；⑧勘验笔录。当同时以“书这类纸质物品”作为证据的时候，是属于书证还是物证有时不易区分。从定义上来看，书证，是指以所载文字、符号、图案等方式所表达的思想内容来证明案件事实的书面材料或者其他物品。简单地说书证就是以其内容或思想证明。物证，是指能够证明案件事实的物品及其痕迹，凡是以其存在的外形、重量、规格、损坏程度等物体的内部或者外部特征来证明待证事实的一部分或者全部的物品及痕迹，均属于物证范畴。简单地说物证是以外在形式作为证据。

例1：小张认为小王在《娱乐生活》杂志上刊登的文章严重披露了其隐私，遂将小王诉至法院并提交了该本杂志，问该杂志属于何种证据？

答：书证。

例2：小王故意将小张购置的全年《娱乐生活》杂志损毁，小张遂将小王诉至法院并提交了该被损毁杂志以证明遭受的损失，问该杂志属于何种证据？

答：物证。

高频考点三　民事诉讼时效的规定

高频指数：★★

考点解析

1. 诉讼时效

诉讼时效是指权利人在法定的时效期间内，未行使其权利的，依据法律规定消灭其胜诉权的制度。表1Z308020-6列出了不适用于诉讼时效的情形。2017年3月颁布的《民法总则》对原《民法通则》中的诉讼时效期间有关内容进行了调整，对比表见表1Z308020-7。

不适用于诉讼时效的情形　　表1Z308020-6

法院不予支持诉讼时效抗辩的情形	支付存款本金及利息请求权
	兑付国债、金融债券以及向不特定对象发行的企业债券本息请求权
	基于投资关系产生的缴付出资请求权
	其他依法不适用诉讼时效规定的债权请求权

诉讼时效期间　　表1Z308020-7

《民法通则》	《民法总则》
普通诉讼时效：2年	普通诉讼时效：3年
短期诉讼时效	短期诉讼时效
特殊诉讼时效：特别法规定	特殊诉讼时效：特别法规定
权利的最长保护期限：20年。有特殊情况，人民法院可以延长诉讼时效期限	权利的最长保护期限：20年。有特殊情况的，人民法院可以根据权利人的申请决定延长
起算时间：诉讼时效期间从知道或者应当知道权利被侵害时起计算	起算时间：诉讼时效期间自权利人知道或者应当知道权利受到损害以及义务人之日起

注：1. 诉讼时效期间改为3年。
2. 取消了短期诉讼时效（1年）。
3. 增加了知道义务人。

2. 诉讼时效中止和中断

2017年3月颁布的《民法总则》对《民法通则》中的诉讼时效中止和中断进行了调整，对比表见表1Z308020-8、表1Z308020-9。

诉讼时效中止　　表1Z308020-8

《民法通则》	《民法总则》
诉讼时效期间的最后六个月内	在诉讼时效期间的最后六个月内
不可抗力	不可抗力
其他障碍①	无民事行为能力人或者限制民事行为能力人没有法定代理人，或者法定代理人死亡、丧失民事行为能力、丧失代理权
	继承开始后未确定继承人或者遗产管理人
	权利人被义务人或者其他人控制
	其他导致权利人不能行使请求权的障碍
从中止时效的原因消除之日起，诉讼时效期间继续计算	自中止时效的原因消除之日起满六个月，诉讼时效期间届满

注：①《最高人民法院关于审理民事案件适用诉讼时效制度若干问题的规定》第二十条有下列情形之一的，应当认定为民法通则第一百三十九条规定的“其他障碍”，诉讼时效中止：（一）权利被侵害的无民事行为能力人、限制民事行为能力人没有法定代理人，或者法定代理人死亡、丧失代理权、丧失行为能力；（二）继承开始后未确定继承人或者遗产管理人；（三）权利人被义务人或者其他人控制无法主张权利；（四）其他导致权利人不能主张权利的客观情形。

诉讼时效中断　　表 1Z308020-9

《民法通则》	《民法总则》
诉讼时效中断的情形	诉讼时效中断的情形
当事人一方提出要求	权利人向义务人提出履行请求
当事人一方同意履行义务	义务人同意履行义务
提起诉讼	权利人提起诉讼或者申请仲裁
	与提起诉讼或者申请仲裁具有同等效力的其他情形[①]

注：[①]《最高人民法院关于审理民事案件适用诉讼时效制度若干问题的规定》第十三条：下列事项之一，人民法院应当认定与提起诉讼具有同等诉讼时效中断的效力：（一）申请仲裁；（二）申请支付令；（三）申请破产、申报破产债权；（四）为主张权利而申请宣告义务人失踪或死亡；（五）申请诉前财产保全、诉前临时禁令等诉前措施；（六）申请强制执行；（七）申请追加当事人或者被通知参加诉讼；（八）在诉讼中主张抵销；（九）其他与提起诉讼具有同等诉讼时效中断效力的事项。

真题再现

（2014 年真题）延付或者拒付租金的诉讼时效期为（　　）年。

A.1　　B.2　　C.4　　D.20

解析 下列诉讼时效期间为 1 年：身体受到伤害要求赔偿的；延付或拒付租金的；出售质量不合格的商品未声明的；寄存财物被丢失或损毁的，即为短期诉讼时效。

参考答案：A。

（2015 年真题）根据《民法通则》及相关司法解释，当事人对债权请求权提出的诉讼时效抗辩，法院予以支持的是（　　）。

A. 兑付国债本息请求权

B. 支付存款本金及利息请求权

C. 基于合同的违约金请求权

D. 基于投资关系产生的缴付出资请求权

解析 当事人可以对债权请求权提出诉讼时效抗辩，但对下列债权请求权提出诉讼时效抗辩的，法院不予支持：①支付存款本金及利息请求权；②兑付国债、金融债券以及向不特定对象发行的企业债券本息请求权；③基于投资关系产生的缴付出资请求权；④其他依法不适用诉讼时效规定的债权请求权。故选项 A、B、D 均错误。

参考答案：C。

（2016 年真题）当事人对债权请求提出的诉讼时效抗辩中，不能得到法院支持的请求权有（　　）。

A. 延付或拒付租金请求权

B. 寄存财物被丢失的赔偿请求权

C. 兑付国债本息请求权

D. 基于投资关系产生的缴付出资请求权

E. 支付工程款请求权

解析 当事人可以对债权请求权提出诉讼时效抗辩，但对下列债权请求权提出诉讼时效抗辩的，法院不予支持：①支付存款本金及利息请求权；②兑付国债、金融债券以及向不特定对象发行的企业债券本息请求权；③基于投资关系产生的缴付出资请求权；④其他依法不适用诉讼时效规定的债权请求权。**参考答案：C、D。**

（2017 年真题）甲建设单位拖欠乙施工企业工程款，乙发函催告甲还款。乙的催告行为在提起诉讼时产生的效果是（　　）。

A. 诉讼时效的中止　　　　B. 诉讼时效的中断

C. 诉讼时效的延长　　　　D. 改变法定时效期间

解析《民法通则》规定，诉讼时效因提起诉讼、当事人一方提出要求或者同意履行义务而中断。从中断时起，诉讼时效期间重新计算。**参考答案：B。**

应试指引

本节主要考查诉讼时效、中止及中断的有关概念。由于 2017 年 3 月颁布的《民法总则》在诉讼时效方面进行了较大调整。2018 年版教材已对相关内容进行了调整，考生应引起重视。值得注意的是，由于诉讼时效的调整，特别是取消了短期诉讼时效类别，同时将原普通诉讼时效 2 年调整为 3 年，因此，考生在历年真题训练中应格外注意其答案在 2018 年考试中则是错误的。

疑难释义

《民法通则》规定是“从中止时效的原因消除之日起，诉讼时效期间继续计算”，《民法总则》调整后的规定为“自中止时效的原因消除之日起满 6 个月，诉讼时效期间届满”，两者有何区别？

通过诉讼时效期间的时间轴进行分析，如图 1Z308020-1 所示。记 A 为进入诉讼时效期间的最后 6 个月内的起点（单位为月），C 为诉讼时效届满的时间点，B_1 为诉讼时效中止的原因出现时间点，B_2 为中止时效的原因消除时间点，L_1 为 B_1 与 A 间隔时间段，L_2 为 B_2 与 B_1 间隔时间段。

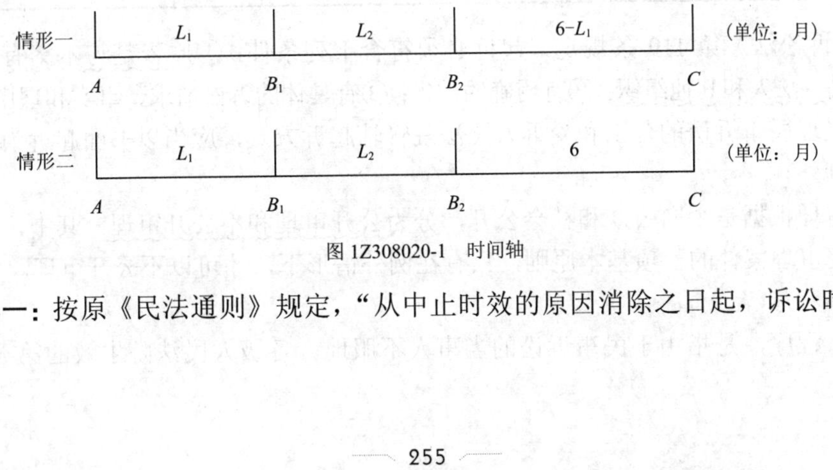

图 1Z308020-1　时间轴

情形一：按原《民法通则》规定，“从中止时效的原因消除之日起，诉讼时效期间继续计算”。

分析：按原《民法通则》规定，B_1 中止原因出现后，到 B_2 中止原因消除止，这段时间不计入诉讼时效期间。即出现 B_1 中止原因后，诉讼时效期间应从 B_2 点继续计算。则离诉讼时效届满的剩余时间为 $6-L_1$（月）。

情形二：按《民法总则》规定，“自中止时效的原因消除之日起满 6 个月，诉讼时效期间届满”。

分析：按《民法总则》规定，从 B_2 中止原因消除起，再满 6 个月诉讼时效期间届满，则剩余的诉讼时效期间为 6 个月。

从上述分析可知，按照《民法总则》规定，诉讼期间出现诉讼中止情形，诉讼时效将比按《民法通则》规定的更长。只有当 $L_1=0$ 的时候（即诉讼中止情形出现的当天，即刻消除），两者的剩余时长一致。

高频考点四 民事诉讼的审判程序

高频指数：★★

考点解析

审判程序是人民法院审理案件适用的程序，可以分为一审程序、二审程序和审判监督程序。

1. 一审程序（表 1Z308020-10）

一审程序　　表 1Z308020-10

类　型	适　用	审判组织	审理时限
普通程序	民事诉讼当事人进行第一审民事诉讼和人民法院审理第一审民事案件	合议制	6 个月，可以延长
简易程序	基层人民法院和它的派出法庭审理事实清楚、权利义务关系明确、争议不大的简单民事案件，亦可双方约定	审判员 1 人独任审理	3 个月，不能延长

《民事诉讼法》第 119 条规定，起诉必须符合下列条件：①原告是与本案有直接利害关系的公民、法人和其他组织；②有明确的被告；③有具体的诉讼请求、事实和理由；④属于人民法院受理民事诉讼的范围和受诉人民法院管辖起诉方式，应当以书面起诉为原则，口头起诉为例外。

开庭审理根据是否向公众和社会公开，分为公开审理和不公开审理。其中，公开审理是人民法院审理案件的一项基本原则，只有在例外情形下，才可以不公开审理。

2. 二审程序

第二审程序，是指由于民事诉讼的当事人不服地方各级人民法院生效的第一审裁判，在法定期间内向上一级人民法院提起上诉而引起的诉讼程序，是第二审人民法院审理上诉案件所适用的程序。由于我国实行两审终审制，上诉案件经二审法院审理后作出的判决、裁定为终审的判决、裁定，诉讼程序即告终结。第二审人民法院对上诉案件，分情形按照表 1Z308020-11 处理。

第二审程序情形 表 1Z308020-11

情　形	释　义
判决驳回上诉，维持原判决、裁定	原判决、裁定认定事实清楚，适用法律正确
依法改判、撤销或者变更	原判决、裁定认定事实错误或者适用法律错误
裁定撤销原判决，发回原审人民法院重审，或者查清事实后改判	原判决认定基本事实不清
裁定撤销原判决，发回原审人民法院重审	原判决遗漏当事人或者违法缺席判决等严重违反法定程序

注：对于发回原审法院重审的案件，原审法院仍将按照一审程序进行审理。因此，当事人对重审案件的判决、裁定，仍然可以上诉。

3. 审判监督程序

审判监督程序即再审程序，是指由有审判监督权的法定机关和人员提起，或由当事人申请，由人民法院对发生法律效力的判决、裁定、调解书再次审理的程序。再审程序可由人民法院或当事人申请或人民检察院的抗诉提起。

2008 年 11 月发布的《最高人民法院关于适用〈中华人民共和国民事诉讼法〉审判监督程序若干问题的解释》中规定：人民法院审理再审案件应当开庭审理。但按照第二审程序审理的，双方当事人已经其他方式充分表达意见，且书面同意不开庭审理的除外。

真题再现

（2013 年真题）关于人民法院对民事上诉案件的二审裁判的说法，正确的是（　　）。

A. 原判决认定事实清楚，适用法律正确的，裁定驳回上诉，维持原判决

B. 原判决适用法律错误的，裁定撤销原判决，发回原审人民法院重审

C. 原判决认定事实不清的，裁定撤销原判决，发回原审人民法院重审，或者查清事实后改判

D. 原判决违反法定程序的，依法改判

解析 第二审人民法院对上诉案件，经过审理，按照下列情形分别处理：①原判决、裁定认定事实清楚，适用法律正确的，判决驳回上诉，维持原判决、裁定；②原判决、裁定认定事实错误或者适用法律错误的，依法改判、撤销或者变更；③原判决认定基本事实不清的，裁定撤销原判决，发回原审人民法院重审，或者查清事实后改判；④原判决遗漏当事人或者违法缺席判决等严重违反法定程序的，裁定撤销原判决，发回原审人民法院重审。

参考答案：C。

（**2013 年真题**）根据《民事诉讼法》，起诉必须符合的条件有（　　）。

A. 原告是与本案有直接利害关系的公民、法人和其他组织

B. 有明确的被告

C. 有具体的诉讼请求和理由

D. 事实清楚，证据确实充分

E. 属于人民法院受理民事诉讼的范围和受诉人民法院管辖

解析《民事诉讼法》第 119 条规定，起诉必须符合下列条件：①原告是与本案有直接利害关系的公民、法人和其他组织；②有明确的被告；③有具体的诉讼请求、事实和理由；④属于人民法院受理民事诉讼的范围和受诉人民法院管辖。**参考答案：A、B、C、E。**

（**2017 年真题**）关于民事诉讼中简易程序的说法，正确的是（　　）。

A. 第一审民事案件和第二审民事案件的审理均可适用简易程序

B. 基层人民法院审理的民事案件，当事人双方可以约定适用简易程序

C. 简易程序应当在立案之日起 6 个月内审结

D. 简易程序的审理期限由本院院长批准可以延长

解析 普通程序是《民事诉讼法》规定的民事诉讼当事人进行第一审民事诉讼和人民法院审理第一审民事案件所通常适用的诉讼程序，故 A 选项正确。简易程序是基层人民法院和它的派出法庭审理事实清楚、权利义务关系明确、争议不大的简单民事案件适用的程序。基层人民法院和它派出的法庭审理上述规定以外的民事案件，当事人双方也可以约定适用简易程序，故 B 选项正确。适用普通程序审理的案件，根据《民事诉讼法》的规定，应当在立案之日起 6 个月内审结。有特殊情况需要延长的，由本院院长批准，可以延长 6 个月；还需要延长的，报请上级法院批准，故 C、D 选项错误。**参考答案：B。**

应试指引

本高频考点主要考查民事诉讼的审判程序。一审程序中的普通和简易程序的概念和起诉的条件是考查的重点。二审程序中主要考查对上诉案件根据不同情形所做出的处理结果。通过历年真题分析可知：本知识点仅在 2013 年和 2017 年涉及，其中 2013 年考到 3 分，2017 年考到 2 分，并对上述重点内容均已做过考查。因此，2018 年备考中，考生不仅需要准备上述重点内容，还需关注一下“审判监督程序”方面的知识。

疑难释义

民事裁定和民事判决，虽然都是人民法院在民事诉讼过程中做出的决定，都具有法律上的效力，但是，二者又不相同：

（1）适用的事项不同。裁定解决的是诉讼过程中的程序性问题，目的是使人民法院有效地推进诉讼进程，如裁定不予受理、裁定驳回起诉、裁定中止或终结诉讼等。对于裁定

的裁定，一律用裁定。判决解决的是当事人双方争执的权利义务问题，即实体法律关系，做出案件结论和决定，目的是使当事人之间的争议得以解决。

（2）作出的依据不同。裁定根据的事实是程序性事实，依据的法律是民事诉讼法，可以在诉讼过程中的任何阶段作出。判决根据的事实是人民法院认定的民事法律关系发生、变更和消灭的事实，依据的法律是民法、婚姻法、继承法、经济法等实体法，判决只能在案件审理的最后阶段作出。

（3）形式、上诉范围、上诉期限和法律效力不同。裁定可以采取口头形式或者书面形式，而判决必须采取书面形式。裁定只有不予受理、对管辖权有异议的和驳回起诉的裁定，根据民事诉讼法的规定，准许当事人在裁定后10日内上诉，其他裁定一经作出，立即生效。判决允许上诉的范围比较广泛，地方各级人民法院作出的第一审判决，在判决作出后15日内准许上诉。裁定的效力可以相应改变，如对中止诉讼的裁定，在中止诉讼的原因消除后，应作出恢复诉讼程序的新裁定，而判决的效力及于实体，非经法定程序不得改变。

1Z308030 仲裁制度

本节导学

仲裁是解决民商事纠纷的重要方式之一。仲裁的基本制度及释义见表1Z308030-1。本节近5年考情分析见表1Z308030-2。

仲裁的基本制度及释义 表1Z308030-1

基本制度	释义
协议仲裁制度	没有仲裁协议，一方申请仲裁的，仲裁委员会不予受理
或裁或审制度	有效的仲裁协议可以排除法院对案件的司法管辖权
一裁终局制度	裁决作出后，当事人就同一纠纷再申请仲裁或者向人民法院起诉的，仲裁委员会或者人民法院不予受理

近5年考情分析 表1Z308030-2

知识点	各年份分值				
	2013年	2014年	2015年	2016年	2017年
1Z308031 仲裁协议的规定	0	4	1	4	1
1Z308032 仲裁的申请和受理	0	0	0	0	0
1Z308033 仲裁的开庭和裁决	1	1	1	2	2
1Z308034 仲裁裁决的执行	2	0	0	0	1
1Z308035 涉外仲裁的特别规定	0	0	0	0	0

高频考点一　仲裁协议的规定

高频指数：★★★★

考点解析

1. 仲裁协议的形式

仲裁协议应当采用书面形式，口头方式达成的仲裁意思表示无效。合同书、信件和数据电文（包括电报、电传、传真、电子数据交换和电子邮件）也可作为其他书面形式。

2. 仲裁协议的内容

仲裁协议应当具有下列内容：①请求仲裁的意思表示；②仲裁事项；③选定的仲裁委员会。

请求仲裁的意思表示应是明确的。如约定为发生争议可以提交仲裁，也可以提交诉讼时，认为这样的仲裁协议无效。仲裁协议约定两个以上仲裁机构的，当事人可以协议选择其中的一个仲裁机构申请仲裁；当事人不能就仲裁机构选择达成一致的，仲裁协议无效。仲裁协议约定由某地的仲裁机构仲裁且该地仅有一个仲裁机构的，该仲裁机构视为约定的仲裁机构。该地有两个以上仲裁机构的，当事人可以协议选择其中的一个仲裁机构申请仲裁；当事人不能就仲裁机构选择达成一致的，仲裁协议无效。

3. 仲裁协议的效力

《仲裁法》规定：当事人达成仲裁协议，一方向人民法院起诉未声明有仲裁协议，人民法院受理后，另一方在首次开庭前提交仲裁协议的，人民法院应当驳回起诉，但仲裁协议无效的除外。

仲裁协议独立存在，合同的变更、解除、终止或者无效，以及合同成立后未生效、被撤销等，均不影响仲裁协议的效力。当事人在订立合同时就争议解决达成仲裁协议的，合同未成立也不影响仲裁协议的效力。

当事人对仲裁协议效力有异议的，应当在仲裁庭首次开庭前提出。当事人既可以请求仲裁委员会作出决定，也可以请求人民法院裁定。一方请求仲裁委员会作出决定，另一方请求人民法院作出裁定的，由人民法院裁定。

当事人向人民法院申请确认仲裁协议效力的案件，由仲裁协议约定的仲裁机构所在地的中级人民法院管辖；仲裁协议约定的仲裁机构不明确的，由仲裁协议签订地或者被申请人住所地的中级人民法院管辖。

真题再现

（2014年真题）下列仲裁协议约定的内容中，属于有效条款的是（　　）。

A. 仲裁协议约定两个仲裁机构，且当事人不能就仲裁机构选择达成一致

B. 当事人约定争议可以向仲裁机构申请仲裁也可以向人民法院起诉

C. 劳动合同约定发生劳动争议向北京仲裁委员会申请仲裁

D. 双方因履行合同发生纠纷向北京仲裁委员会申请仲裁

解析 仲裁协议约定两个以上仲裁机构的，当事人可以协议选择其中的一个仲裁机构申请仲裁；当事人不能就仲裁机构选择达成一致的，仲裁协议无效，故A选项错误。有的当事人在合同中约定发生争议可以提交仲裁，也可以提交诉讼，根据这种约定就无法判定当事人有明确的仲裁意愿。因此,《关于适用〈中华人民共和国仲裁法〉若干问题的解释》规定，这样的仲裁协议无效，故B选项错误。《劳动法》规定，用人单位与劳动者发生劳动争议，当事人可以依法申请调解、仲裁，提起诉讼，也可以协商解决。对劳动合同的无效或者部分无效有争议的，由劳动争议仲裁机构或者人民法院确认，故C选项错误。**参考答案：D。**

（2014年真题）关于我国仲裁基本制度，正确的是（　　）。

A. 当事人对仲裁不服的，可以提起公诉

B. 当事人达成有仲裁协议，一方向法院起诉的，人民法院不予受理

C. 当事人没有仲裁协议而申请仲裁的，仲裁委员会应当受理

D. 仲裁协议不能排除法院对案件的司法管辖权

解析 仲裁实行一裁终局的制度。裁决作出后，当事人就同一纠纷再申请仲裁或者向人民法院起诉的，仲裁委员会或者人民法院不予受理，故A选项错误。当事人达成仲裁协议，一方向人民法院起诉的，人民法院不予受理，但仲裁协议无效的除外，故B选项正确。《仲裁法》规定，没有仲裁协议，一方申请仲裁的，仲裁委员会不予受理，故C选项错误。有效的仲裁协议可以排除法院对案件的司法管辖权，只有在没有仲裁协议或者仲裁协议无效的情况下，法院才可以对当事人的纠纷予以受理，故D选项错误。**参考答案：B。**

（2014年真题）有效的仲裁协议必须同时具有下列内容（　　）。

A. 选定的仲裁委员会　　B. 仲裁事项　　C. 仲裁地点

D. 选定的仲裁员　　E. 请求仲裁的意思表示

解析 仲裁协议应当具有下列内容：①请求仲裁的意思表示；②仲裁事项；③选定的仲裁委员会。这三项内容必须同时具备，仲裁协议才能有效。**参考答案：A、B、E。**

（2015年真题）仲裁协议应当具备的内容是（　　）。

A. 仲裁事项、仲裁员、选定的仲裁委员会

B. 请求仲裁的意思表示、选定的仲裁委员会、仲裁事项

C. 仲裁事项、仲裁规则、选定的仲裁委员会

D. 仲裁事项、仲裁地点、仲裁规则

解析 同上题。**参考答案：B。**

（2016年真题）当事人对仲裁协议的效力有异议的，一方请求仲裁委员会作出决定，另一方请求人民法院作出裁定的，由（　　）。

A. 受案的仲裁委员会决定

B. 仲裁委员会所在地的中级人民法院裁定

C. 工程所在地的基层人民法院裁定

D. 合同签订地的中级人民法院裁定

解析 一方请求仲裁委员会作出决定，另一方请求人民法院作出裁定的，由人民法院裁定。当事人向人民法院申请确认仲裁协议效力的案件，由仲裁协议约定的仲裁机构所在地的中级人民法院管辖。**参考答案：B。**

（2016年真题）在仲裁程序中，当事人对仲裁协议的效力有异议的，应当在（　　）提出。

A. 答辩期内

B. 仲裁案件庭审结束前

C. 仲裁案件裁决作出前

D. 仲裁庭首次开庭前

解析 当事人对仲裁协议效力有异议的，应当在仲裁庭首次开庭前提出。**参考答案：D。**

（2016年真题）关于仲裁协议效力的说法，正确的有（　　）。

A. 合同无效，仲裁协议亦无效

B. 仲裁协议有效，当事人也可以向法院提起诉讼

C. 仲裁委员会有权裁决超出仲裁协议约定范围的争议

D. 有效仲裁协议排除法院的司法管辖权

E. 有效的仲裁协议对双方当事人均有约束力

解析 仲裁协议独立存在，合同的变更、解除、终止或者无效，以及合同成立后未生效、被撤销等，均不影响仲裁协议的效力，故A选项错误。当事人达成仲裁协议，一方向人民法院起诉的，人民法院不予受理，但仲裁协议无效的除外，故B选项错误。仲裁委员会只能对当事人在仲裁协议中约定的争议事项进行仲裁，对超出仲裁协议约定范围的其他争议无权仲裁，故C选项错误。有效的仲裁协议可以排除法院对案件的司法管辖权，只有在没有仲裁协议或者仲裁协议无效的情况下，法院才可以对当事人的纠纷予以受理，故D选项正确。仲裁协议一经有效成立，即对当事人产生法律约束力。发生纠纷后，当事人只能向仲裁协议中所约定的仲裁机构申请仲裁，而不能就该纠纷向法院提起诉讼，故E选项正确。**参考答案：D、E。**

（2017年真题）甲建设单位与乙施工企业在施工合同中约定因合同所发生的争议，提交A仲裁委员会仲裁。后双方对仲裁协议的效力有异议，甲请求A仲裁委员会作出决定，但乙请求人民法院作出裁定，该案中仲裁协议效力的确认权属于（　　）。

A. 仲裁委员会所在地的基层人民法院

B. 仲裁协议签订地的中级人民法院

C. 仲裁协议签订地的基层人民法院

D.A 仲裁委员会所在地的中级人民法院

解析 同 2016 年真题。**参考答案：D。**

应试指引

本高频考点主要考查的是仲裁协议的内容和仲裁效力的异议。仲裁协议应当具有下列内容：①请求仲裁的意思表示；②仲裁事项；③选定的仲裁委员会。三项内容缺一不可。其次，仲裁协议独立存在，合同的变更、解除、终止或者无效，以及合同成立后未生效、被撤销等，均不影响仲裁协议的效力。当事人对仲裁协议效力有异议的，应当在仲裁庭首次开庭前提出。当事人向人民法院申请确认仲裁协议效力的案件，由仲裁协议约定的仲裁机构所在地的中级人民法院管辖。

疑难释义

合同纠纷与仲裁协议纠纷的确认机关：

（1）合同中如果有仲裁协议，发生合同纠纷时，只能通过仲裁解决，不能到法院起诉。

（2）合同中的仲裁条款是否有效，即仲裁协议效力的确认，可以申请法院确认，也可以提交仲裁委确认。

因此，所谓的排除法院的司法管辖权的仲裁协议应为有效的仲裁协议，排除的是法院对于仲裁协议中的争议事项的司法管辖权。当仲裁协议无效或者当事人达成仲裁协议，一方当事人向法院起诉，另一方当事人未在首次开庭前提交仲裁协议的，视为双方当事人放弃仲裁协议。此两种例外情形下，法院取得司法管辖权。

高频考点二　仲裁的开庭和裁决

高频指数：★★★

考点解析

1. 仲裁庭的组成

仲裁庭的组成形式包括合议仲裁庭和独任仲裁庭两种。

合议仲裁庭：当事人约定由三名仲裁员组成仲裁庭的，应当各自选定或者各自委托仲裁委员会主任指定一名仲裁员，第三名仲裁员由当事人共同选定或者共同委托仲裁委员会主任指定。第三名仲裁员是首席仲裁员。即首席仲裁员可由当事人共同选定。

独任仲裁庭：当事人约定一名仲裁员成立仲裁庭的，应当由当事人共同选定或者共同委托仲裁委员会主任指定仲裁员。

2. 开庭和审理

仲裁审理的方式分为开庭审理和书面审理两种。仲裁应当开庭审理作出裁决，这是仲裁审理的主要方式。但是，当事人协议不开庭的，仲裁庭可以根据仲裁申请书、答辩书以及其他材料作出裁决，书面审理方式。即书面审理方式需要当事人协议。

为了保护当事人的商业秘密和商业信誉，仲裁不公开进行，当事人协议公开的，可以公开进行，但涉及国家秘密的除外。

被申请人无正当理由开庭时不到庭的，或在开庭审理时未经仲裁庭许可中途退庭的，仲裁庭可以进行缺席审理，并作出裁决。

3. 仲裁中的和解与调解

当事人申请仲裁后，可以自行和解。达成和解协议的，可以请求仲裁庭根据和解协议作出裁决书，也可以撤回仲裁申请。当事人达成和解协议，撤回仲裁申请后反悔的，仍可以根据仲裁协议申请仲裁。

举例：A 公司与 B 公司因采购合同发生争议，A 公司向仲裁委员会申请仲裁，在仲裁中双方达成和解协议，A 公司向仲裁庭申请撤回仲裁申请。之后，B 公司拒不履行和解协议。问：A 公司能否根据原仲裁协议申请仲裁？答：能。

仲裁庭在作出裁决前，可以先行调解。当事人自愿调解的，仲裁庭应当调解。调解不成的，应当及时作出裁决。调解达成协议的，仲裁庭应当制作调解书或者根据协议的结果制作裁决书。调解书与裁决书具有同等法律效力。

4. 仲裁裁决

仲裁裁决是由仲裁庭作出的具有强制执行效力的法律文书。裁决应当按照多数仲裁员的意见作出，少数仲裁员的不同意见可以记入笔录。仲裁庭无法形成多数意见时，按照首席仲裁员的意见作出。裁决书自作出之日起发生法律效力。

真题再现

（2013 年真题）根据《仲裁法》，关于仲裁庭组成的说法，正确的是（　　）。

A. 仲裁庭必须由 3 名及 3 名以上的单数仲裁员组成

B. 仲裁庭可由当事人双方各选定两名仲裁员组成

C. 首席仲裁员可由当事人双方共同选定

D. 首席仲裁员由仲裁委员会任命产生

解析 根据仲裁规则的规定或者当事人约定由三名仲裁员组成仲裁庭的，应当各自选定或者各自委托仲裁委员会主任指定一名仲裁员，第三名仲裁员由当事人共同选定或者共同委托仲裁委员会主任指定。第三名仲裁员是首席仲裁员。**参考答案：C。**

（2014 年真题）关于仲裁开庭和审理的说法，正确的是（　　）。

A. 仲裁开庭审理必须经当事人达成一致

B. 仲裁审理案件应当公开进行

C. 当事人可以协议仲裁不开庭审理

D. 仲裁庭不能做出缺席裁决

解析 仲裁审理的方式分为开庭审理和书面审理两种。仲裁应当开庭审理作出裁决，这是仲裁审理的主要方式，故A选项错误。为了保护当事人的商业秘密和商业信誉，仲裁不公开进行，当事人协议公开的，可以公开进行，但涉及国家秘密的除外，故B选项错误。当事人协议不开庭的，仲裁庭可以根据仲裁申请书、答辩书以及其他材料作出裁决，即书面审理方式，故C选项正确。仲裁庭可以作出缺席裁决，故D选项错误。**参考答案：C。**

（**2015年真题**）根据《仲裁法》，合议仲裁庭作出仲裁裁决应当（　　）。

A. 按照首席仲裁员的意见作出

B. 按照多数仲裁员的意见作出

C. 按照仲裁委员会主任的意见作出

D. 按照首席仲裁员和仲裁委员会主任的共同意见作出

解析 裁决应当按照多数仲裁员的意见作出，少数仲裁员的不同意见可以记入笔录。仲裁庭无法形成多数意见时，按照首席仲裁员的意见作出。**参考答案：B。**

（**2016年真题**）关于仲裁的说法，正确的是（　　）。

A. 仲裁委员会隶属行政机关

B. 仲裁以公开审理为原则

C. 仲裁委员由当事人协商确定

D. 仲裁裁决作出后可以上诉

解析 仲裁机构通常是民间团体的性质，故A选项错误。为了保护当事人的商业秘密和商业信誉，仲裁不公开进行，当事人协议公开的，可以公开进行，但涉及国家秘密的除外，故B选项错误。根据仲裁规则的规定或者当事人约定由三名仲裁员组成仲裁庭的，应当各自选定或者各自委托仲裁委员会主任指定一名仲裁员，第三名仲裁员由当事人共同选定或者共同委托仲裁委员会主任指定。第三名仲裁员是首席仲裁员，故C选项正确。仲裁实行一裁终局的制度。裁决作出后，当事人就同一纠纷再申请仲裁或者向人民法院起诉的，仲裁委员会或者人民法院不予受理，故D选项错误。**参考答案：C。**

（**2016年真题**）仲裁机构手里仲裁案件经调解达成协议的，仲裁庭应当制作调解书或者根据协议的结果制作裁决书。关于调解书和裁决书的说法，正确的是（　　）。

A. 调解书不具有强制执行效力

B. 调解书自作出之日起发生法律效力

C. 调解书与裁决书具有同等法律效力

D. 裁决书不可以申请撤销

解析 仲裁庭在作出裁决前，可以先行调解。当事人自愿调解的，仲裁庭应当调解。调解不成的，应当及时作出裁决。调解达成协议的，仲裁庭应当制作调解书或者根据协议的结果制作裁决书。调解书与裁决书具有同等法律效力。**参考答案：C。**

（2017 年真题）关于仲裁裁决的说法，正确的有（　　）。

A. 仲裁裁判应当根据仲裁员的意见作出，形不成多数意见的，由仲裁委员会讨论决定

B. 仲裁裁决没有强制执行力

C. 当事人可以请求仲裁庭根据双方的和解协议作出裁决

D. 仲裁实行一裁终局，当事人不可以就已经裁决的事项再次申请仲裁

E. 仲裁裁决一经作出立即发生法律效力

解析 独任仲裁庭审理的案件由独任仲裁员作出仲裁裁决，合议仲裁庭审理的案件由三名仲裁员集体作出仲裁裁决。裁决应当按照多数仲裁员的意见作出，少数仲裁员的不同意见可以记入笔录。仲裁庭无法形成多数意见时，按照首席仲裁员的意见作出，故 A 选项错误。仲裁裁决是由仲裁庭作出的具有强制执行效力的法律文书，故 B 选项错误。《仲裁法》规定，当事人申请仲裁后，可以自行和解。和解是双方当事人的自愿行为，不需要仲裁庭的参与。达成和解协议的，可以请求仲裁庭根据和解协议作出裁决书，也可以撤回仲裁申请，故 C 选项正确。裁决书一裁终局，当事人不得就已经裁决的事项再申请仲裁，也不得就此提起诉讼，故 D 选项正确。裁决书自作出之日起发生法律效力，故选项 E 正确。**参考答案：C、D、E。**

应试指引

本高频考点分为四部分内容：①仲裁庭组成。需要注意，由三名仲裁员组成仲裁庭的，双方各选一个，再共同指定一个首席仲裁员。②开庭和审理。需要注意，仲裁应当开庭审理（不开庭是例外），仲裁应不公开进行（公开是例外）。③和解与调解。需要注意，仲裁庭在作出裁决前，可以先行调解。当事人申请仲裁后，可以自行和解。④仲裁裁决。需要注意，裁决应当按照多数仲裁员的意见作出，少数仲裁员的不同意见可以记入笔录。仲裁庭无法形成多数意见时，按照首席仲裁员的意见作出。

疑难释义

仲裁与诉讼审理方式的对比见表 1Z308030-3。

仲裁与诉讼审理方式的对比　　表 1Z308030-3

方　式	审　理	开　庭
仲裁	不公开①	要开庭②
民事诉讼	要公开	要开庭

注：①例外当事人协议公开的，可以公开进行，但涉及国家秘密的除外。
②当事人协议不开庭的，仲裁庭可以根据仲裁申请书、答辩书以及其他材料作出裁决，即书面审理方式。

1Z308040 调解、和解制度与争议评审

本节导学

调解是在第三人主持下进行疏导、劝说，使之相互谅解，自愿达成协议。我国的调解方式主要有人民调解、行政调解、仲裁调解、法院调解和专业机构调解等。和解是当事人之间自愿协商，达成协议，没有第三人参加。和解的应用很灵活，可以在多种情形下达成和解协议。有诉讼前的和解和诉讼中的和解。建设工程争议评审（以下简称争议评审）是指在工程开始时或工程进行过程中当事人选择的独立于任何一方当事人的争议评审专家（通常是3人，小型工程1人）组成评审小组，就当事人发生的争议及时提出解决问题的建议或者作出决定的实时争议解决方式。在我国，争议评审制度的运用还较少，只有一些世界银行贷款项目如二滩水电站工程项目、黄河小浪底水利枢纽项目、万家寨水利工程项目、昆明掌鸠河引水供水工程项目等运用了争议评审机制，均取得良好效果。本节近5年考情分析详见表1Z308040-1。

近5年考情分析

表1Z308040-1

知识点	各年份分值				
	2013年	2014年	2015年	2016年	2017年
1Z308041 调解的规定	1	4	0	2	3
1Z308042 和解的规定	0	0	0	2	0
1Z308043 争议评审机制的规定	0	0	0	0	0

高频考点 调解的规定

高频指数：★★★★

我国的调解方式主要有人民调解、行政调解、仲裁调解、法院调解和专业机构调解等，详见表1Z308040-2。

调解方式

表1Z308040-2

类型	调解组织	诉内或诉外	调解成果	约束力
人民调解	人民调解委员会①	诉外	调解协议书（或口头协议）	具有法律约束力
行政调解	国家行政机关	诉外	调解协议	不具有强制约束力
仲裁调解	仲裁机构	诉外	调解书或判决书	具有法律效力②
法院调解	人民法院	诉内	调解书	具有法律效力②
专业机构调解	处理民商事法律纠纷的专业调解机构	诉外	调解协议	具有约束力

注：①人民调解委员会是村民委员会和居民委员会下设的调解民间纠纷的群众性自治组织。

②自双方当事人签收后生效。

真题再现

（2013 年真题）下列法律文书中，不具有强制执行效力的是（　　）。

A. 在仲裁程序中形成的仲裁调解书

B. 由行政主管部门主持达成的调解书

C. 人民法院在民事案件审理中制作的调解书

D. 司法确认的人民调解委员会主持达成的调解协议

解析 行政调解属于诉讼外调解。行政调解达成的协议也不具有强制约束力。**参考答案：B。**

（2014 年真题）根据《民事诉讼法》，当事人申请司法确认调解协议，由双方当事人依法共同向（　　）基层人民法院提出。

A. 当事人住所地

B. 调解协议履行地

C. 调解组织所在地

D. 调解协议签订地

解析 经人民调解委员会调解达成调解协议后，双方当事人认为有必要的，可以按照《民事诉讼法》的规定，自调解协议生效之日起 30 日内共同向调解组织所在地基层人民法院申请司法确认调解协议。**参考答案：C。**

（2014 年真题）关于人民调解的说法，正确的是（　　）。

A. 人民调解委员会是依法设立的调解民间纠纷的群众性自治组织

B. 人民委员会经调解达成的调解书与仲裁调解书具有相同的法律效力

C. 人民委员会经调解达成的调解协议具有法律约束力

D. 当事人对人民调解委员会经调解达成的调解协议有争议的，不得起诉

解析 人民调解委员会是村民委员会和居民委员会下设的调解民间纠纷的群众性自治组织，故 A 选项错误。经人民调解委员会调解达成的调解协议具有法律约束力，但没有强制执行力，故 B 选项错误，C 选项正确。当事人就调解协议的履行或者调解协议的内容发生争议的，一方当事人可以向法院提起诉讼，故 D 选项错误。**参考答案：C。**

（2014 年真题）关于仲裁调解的说法，正确的有（　　）。

A. 仲裁调解不成的，当事人应当及时起诉

B. 仲裁调解必须在裁决作出前进行

C. 仲裁调解书与裁决书的执行效力是相同的

D. 仲裁调解书一经做出即发生法律效力

E. 仲裁与调解相结合是中国仲裁制度的特点

解析 仲裁庭在作出裁决前，可以先行调解。当事人自愿调解的，仲裁庭应当调解。调解

不成的，应当及时作出裁决，故A选项错误，B选项正确。调解书与裁决书具有同等法律效力。调解书经双方当事人签收后，即发生法律效力，故C选项正确，D选项错误。仲裁与调解相结合是中国仲裁制度的特点，故E选项正确。**参考答案：B、C、E。**

（2016年真题）关于调解法律效力的说法，正确的有（　　）。

A. 法院调解书经双方当事人签收后，具有强制执行的法律效力

B. 仲裁调解书经人民法院确认后，即发生法律效力

C. 经人民调解委员后调解达成的调解协议具有法律约束力

D. 经调解组织调解达成的调解协议，具有强制执行的法律效力

E. 专业机构调解达成的调解协议具有法律约束力

解析 法院调解书经双方当事人签收后，即具有法律效力，效力与判决书相同故A选项正确。调解书经双方当事人签收后，即发生法律效力，故B选项错误。经人民调解委员会调解达成的调解协议具有法律约束力，当事人应当按照约定履行，故C选项正确。专业调解机构进行调解达成的调解协议对当事人双方均有约束力，无强制执行的法律效力和法律约束力。**参考答案：A、C、E。**

（2017年真题）关于行政调解的说法，正确的是（　　）。

A. 行政调解属于诉讼内调解

B. 行政调解达成的协议具有强制约束力

C. 行政调解应当事人的申请方可启动

D. 行政机关可以对不属于其职权管辖范围内的纠纷进行调解

解析 行政调解属于诉讼外调解。行政调解达成的协议不具有强制约束力，故A、B选项均错误。行政调解是指国家行政机关应纠纷当事人的请求，依据法律、法规和政策，对属于其职权管辖范围内的纠纷通过耐心的说服教育，使纠纷的双方当事人互相谅解，在平等协商的基础上达成一致协议，促成当事人解决纠纷。**参考答案：C。**

（2017年真题）关于人民法院调解民事案件的说法，正确的有（　　）。

A. 人民法院进行调解，只能由审判员一人进行调解

B. 人民法院只能在双方当事人都同意的情况下进行调解

C. 调解达成协议，人民法院应当制作调解书

D. 能够即时履行的案件，人民法院可以不制作调解书

E. 调解书一经制作，即发生法律效力

解析 人民法院进行调解，可以由审判员一人主持，也可以由合议庭主持，并尽可能就地进行，故A选项错误。法院调解是人民法院对受理的民事案件、经济纠纷案件和轻微刑事案件在双方当事人自愿的基础上进行的调解，是诉讼内调解，故B选项正确。调解达成协议，人民法院应当制作调解书，故C选项正确。能够即时履行的案件，人民法院可以不制作调解书。调解书经双方当事人签收后，即具有法律效力。**参考答案：B、C、D。**

应试指引

本高频考点主要考查人民调解、行政调解、仲裁调解、法院调解和专业机构调解各自的特点和异同。考生应掌握表 1Z308040-2 中上述五类调解的特点和异同。

1Z308050 行政复议和行政诉讼制度

本节导学

行政复议是指行政机关根据上级行政机关对下级行政机关的监督权，在当事人的申请和参加下，按照行政复议程序对具体行政行为进行合法性和适当性审查，并作出决定以解决行政侵权争议的活动。行政诉讼是指人民法院应当事人的请求，通过审查具体行政行为合法性的方式，解决特定范围内行政争议的活动。行政诉讼和民事诉讼、刑事诉讼构成我国的基本诉讼制度。本节近 5 年考情分析见表 1Z308050-1。

近 5 年考情分析　　表 1Z308050-1

知识点	各年份分值（分）				
	2013 年	2014 年	2015 年	2016 年	2017 年
1Z308051 行政许可和行政强制的种类及法定程序	0	0	1	0	1
1Z308052 行政复议范围和行政诉讼受案范围	1	3	0	0	0
1Z308053 行政复议的申请、受理和决定的有关规定	0	0	0	2	2
1Z308054 行政诉讼的法院管辖、起诉和受理	0	0	1	0	0
1Z308055 行政诉讼的审理、判决和执行	2	0	1	1	0
1Z308056 行使行政职权时侵权的赔偿责任	0	0	0	0	0

高频考点一　行政复议范围和行政诉讼受案范围

高频指数：★★

考点解析

依据 2017 年 9 月经修改后公布的《中华人民共和国行政复议法》规定，有 11 项可申请行政复议的具体行政行为，结合建设工程实践，其中有 7 种尤为重要。可申请行政复议的，不能提起行政复议以及行政诉讼案范围的具体内容见表 1Z308050-2。

不能提起行政复议以及行政诉讼案范围 表 1Z308050-2

类　别	内　容
可申请行政复议的具体行政行为	对行政机关作出的警告、罚款、没收违法所得、没收非法财物、责令停产停业、暂扣或者吊销许可证、暂扣或者吊销执照、行政拘留等行政处罚决定不服的
	对行政机关作出的限制人身自由或者查封、扣押、冻结财产等行政强制措施决定不服的
	对行政机关作出的有关许可证、执照、资质证、资格证等证书变更、中止、撤销的决定不服的
	认为行政机关侵犯合法的经营自主权的
	认为行政机关违法集资、征收财物、摊派费用或者违法要求履行其他义务的
	认为符合法定条件，申请行政机关颁发许可证、执照、资质证、资格证等证书，或者申请行政机关审批、登记有关事项，行政机关没有依法办理的
	认为行政机关的其他具体行政行为侵犯其合法权益的
不能提起行政复议	不服行政机关作出的行政处分或者其他人事处理决定的，应当依照有关法律、行政法规的规定提起申诉
	不服行政机关对民事纠纷作出的调解或者其他处理，应当依法申请仲裁或者向法院提起诉讼
行政诉讼受案范围	对行政拘留、暂扣或者吊销许可证和执照、责令停产停业、没收违法所得、没收非法财物、罚款、警告等行政处罚不服的
	对限制人身自由或者对财产的查封、扣押、冻结等行政强制措施和行政强制执行不服的
	申请行政许可，行政机关拒绝或者在法定期限内不予答复，或者对行政机关作出的有关行政许可的其他决定不服的
	对行政机关作出的关于确认土地、矿藏、水流、森林、山岭、草原、荒地、滩涂、海域等自然资源的所有权或者使用权的决定不服的
	对征收、征用决定及其补偿决定不服的
	申请行政机关履行保护人身权、财产权等合法权益的法定职责，行政机关拒绝履行或者不予答复的
	认为行政机关侵犯其经营自主权或者农村土地承包经营权、农村土地经营权的
	认为行政机关滥用行政权力排除或者限制竞争的
	认为行政机关违法集资、摊派费用或者违法要求履行其他义务的
	认为行政机关没有依法支付抚恤金、最低生活保障待遇或者社会保险待遇的
	认为行政机关不依法履行、未按照约定履行或者违法变更、解除政府特许经营协议、土地房屋征收补偿协议等协议的
	认为行政机关侵犯其他人身权、财产权等合法权益的。除前款规定外，人民法院受理法律、法规规定可以提起诉讼的其他行政案件

真题再现

（**2013 年真题**）公民、法人或者其他组织认为行政机关的行政行为侵犯其合法权益，可以单独申请行政复议的情形是（　　）。

A. 不服行政机关作出的行政处分

B. 不服行政机关作出的行政处罚决定

C. 不服行政机关对民事纠纷作出的调解

D. 部分地方人民政府颁布的规章

解析 详见表 1Z308050-2。**参考答案：B。**

（2014 年真题）根据《行政复议法》，下列事项中，属于不可申请行政复议的情形是（　　）。

A. 对建设主管部门责令施工企业停止施工的决定不服的

B. 对建设主管部门撤销施工企业资质证书的决定不服的

C. 对规划行政主管部门撤销建设工程规划许可证的决定不服的

D. 对建设行政主管部门就建设工程合同争议进行的调解结果不服的

解析 不能提起行政复议的情形有：①不服行政机关作出的行政处分或者其他人事处理决定的，应当依照有关法律、行政法规的规定提起申诉；②不服行政机关对民事纠纷作出的调解或者其他处理，应当依法申请仲裁或者向法院提起诉讼。**参考答案：D。**

（2014 年真题）下列情形中，属于我国法律规定的行政诉讼受案范围的是（　　）。

A. 认为行政机关侵犯其财产权的

B. 对拘役不服

C. 认为行政机关侵犯法律规定的经营自主权的

D. 行政机关工作人员对奖惩决定不服的

E. 认为行政机关制定发布的具有普遍约束力的决定违法的

解析 见表 1Z308050-3。**参考答案：A、C。**

应试指引

本高频考点考查的范围单一，记忆量较大，主要涉及表 1Z308050-2、表 1Z308050-3 的相关内容。通过近 5 年真题分析可知，本知识点仅在 2013 年和 2014 年涉及，2015 年、2016 年、2017 年三年均未涉及。因此，2018 年考查的可能性较大。建议考生主要记忆“不能提起行政复议”的情形，其余知识点记忆量过大，不必花太多精力。

高频考点二　行政复议的申请、受理和决定的有关规定

高频指数：★★

考点解析

依法申请行政复议的公民、法人或者其他组织是申请人。作出具体行政行为的行政机关是被申请人。申请人可以委托代理人代为参加行政复议。

公民、法人或者其他组织认为具体行政行为侵犯其合法权益的，可以自知道该具体行

政行为之日起60日内提出行政复议申请。

对于行政复议，应当按照《行政复议法》的规定向有权受理的行政机关申请，如“对县级以上地方各级人民政府工作部门的具体行政行为不服的，由申请人选择，可以向该部门的本级人民政府申请行政复议，也可以向上一级主管部门申请行政复议”。

真题再现

（2016年真题）申请人对县级以上地方各级人民政府工作部门的具体行政行为不服的，可以申请行政复议，关于该行政复议的说法，正确的有（　　）。

A. 申请人可以向该部门的本级人民政府申请行政复议

B. 申请人可以向上一级主管部门申请行政复议

C. 申请人申请行政复议不可以口头申请

D. 申请人应当自知道该具体行政行为之日起60日内提出行政复议申请

E. 行政复议机关应当在收到行政复议申请后15日内进行审查，决定是否受理

解析 对县级以上地方各级人民政府工作部门的具体行政行为不服的，由申请人选择，可以向该部门的本级人民政府申请行政复议，也可以向上一级主管部门申请行政复议，故A、B选项正确。申请人申请行政复议，可以书面申请，也可以口头申请，故C选项错误。公民、法人或者其他组织认为具体行政行为侵犯其合法权益的，可以自知道该具体行政行为之日起60日内提出行政复议申请，D选项表述为“应当”，有瑕疵，故D选项错误。行政复议机关收到行政复议申请后，应当在5日内进行审查，依法决定是否受理，并书面告知申请人，故E选项错误。**参考答案：A、B。**

（2017年真题）施工企业对H市甲县环保局作出的罚款行为不服，可以向下列行政机关提起行政复议的有（　　）。

A. H市环保局

B. H市人民政府

C. 甲县环保局

D. 甲县人大常委会

E. 甲县人民政府

解析 对县级以上地方各级人民政府工作部门的具体行政行为不服的，由申请人选择，可以向该部门的本级人民政府申请行政复议，也可以向上一级主管部门申请行政复议。**参考答案：A、E。**

应试指引

对于本高频考点，考生应牢记：对县级以上地方各级人民政府工作部门的具体行政行为不服的，由申请人选择，可以向该部门的本级人民政府申请行政复议，也可以向上一级主管部门申请行政复议。

高频考点三　行政诉讼的审理、判决和执行

高频指数：★★

考点解析

1. 审理（表 1Z308050-3）

行政案件的审理　　表 1Z308050-3

规　　定	例　　外
行政诉讼期间，不停止具体行政行为的执行	《行政诉讼法》规定的情形
不适用调解	行政赔偿、补偿以及行政机关行使法律、法规规定的自由裁量权的案件可以调解
公开审理行政案件	涉及国家秘密、个人隐私和法律另有规定的除外。涉及商业秘密的案件，当事人申请不公开审理的，可以不公开审理
以法律和行政法规、地方性法规为依据	参照规章
原告无正当理由拒不到庭，可按撤诉处理；被告无正当理由拒不到庭，可按缺席判	—

2. 判决

行政行为有下列情形之一的，人民法院判决撤销或者部分撤销，并可以判决被告重新作出行政行为：①主要证据不足的；②适用法律、法规错误的；③违反法定程序的；④超越职权的；⑤滥用职权的；⑥明显不当的。人民法院判决被告重新作出行政行为的，被告不得以同一事实和理由作出与原行政行为基本相同的行政行为。

3. 执行

当事人必须履行人民法院发生法律效力的判决、裁定、调解书。公民、法人或者其他组织拒绝履行判决、裁定、调解书的，行政机关可以向第一审人民法院申请强制执行，或者由行政机关依法强制执行。

公民、法人或者其他组织对具体行政行为在法定期间不提起诉讼又不履行的，行政机关可以申请人民法院强制执行，或者依法强制执行。

真题再现

（2013 年真题）某县人民法院审理其管辖范围内的行政诉讼案件，应当依据和参照的规范性法律文件包括（　　）。

A. 各地的地方法规

B. 法律、行政法规

C. 案件所在县人民政府公开发布的规定

D. 案件所在地的省、自治区、直辖市人民政府规章

E. 案件所在地的省、自治区、直辖市所在地的市人民政府规章

解析 人民法院审理行政案件，以法律和行政法规、地方性法规为依据，故 A、B 选项正确。人民法院审理行政案件，参照国务院部委根据法律和国务院的行政法规、决定、命令制定、发布的规章以及省、自治区、直辖市和省、自治区的人民政府所在地的市和经国务院批准的较大的市的人民政府根据法律和国务院的行政法规制定、发布的规章。

参考答案：A、B、E。

（2015 年真题）人民法院审理行政案件，不适用（　　）。

A. 调解

B. 开庭审理

C. 公开审理

D. 两审终审制

解析 人民法院审理行政案件，不适用调解。**参考答案：A。**

（2016 年真题）关于行政诉讼案件审理的说法，正确的是（　　）。

A. 行政诉讼期间，被诉行政行为停止执行

B. 涉及商业秘密的行政诉讼案件一律不得公开审理

C. 人民法院对行政案件宣告判决前原告申请撤诉的，是否准许，由人民法院裁定

D. 人民法院审理行政赔偿案件不适用调解

解析 诉讼期间，不停止具体行政行为的执行，故 A 选项错误。人民法院公开审理行政案件，但涉及国家秘密、个人隐私和法律另有规定的除外。涉及商业秘密的案件，当事人申请不公开审理的，可以不公开审理，故 B 选项错误。人民法院审理行政案件，不适用调解。但是，行政赔偿、补偿以及行政机关行使法律、法规规定的自由裁量权的案件可以调解，故 D 选项错误。人民法院对行政案件宣告判决或者裁定前，原告申请撤诉的，或者被告改变其所作的具体行政行为，原告同意并申请撤诉的，是否准许，由人民法院裁定。**参考答案：C。**

应试指引

本高频考点近 5 年考试集中考查的都是表 1Z308050-3 中的内容，即有关行政案件审理方面的知识。行政案件的判决和执行方面的知识点，近 5 年均未考查。在 2018 年备考中，考生应适当关注一下判决和执行方面的知识点。

疑难释义

行政诉讼的审理程序有两个最为突出的特点，一是没有调解程序，二是没有简易程序。

没有调解程序，即行政诉讼不适用于调解。主要原因是：①行政诉讼审查的是具体行政行为的合法性，被诉的行为要么合法，要么违法，不可能存在第三种状态，而调解的目的正是在于寻找某一个利益平衡点，即所谓的“灰色地带”；②因为具体行政行为的作出

机构是国家行政机构，即行政行为结果是行政权运用的结果，被诉的行政机构无权对国家行政权的行使作任何放弃与让步。

行政诉讼不适用简易程序。主要原因是：①简易程序下独任审判的法官力量单薄，容易屈服于行政机关的非法施压；②我国行政诉讼制度建立较晚，行政法学教育基础薄弱，一部分法官暂时不具备独任审理行政诉讼案件的能力。

参考文献

[1] 中华人民共和国民法总则 [M]. 北京：中国法制出版社，2017.

[2] 全国一级建造师执业资格考试用书编写委员会 . 建设工程法规及相关知识 [M]. 北京：中国建筑工业出版社，2018.

[3] 全国二级建造师执业资格考试用书编写委员会 . 建设工程法规及相关知识 [M]. 北京：中国建筑工业出版社，2018.

[4] 全国一级建造师执业资格考试用书编写委员会 . 建设工程法规及相关知识考前冲刺试卷 [M]. 北京：中国建筑工业出版社，2018.

[5] 刘洪，左勇志，陈鸣飞，等 . 工程建设全过程风险防控实务 [M]. 北京：中国建筑工业出版社，2017.

[6] 朱宏亮 . 建设法规 [M]. 武汉：武汉理工大学出版社，2011.

[7] 何红锋 . 工程建设中的合同法与招标投标法 [M]. 北京：中国计划出版社，2014.

[8] 法律出版社法规中心 . 中华人民共和国工程建设法律法规全书 [M]. 北京：法律出版社，2018.